TOUCHATOUT

HISTOIRE DE FRANCE TINTAMARRESQUE

DEPUIS LES TEMPS LES PLUS RECULÉS JUSQU'A NOS JOURS

ILLUSTRÉE PAR G. LAFOSSE

Avec le concours de MM. DRANER, A. GILL, P. HADOL

A. LE PETIT, ROBIDA, etc., etc.

PARIS
AUX BUREAUX DU JOURNAL *L'ÉCLIPSE*
16, RUE DU CROISSANT, 16

DU MÊME AUTEUR :

100 livraisons à 10 centimes. — 20 séries à 50 centimes.

HISTOIRE TINTAMARRESQUE

DE

NAPOLÉON III

ILLUSTRÉE

D'UN NOMBRE CONSIDÉRABLE DE DESSINS PAR P. HADOL.

2 livraisons par semaine, à partir du 2 novembre 1872.
1 série tous les vingt jours environ, à partir du 14 novembre 1872.

… HISTOIRE DE FRANCE
TINTAMARRESQUE

PRÉFACE

Ce n'est pas sans un sentiment de légitime orgueil, et surtout un espoir vivace de voir le public couvrir d'or notre œuvre, que nous posons aujourd'hui la première pierre de cet immense

édifice, dont la conception seule nous a causé plus de nuits d'insomnie que n'auraient pu le faire ensemble des phalanges de punaises, à jeun depuis six mois d'hiver.

Nous ne sommes certainement pas dans l'intention de traîner dans la boue Tite-Live, Mézeray, Anquetil, Meissas et Michelot, Thiers, le père Loriquet, et tant d'autres de nos devanciers, qui ont trempé d'innombrables douzaines de gilets de flanelle à farfouiller dans les annales de notre cher pays.

Tous ces historiens ont, il est vrai, fait preuve de beaucoup de bonne volonté; mais leurs efforts ont été rarement couronnés de succès.

Nous avons eu la douleur de constater, chez chacun d'eux, des erreurs si énormes dans les faits eux-mêmes et dans leur interprétation, que nous nous sommes écrié un beau matin :

— Ça ne peut pas durer comme ça !

Pour que nos lecteurs puissent suivre avec fruit l'enchaînement des faits qui constituent l'histoire de notre nation, nous commencerons notre travail en mettant sous les yeux un examen sommaire de la situation des Gaules avant leur envahissement par les Francs.

Nous leur signalerons surtout, avec un soin tout particulier, les côtés les plus saillants des mœurs, us, coutumes et caractère des Gaulois, afin qu'ils puissent se rendre compte par quelles suites de bouleversements terribles et d'améliorations successives ce solide gars aux muscles d'acier, à l'œil vif et impétueux, ce rustique et redoutable guerrier, couvert de peaux de bêtes, et bravant le chaud, le froid, la neige et le vent, est devenu en

deux mille ans le cocodès myope et déjeté, qui porte des cols carcans, des pet-en-l'air stupides, s'enrhume par le trou d'une serrure, et entretient des grues de féeries.

Nous nous efforcerons, non-seulement de narrer avec exactitude les nombreuses péripéties de notre épopée, mais encore d'analyser, au point de vue du progrès et de la philosophie, ces renversements, ces règnes, ces agitations, qui nous ont conduits petit à petit, heure par heure, de la cueillette du gui sacré par les druides à l'invention des *Suivez-moi-jeune-homme* et de la revalescière du Barry.

Trois accords en *ré* bémol, et trémolo prolongé à l'orchestre...

LES GAULES

AVANT L'INVASION DES FRANCS

MOEURS, US ET COUTUMES DES GAULOIS. — LEURS JOURNAUX. — LEURS CAFÉS CONCERTS. — LEURS PROGRÈS DANS L'ART PYROTECHNIQUE. — LEURS TRIPOTÉES AVEC LES ROMAINS. — LEUR SOUMISSION AUX FRANCS.

La Gaule était autrefois — à peu de chose près — le pays que nous occupons aujourd'hui.

Elle était bornée, d'abord par son ignorance crasse,

et ensuite par l'Océan britannique, le Rhin, les Alpes, la Méditerranée et le grand Océan.

***

Les renseignements que nous avons pu recueillir à grand'peine sur ces temps reculés ne sont pas très-précis; cela se conçoit, vu le nombre de siècles écoulés depuis ces époques barbares.

Il paraît pourtant assez sérieusement établi que le territoire était inculte, marécageux, et les chemins de fer aussi rares que les bêtes féroces l'étaient peu.

***

Les Gaulois étaient superstitieux à l'excès : un casse-noisette, formant, par hasard, sur la table, une croix avec un couteau à dessert, était pour eux l'indice d'un grand malheur.

Dès qu'ils se trouvaient treize quelque part, ils tuaient l'un d'eux à l'instant, afin d'empêcher que ce nombre fatal ne fît mourir quelqu'un dans l'année.

***

Ils possédaient un assortiment de divinités assez complet.

Ainsi, ils avaient Thor et adoraient Tharamis.

Avaient-ils *raison* d'avoir *Thor* et d'adorer un des trois mousquetaires d'Alexandre Dumas ? C'est un point

sur lequel les moralistes ne sont pas encore tombés d'accord.

Ils croyaient à la métempsycose, et prêtaient volontiers de la filasse à leur voisin, à la condition que ce dernier leur en rendrait la valeur, en laine, quand il serait devenu mouton.

*
**

Tous les ans, ils détachaient pieusement le gui sacré

des grands chênes de leurs forêts et en faisaient des infusions, pour guérir leurs furoncles et détruire la vermine dont leurs habitations étaient assez abondamment pourvues.

Dans leurs cérémonies religieuses, ils immolaient assez volontiers des taureaux, et de préférence des hommes, ce qui coûtait moins cher.

Ils avaient pour ministres de leur culte de braves gens, appelés *Druides,* qui, à l'instar de Calchas, le

grand augure, ne se privaient guère de recommander aux fidèles la plus grande sobriété dans l'offrande des fleurs, et prisaient beaucoup mieux les œufs, le fromage et le curaçao de Hollande.

En examinant avec un peu d'attention l'esprit de ces âges primitifs, on reconnaît sans trop d'efforts que, malgré l'absence de toute Banque de France et de toute espèce d'administrations financières, le sac d'écus jouissait, comme de nos jours, de certain prestige et de certaines prérogatives.

Ainsi, nous voyons que lorsqu'un Gaulois, qui avait des *Nord* et des *Mobilier* en portefeuille, avait une petite colique ou un rhume de cerveau, les Druides, pour attendrir leurs dieux, construisaient d'immenses mannequins d'osier qu'ils bourraient d'esclaves, et y mettaient le feu.

Nous devons convenir, d'après cet édifiant tableau, que la médecine a, depuis, fait quelques progrès.

Nélaton fait, il est vrai, payer deux cents francs ses visites, mais il prescrit la même tisane de chiendent et le même bain de pieds à la moutarde que le médecin qui se dérange pour trois francs.

*
* *

Tous les historiens s'accordent à nous représenter les Gaulois comme emportés, audacieux, colères, et se flanquant très-volontiers une tripotée pour un domino posé de travers ou un coup douteux de bezigue ou de whist.

Leurs femmes, à cet égard, ne valaient pas plus cher, et en arrivaient très-facilement aux gifles entre elles, après s'être reproché réciproquement, en termes violents, leur nombre respectif d'osanores et de faux cheveux.

*
* *

Les Gaulois étaient très-avides de nouvelles, et conséquemment très-crédules.

Ils attaquaient les voyageurs sur les routes, rien que pour leur faire raconter les histoires des pays qu'ils venaient de parcourir.

Un petit journal à un sou eût été, dans ce temps, la fortune de son fondateur.

*
* *

Les filles choisissaient librement leurs époux, entre la poire et le rince-bouche, dans un repas auquel les parents conviaient tous les jeunes gens de la sous-préfecture. Seulement, les jeunes gens ne choisissaient pas leurs femmes, et étaient forcés d'épouser la fille de la maison, fût-elle rousse ou borgne, quand elle avait dit, en leur tapant sur le ventre :

— Papa, c'est ce gros rougeaud-là que je veux.

Il est vrai de dire que cette injustice apparente était atténuée par une disposition toute protectrice pour le sexe fort :

Le mari avait droit de vie et de mort sur sa conjointe et ses rejetons.

A la faveur de cette clause, qui fait le plus grand honneur à la sagacité de nos ancêtres, il était excessivement rare qu'une Gauloise oubliât de poser un bouton au faux-col de son Gaulois, ou ne lui tînt pas son dîner prêt à la sortie de son bureau, le moindre oubli des devoirs conjugaux pouvant amener pour la Gauloise une forte triquée, ou même... l'étranglement pur et simple.

La fidélité des Gauloises à l'égard de leurs maris était, de la part de ces derniers, l'objet de soins tout particuliers, et ils avaient imaginé différents moyens de s'assurer qu'ils n'étaient pas trompés par leurs épouses.

Ainsi, par exemple, lorsqu'au moment de l'accouchement de sa femme, un Gaulois ressentait tout à coup, au sommet de la tête, une démangeaison équivoque, il prenait l'enfant nouveau-né par une jambe, le pla-

çait sur un bouclier, et allait déposer le tout au milieu du fleuve le plus voisin.

Si le bouclier sombrait, engloutissant avec lui le marmot, celui-ci était reconnu bâtard.

Si, au contraire, le bébé arrivait doucement au bord,

papa Gaulois l'embrassait avec effusion et allait de suite le déclarer à la mairie de son arrondissement.

Divers historiens prétendent que les Gaulois renoncèrent plus tard à ce genre d'épreuves, parce qu'ils s'aperçurent que presque tous les enfants se noyaient et que, par ce fait, la population diminuait sensiblement.

***

La nourriture des Gaulois était généralement fort simple ; elle se composait presque uniquement du produit de leur chasse et de la récolte de leurs fruits. Dans les moments de disette, ou quand la chasse était fermée, ils se nourrissaient volontiers d'étoupes farcies revenues dans le suif, et de cailloux marinés.

***

Ils s'habillaient avec les peaux des bêtes qu'ils avaient prises ; celui qui n'avait tué qu'un lapin devait s'arranger de manière à se tailler, dans la fourrure de sa victime, un vêtement complet pour la saison ; mais les municipaux n'étaient pas d'un rigorisme exagéré sur le chapitre du collet-monté de la toilette.

Les hommes ne portaient que très-peu de sous-pieds, pour ainsi dire pas de bretelles, et jamais leur habit au Mont-de-Piété.

*
* *

Leurs armes favorites étaient l'épée et l'arc. Ils excellaient aussi dans l'art du chausson, qui était alors

l'exercice du luxe réservé aux seigneurs et aux nobles.

Pour combattre dans les mêlées, ils montaient dans des chariots, dont les roues faisaient mouvoir, en tour-

nant, d'énormes faux qui charcutaient assez agréablement les nez, les bras et les côtes de leurs ennemis.

Ils étaient braves jusqu'à la témérité, stoïques jusqu'à l'idiotisme. Ils refusaient de fuir d'une maison en flammes dont les murs s'écroulaient sur eux, uniquement dans la crainte que les passants les traitassent de poltrons.

*
* *

Leur discipline militaire ne laissait pas que d'être assez joviale, et l'on raconte que pour un bouton de tunique mal astiqué, ou une partie de billard un peu prolongée, Vercingétorix, leur chef, — un Auvergnat qui ne mettait pas d'eau de Cologne dans ses mouchoirs de poche, — faisait crever un œil ou couper une oreille à ses soldats.

Ce procédé peut, au premier abord, paraître un peu barbare; mais lorsque l'on se reporte à cette époque un peu arriérée, on le conçoit aisément.

En effet, ce brave homme n'avait pas le choix des supplices : l'Odéon n'était pas bâti.

*
* *

De l'an 600 à l'an 400 avant Jésus-Christ, les Gaulois eurent pour principale occupation de chercher à aller manger la soupe des Romains; ils y arrivèrent quelquefois, et en l'an 390 ils parvinrent même, sous les ordres de Brennus, à se rendre maîtres de Rome.

Le premier soin de Brennus, en entrant dans la ville conquise, fut de faire guillotiner les femmes, les enfants et les vieillards qui y étaient restés, ayant manqué le dernier train, et de rançonner dur et longtemps ceux qui avaient de petites économies à la Caisse d'épargne de l'endroit.

*
* *

On raconte à ce sujet qu'il faisait peser devant lui l'or

des rançons, dans de grandes balances, dont l'un des plateaux était chargé d'énormes poids de quarante kilos, et que, lorsque les prisonniers avaient le malheur de faire une petite observation sur le coup de pouce que ne manquaient pas d'exécuter les soldats de Brennus, celui-ci jetait dans le plateau des poids ses bottines et

les clefs de son armoire à glace, en leur répondant avec canaillerie :

— Malheur aux vaincus!... *La force prime le droit!.·.*

A partir de ce moment, pourtant, la veine des Gaulois parut s'amoindrir peu à peu, et ils commencèrent même à recevoir de Messieurs les Romains des décoctions périodiques, qui nuisirent énormément à leur prestige et à leur crédit dans l'esprit du public.

*
* *

Enfin, en l'an 50 avant Jésus-Christ, Jules-César s'installa définitivement dans les Gaules, et commença à répandre chez ces peuplades peu parfumées les bienfaits de la civilisation et des arts, qui améliorent l'homme et abrégent de quarante ans la durée de son existence.

César fit de son mieux pour établir un peu d'ordre dans les mœurs et la tenue des livres des Gaulois; mais, après sa mort, les empereurs qui prirent son fonds s'arrangèrent si bien que la conquête de César leur échappa peu à peu.

*
* *

Vers l'an 260 de l'ère vulgaire, les Francs, nation

allemande qui n'avait pas fait grand bruit jusques-là, jugèrent le moment propice et tentèrent leurs premières excursions dans les Gaules.

Leurs petites affaires prospérèrent, et un beau matin de l'an 420, ils se dirent avec une certaine sagesse :

— Maintenant que nous voilà installés, si nous nous payions un roi !...

Et comme, en ce temps-là, l'adresse et la force physique étaient des droits au pouvoir....

... Ils mirent tous leurs noms dans un bonnet à poil et en tirèrent un au hasard.

Ce fut celui de *Pharamond*.

PREMIÈRE RACE

DITE

DES MÉROVINGIENS

21 rois sous 331 ans d'existence

15 ans et 10 mois la pièce l'un dans l'autre.

PHARAMOND

Pharamond monta sur le trône — et le coup à ses contemporains — en l'an 420 de notre ère.

Les notes que nous avons pu recueillir sur ce monarque en bois peint sont si mal écrites et tellement mangées aux vers, que nous hésitons à donner à nos lecteurs des détails que nous avons plutôt devinés que lus.

On s'accorde cependant à reconnaître que ce roi était du sexe masculin, ne perdit ses dents qu'à un âge assez avancé, et resta sur le trône depuis le moment où son peuple l'y plaça jusqu'au jour où il en descendit, par une circonstance sur laquelle on ne peut rien préciser sans imprudence.

⁎
⁎ ⁎

On ne sait pas au juste s'il eut une femme et des enfants : mais Tite-Live, Mézeray et bon nombre d'historiens célèbres assurent qu'il eut une mère, dont il resta le fils jusqu'à la fin de ses jours.

⁎
⁎ ⁎

On n'est pas positivement d'accord sur la durée de son règne.

Les uns prétendent qu'il n'a même jamais existé; d'autres disent qu'il a régné huit ans.

Mais un point sur lequel on est fixé, c'est qu'il ne chercha pas à agrandir ses États, resta tranquillement au coin de son feu, et fit sa lecture favorite des contes de Boccace.

⁎
⁎ ⁎

On n'a pas non plus de détails précis sur la fin de ce prince, et cela se conçoit.

Beaucoup d'historiens, ne lui ayant pas reconnu de

commencement, se sont crus dispensés de lui chercher une fin.

*
* *

Cependant, la mort de Pharamond a été racontée de diverses façons.

L'indigestion de haricots rouges est la version la plus accréditée.

Deux ou trois historiens penchent pour une blessure mortelle, occasionnée par l'explosion d'un fusil Lefaucheux.

Et enfin, — mais ce n'est qu'une opinion isolée, — Pharamond aurait succombé à une paralysie de l'ongle du pouce de la main gauche.

CLODION
DE 428 A 448

Clodion, dit le Chevelu, prit la suite des affaires de Pharamond, après la mort de ce dernier.

On ne sait pas au juste s'il était le fils de son prédécesseur, ou s'il acheta sa clientèle.

Les opinions sont partagées sur l'origine du surnom de ce roi.

Les uns prétendent qu'il lui fut donné à la suite de la découverte qu'il fit d'une pommade pour l'épaississement de la chevelure.

Les autres l'attribuent à la manie qu'il conserva toujours de faire tondre à la malcontent tous les Romains qu'il pouvait attraper.

*
* *

Quelques annalistes mal informés désignent ce monarque sous le nom de *Collodion Ier*, et lui attribuent l'invention de la photographie.

Cette erreur a pu acquérir quelque consistance ; mais elle n'en est pas moins grossière, et nous ne saurions trop la combattre.

* *

Clodion le Chevelu eut, pendant son règne, quelques démêlés (Oh! pardon!...) avec un nommé Aétius, qui

voulait absolument venir étendre son linge sur le Rhin appartenant aux Francs. Clodion le Chevelu força Aétius à faire sécher ses gilets de flanelle sur son territoire.

* *

De même que pour Pharamond, on ne sait rien de

bien positif quant à l'âge, aux mœurs, au caractère et à l'appétit de Clodion le Chevelu.

Il était, dit-on, d'une humeur assez régulière, et fai-

sait étrangler tous les jours à peu près le même nombre de ses sujets.

Il avait le plus grand soin de sa barbe, qui était, paraît-il, d'un roux magnifique, et l'enfermait chaque soir, en se couchant, dans son étui à parapluie, afin qu'elle ne s'ébouriffât pas, d'une part, et aussi pour qu'elle ne lui chatouillât pas la plante des pieds pendant son sommeil.

*
* *

Ses divertissements favoris étaient la pêche à la ligne, et l'étude de la guitare, sur laquelle il s'accompagnait avec beaucoup de grâce, en rendant la justice à son peuple.

A la pêche, quand ça mordait, il entrait dans des accès de joie enfantine, et se mettait à danser le cancan, exigeant que ses ministres lui fissent vis-à-vis.

Le poisson qu'il prenait, il l'avalait tout cru, séance tenante, et donnait aux pauvres de la localité l'argent économisé sur la cuisson.

Jamais il ne battait ses femmes; quand il avait à s'en plaindre, il les faisait mariner dans de grands chaudrons, remplis de suif en ébullition, et en prenait d'autres.

*
* *

On ne sait rien touchant la fin de son règne ou sa mort.

On suppose seulement que, s'étant un soir endormi, sans nouer, comme il le faisait d'ordinaire, sa longue chevelure avec une de ses bretelles, elle lui sera tombée sur la figure au milieu de la nuit et l'aura étouffé.

De nos jours encore, une petite ville de Normandie montre à ses visiteurs la corde de la cloche de son église, entièrement tressée avec un seul des côtés de la moustache de ce roi, pour lequel un forgeron du temps avait construit un démêloir, dont chaque dent mesurait onze pouces de circonférence.

Ce démêloir était mis en mouvement par une petite machine à vapeur.

MÉROVÉE

DE 448 A 456

Mérovée, qui prit un brevet, à l'effet de donner son nom à tous les rois de sa race, désignés depuis sous le nom de rois mérovingiens, paraît être le fils de Clodion le *Chevelu*.

Le chroniqueur Frédégaire rapporte que la femme de Clodion, se baignant un jour dans la mer, fut séduite par un monstre dont elle eut Mérovée.

Mais nos informations particulières nous démontrent

que ce récit était une affreuse bourde, contée à Clodion

par sa femme, et que le monstre en question était premier de rayon dans un magasin de nouveautés.

*
* *

Le règne de Mérovée fut marqué par l'invasion des Huns, qui, sous la conduite d'Attila, et au nombre de 500,000 seulement, vinrent sans façon s'inviter à manger la soupe sur le territoire des Francs.

Mérovée, en apercevant la figure farouche du roi des Huns, s'écria : Quelle drôle de binette *a-t-il là?*..... et, encouragé par la bonne humeur de ses ministres, qui trouvèrent le calembour charmant, il se rua sur les barbares dans les plaines catalauniques, et en fit une mar-

melade, que les historiens les moins exagérés ont évaluée de 180,000 à 200,000 hommes tués, d'après le recensement des boutons de tunique ramassés sur le champ de bataille.

* *

C'est aussi sous le règne de Mérovée qu'une jeune bergère de Nanterre, nommée Geneviève, devenue depuis la patronne de Paris, sauva la capitale de la fureur d'Attila, en criant aux habitants, déjà prêts à quitter la place, en emportant leurs sacs de nuit :

— C'est donc de la limonade que vous avez dans les veines, pour déménager comme ça avant le terme...

Ces nobles paroles, et une distribution gratuite de sucres d'orge à l'absinthe ramenèrent les Parisiens au devoir, et la capitale fut sauvée.

*
* *

Enfin, après beaucoup d'allées et venues, de trépignées

reçues et rendues de part et d'autre, Mérovée triompha de ses ennemis, et mourut, laissant à son fils Childéric le royaume dans d'assez bonnes conditions.

Il y avait ajouté une notable partie de l'Alsace (hélas!...), de la Picardie et de la Normandie.

*
* *

L'histoire nous représente Mérovée comme un assez brave homme, soucieux du bonheur de son peuple et fréquentant peu les cafés.

Il avait un assez bon estomac, dînait le plus souvent possible en ville, et se faisait très-modestement habiller par son concierge.

Une de ses toquades fut de persister à s'éclairer à l'huile, et de ne jamais vouloir entendre parler du pétrole, malgré les remontrances de sa femme de ménage, qui lui prêchait sans cesse cette économie.

Il parlait peu en société, portait des bas de laine en hiver, et trichait au jeu, si minime que fût l'intérêt de la partie.

Par un article exprès de son testament, il prescrivit qu'on l'inhumât avec la dernière pipe en Kummer qu'il avait culottée.

Les historiens s'accordent généralement à dire qu'il

mourut des suites de l'abus qu'il fit, pendant soixante-dix-huit ans, de la méthode Raspail.

CHILDÉRIC

DE 456 A 481

Childéric, fils de Mérovée, monta à cloche-pied sur le trône, après la mort de son père.

Pendant la première année qu'il y passa, ce prince, d'un caractère folâtre, libertin et cruel, fut le scandale de son quartier par ses excès en tout genre, qui lui valurent sa radiation du tableau des membres du bureau de bienfaisance et des cadres de la garde nationale.

Il découchait presque toutes les nuits, courait les bals

masqués, buvait de l'absinthe pure, débauchait les femmes, dont il grisait les maris ; il rendit même impossible, en 457, le couronnement d'une seule rosière, à Nanterre.

Traduit devant le juge de paix, il fut contraint de s'exiler.

*
* *

Il se réfugia en Thuringe, emportant avec lui du linge pour trois mois, et l'espoir de revenir nocer dans ses États.

Son valet de chambre Guinomand, qui lui était très-dévoué, probablement parce qu'il lui était dû des gages arriérés, lui remit à son départ la moitié d'une bague en aluminium, en lui disant :

— As pas peur, mon vieux ! Je reste ici, et quand je te ferai parvenir l'autre moitié de cet anneau, c'est que tu pourras prendre le premier train et revenir.

En effet, Guinomand entortilla tant et si bien un certain Ægidius, qui avait pris la place de son maître, qu'il lui fit faire boulettes sur boulettes, et en arriva à soulever le peuple contre lui.

Alors, il envoya la moitié de la fameuse bague à Childéric, qui accourut tout essoufflé, flanqua un coup de pied dans le trône, au moment où Ægidius y faisait son somme, et renversa ce dernier les quatre fers en l'air.

Quand il se releva, encore à demi-endormi, Childéric avait pris sa place et lui tirait la langue.

Ægidius, vexé de ce procédé, demanda son chapeau et sa canne, et décampa.

*
* *

Childéric, dont huit années d'exil et des douleurs rhumatismales avaient un peu calmé l'effervescence, s'occupa alors de mettre un peu d'ordre dans ses affaires.

Il profita de l'extrême gêne dans laquelle se trouvait l'empire romain, pour reprendre une partie des provinces gauloises qui lui étaient encore soumises. Il mourut de l'audition d'une symphonie de Beethoven, laissant un fils de quinze ans, *Clovis*, qui lui succéda; plus trois filles, dont l'aînée épousa un roi des Ostrogoths qui la rouait de coups, pendant que les deux autres prenaient un petit établissement de modes dans une sous-préfecture du département de l'Aube.

* * *

Childéric avait eu ses quatre enfants d'une nommée Bazine, femme du roi (Notable Commerçant) de Thuringe, à qui il avait été demander une chambre, lorsque ses sujets l'avaient mis à la porte, pour cause de tapage nocturne.

C'est de cette manière qu'il paya sa dépense chez cet ami, qui avait même été assez jobard pour le faire parrain des quatre rejetons dont il avait augmenté son ménage.

On dit qu'il poussa l'indélicatesse jusqu'à ne pas parler d'entrer, même pour moitié, dans le payement des mois de nourrice.

* * *

Lorsque Childéric fut rentré dans ses États, Bazine quitta les siens pour venir le trouver, et lorsque le monarque français, la voyant descendre d'omnibus à sa porte, lui dit, en déguisant mal sa mauvaise humeur :

— Tiens, vous voilà!... par quel hasard?...

— Vaurien!... lui répondit Bazine, si j'eusse cru trouver, même au delà des mers et de Fontainebleau, un garnement plus accompli, plus brave et mieux ficelé que vous, je l'aurais été chercher et me serais cramponnée à lui!...

C'était flatteur pour le roi de Thuringe, qu'elle avait planté là, et qui était resté à la maison à écumer le pot au feu.

Mais ces paroles imagées chatouillèrent l'amour-propre

de Childéric, qui n'hésita pas à devenir l'époux (par

duplicata) d'une princesse ayant des principes si romanesques.

*
* *

Quant au roi de Thuringe, on ne dit pas qu'il fit la moindre démarche auprès de la gendarmerie, pour réintégrer sa femme sous le toit conjugal.

Craignait-il le courroux de Childéric, qui passait pour être de première force à la savate?...

Ou bien, n'était-il pas fâché de voir plus loin de lui une femme qui faisait très-mal la cuisine, et lui refusait trente sous par semaine pour ses menus plaisirs et son tabac?

C'est ce qui n'a jamais été bien établi.

*
* *

Childéric nous est représenté comme un prince d'un caractère faible et se laissant gouverner par sa femme,

qui lui faisait broder des pantoufles à ses moments perdus et l'envoyait au marché.

Il avait un goût marqué pour l'accordéon, faisait quelquefois de la potichomanie, et apprivoisait des cloportes.

Il mourut, étranglé par un cure-dent qu'il avala par

mégarde, dans un éclat de rire occasionné par la lecture d'un entrefilet du *Charivari*.

CLOVIS Ier

DE 481 A 511

Clovis, quoique encore tout bambin quand il monta sur le trône, était déjà doué d'un caractère peu endurant. L'histoire du vase de Soissons — dénaturée, du reste, par presque tous les historiens — en est une preuve.

Voici ce trait :

※
※ ※

Un jour, en parcourant son camp, à Soissons, Clovis avisa un de ses soldats, en train d'accommoder, dans un vase de faïence, deux litres de haricots qu'il venait d'acheter chez un débitant de la ville, et qu'il se disposait à s'offrir, pour s'ouvrir l'appétit.

Les haricots, qui crépitaient dans le saindoux avec de gros lardons, embaumaient l'air à cent pas à la ronde. Clovis, qui n'avait pris depuis le matin que son café au lait, s'approcha du soldat et lui dit brutalement :

— Donne-moi tes-z-haricots !

L'Académie n'avait pas encore décidé si l'H serait muette ou aspirée....

Le soldat, qui n'avait pas froid aux yeux, releva la tête, et répondit fièrement au roi, en se mouchant sur sa manche :

— Je t'en cède la moitié, mais rembourse-moi douze sous...

Et comme Clovis, aiguillonné par le parfum des lardons, s'approchait pour prendre la pitance de force, le soldat flanqua un grand coup de pied dans la marmite, qui se brisa, précipitant dans le macadam le fricot tout fumant, en disant insolemment au roi :

— T'en auras pas l'étrenne !...

Clovis, ne pouvant dévorer les haricots de son inférieur, dévora sa honte, et rentra chez lui, en se disant : Tu me la payeras, celle-là !

*
* *

En effet, un an après, en passant une inspection de ses troupes, Clovis aperçut son homme ; il s'approcha de lui, et feignant de trouver une tache à son képi, il le lui jeta à terre...

Le soldat se baissa pour ramasser son meuble; mais aussitôt, le roi, qui avait son plan, lui allongea un si violent coup de soulier à cinq pouces au-dessous de la giberne, que le malheureux s'en alla rouler à onze pas du théâtre du crime...

Clovis, en frappant, avait prononcé ces mémorables paroles :

— Ainsi tu frappas le Vase de haricots de Soissons!...

*
* *

Ce début donna au jeune monarque un énorme prestige aux yeux de ses troupes, et influa sur sa destinée tout entière.

A quoi tiennent les choses!... Un coup de brodequin, savamment appliqué *d'une main sûre*, peut donner l'immortalité. Tout dépend des occasions.

*
* *

Clovis épousa une certaine Clotilde, qui nous est représentée comme une gaillarde, ayant tout le temps porté la culotte dans le ménage.

Elle eut un tel ascendant sur lui, qu'elle le décida à embrasser la religion chrétienne qui était la sienne.

Cependant il fallut, pour obtenir de lui ce sacrifice, qu'elle fût servie par une circonstance inattendue :

Dans une frottée abominable qu'il était en train de se flanquer avec les Allemands, à Tolbiac, Clovis s'aperçut que ses soldats faisaient leur ouvrage avec un peu de mollesse, et étaient près de faiblir devant les *sacs à choucroute*.

— Dieu de Clotilde !... s'écria-t-il, je n'ai pas l'honneur de te connaître !... Mais si tu veux m'accorder la faveur de rosser ces têtes carrées, je te signe un bail de trois-six-neuf, à ta volonté !...

Les soldats de Clovis, en entendant parler de trois-six, retrouvent leur ardeur, fondent sur les Allemands épatés et en font de la purée.

✳
✳ ✳

Clovis reçut le baptême à Reims, et beaucoup de ses seigneurs et de ses soldats en firent autant, adoptant cette mode, comme ils auraient adopté — venant d'en haut — celle d'un nouveau faux-col ou d'une nouvelle chaîne de gilet.

O canaillerie des courtisans !... tu as donc été de toutes les époques !...

✳
✳ ✳

Clovis, après la mise en couleur de son âme, s'occupa de mettre un peu d'ordre dans sa garde-robe et dans les affaires de l'État.

Il fit poser des demi-semelles à la plupart des souliers de ses troupes, et créa les assemblées de guerre, dites *Champs-de-Mai*, où tous les soldats se réunissaient une fois l'an, et juraient *de ne point couper leur barbe, qu'ils n'eussent vaincu les capitaines d'Alaric, roi des Visigoths*.

Ce serment à tous crins fit faire une fichue mine aux perruquiers des compagnies hors rang ; mais Clovis, qui ne négligeait rien pour s'assurer la popularité chez ses sujets, leur accorda, par décret spécial et comme compensation, le monopole de la tonte de tous les chiens du

royaume, laquelle tonte fut rendue obligatoire par un autre décret.

On est forcé d'admirer ce tour de force de législation, qui met à néant, avec un ensemble surprenant :

Le mécontentement des perruquiers militaires ;

Et les puces de neuf millions d'animaux domestiques.

Ainsi, les grands princes savent concilier, par leur génie, les intérêts de leurs sujets avec... les leurs propres... et se préparer pour la postérité une page gl...

Et ta sœur ?...

※ ※
※

Clovis se livra, vers la fin de son règne, à des occupations assez folichonnes :

Sigebert, roi de Cologne, le gênait; il le fit tout simplement occire par son fils, et — probablement pour punir ce fils d'avoir assassiné son père, — il le fit *expédier* à son tour par de braves gens qu'il louait au mois pour ce genre de travail. Il est bon d'ajouter que ces fidèles équarrisseurs n'oublièrent pas de rapporter à Clovis les trésors de leur victime.

Ce que voyant, Clovis leur dit avec sévérité :

— je vous avais envoyés là-bas pour tuer, et non pour voler !... Donnez-moi ça tout de même !...

*
* *

Par ses soins, Cazaric, roi des Belges, et son fils furent également tondus et enfermés.

Mais le dernier coup de ciseaux n'était pas donné, que Clovis se dit, en se grattant la nuque :

— Minute !... des crins, ça repousse !... Coupons-leur la tête avec, c'est plus sûr.

Et sur son ordre, le perruquier, — qui portait toujours

sur lui une hache à deux mains, pour les barbes trop fortes, — fit sauter les têtes des deux tondus.

Après une coupe de cheveux, c'était raide !...

Comme nous étions loin de la friction à l'eau athénienne !...

Il usa à peu près du même procédé envers Rignomer, roi du Mans, — qu'il fit égorger, — peut-être parce que ce prince avait négligé de lui envoyer une poularde le jour de sa fête.

Il mit plus de procédés dans ses rapports avec Ragnacaire et Reignier, rois de Cambrai.

Au lieu de les faire assassiner, il se les fit amener et les égorgea lui-même.

Et il ne leur demanda rien pour cette faveur exceptionnelle... Il leur prit tout.

* *

Il récompensait d'ailleurs les serviteurs qui l'aidaient dans ses petites opérations... chirurgicales, en leur faisant présent de bijoux magnifiques, tabatières, couverts, ronds de serviettes, etc.

Seulement...

Au bout de quinze jours d'usage, les *commis à la saignée* s'apercevaient que c'était du ruolz, et du ruolz de camelotte.

Quelques-uns allaient réclamer.

— Allez, gredins!... leur répondait-il, c'est encore trop bon pour des chenapans de votre espèce!...

On n'osait pas répliquer, — et l'on dévorait sa honte et son alfénide!...

* *
*

Clovis fut le premier roi qui se fixa à Paris.

Il ébaucha avant sa mort plusieurs plans destinés à embellir la capitale.

Les principaux étaient l'extension du macadam, la création d'une compagnie d'omnibus, et le balayage des rues par la vapeur.

Sous le règne de ce monarque, le système pénal était d'une extrême simplicité.

On rachetait tous les crimes possibles avec de l'argent, selon la qualité du lésé et celle du coupable.

Ça supprimait les avocats, ce qui n'était pas bête.

Impossible de plaider; il y avait un tarif !

*
* *

On trouvera plus bas un extrait de la cote pénale de l'an 507.

Nous tenons cette pièce du petit-neveu de notre trisaïeul, dont le grand-père était arrière-petit-fils d'un écuyer de la nièce d'une des filles d'un percepteur des contributions d'Étampes, fils bâtard lui-même d'un des descendants d'un secrétaire intime du filleul de la pupille d'un des fils du bottier de Clovis

Cette pièce est authentique et encore plus crasseuse.

*
* *

Les personnes qui désireraient la visiter peuvent le faire très-aisément; elle est maintenant entre les mains d'un nommé CHAUSSU-RAVIS, établi savetier dans un petit bourg de l'arrondissement de Lagny.

Il tient énormément à cette pièce, parce qu'elle est garnie sur les bords d'une multitude de petites déchirures, qui sont toutes les mesures de ses clients.

La voici, telle qu'il a bien voulu nous la communiquer.

Nous la traduisons en style moderne, pour faciliter l'intelligence de ce document et ne pas faire grogner les Auvergnats.

*
* *

COTE PÉNALE POUR L'AN 507.

Un œil poché par un esclave à un homme libre : amende, 4 livres.

La paire : 7 livres.

Un œil poché par l'homme libre à l'esclave : amende, 1 livre, — à payer par l'esclave.

La paire : 2 livres, idem.

Dents cassées par un esclave à un homme libre : 2 livres la pièce.

Le râtelier complet : 50 livres.

Dents cassées par un homme libre à un esclave : 1 livre la pièce, — à payer par l'esclave.

Le râtelier complet : 25 livres, idem.

Nez mangé par un esclave à un homme libre prenant du tabac : 30 livres.

Nez mangé par un esclave à un homme libre sans tabac : 40 livres.

Nez mangé par un homme libre à un esclave, avec ou sans tabac, à prix forfait : 20 livres, — à payer par l'esclave.

Meurtre d'un homme libre par un esclave : 100 livres.

Meurtre d'un esclave par un homme libre : 50 livres, — à payer par l'esclave !...

Rapports illégaux entre un esclave et l'épouse d'un homme libre : 20 livres.

Mêmes rapports entre un homme libre et la femme d'un esclave : 40 livres, — à payer par l'esclave.

CLOVIS Ier

D'APRÈS LE PORTRAIT DE CABANEL, SON PEINTRE ORDINAIRE

(Musée de Versailles)

8ᵉ LIVR.

Ordures déposées sur les boulevards par un homme libre : Gratis.

Ordures déposées par un esclave : 1 livre.

*
* *

Ainsi qu'on le voit, ce système était d'une extrême limpidité, et les juges pouvaient rendre leurs sentences avec l'aide d'une simple ardoise et d'un morceau de craie.

*
* *

On a depuis jugé à propos de changer tout cela ; mais ce qu'on ne peut nier, c'est l'énorme économie de temps que procurait un pareil système.

Du reste, les Francs, sous le règne de Clovis, s'étaient déjà donné une espèce d'avant-goût du Code Napoléon.

L'adultère était sévèrement puni, et l'on étouffait tout simplement dans la boue, — pour la première fois, — la femme qui manquait à son mari

De nos jours, ce délit est devenu très-rare.

On n'a presque pas d'exemple qu'un mari dise, en l'absence de sa moitié :

— Ma femme *me manque.*

Au contraire.

Les Francs, à cette époque, étaient encore très-crédules et dépensaient volontiers leurs économies à se faire tirer les cartes, et à se faire dire la bonne aventure.

La dame de pique et le valet de carreau sortant ensemble étaient, pour ceux qui se faisaient des réussites, l'indice des plus grands malheurs.

Aujourd'hui, ça ne compte plus que pour quarante au bezigue.

Tout dégénère.

*
* *

Ils croyaient aux devins, aux sorciers et aux miracles. Pour savoir si leurs femmes leur étaient fidèles, ils

faisaient infuser dans une grande marmite, remplie

d'huile bouillante, de l'ail, des intestins de chevreau, de la camomille, un os à moelle et des radis noirs (en nombre impair).

Ils prononçaient au-dessus de cette ratatouille, — et au troisième bouillon, — ces mots cabalistiques :

Suisjisimus cocubinoscumajaunika ?

en se passant la main gauche onze fois de suite sur le crâne, et en étendant la droite sur le couvercle du chaudron.

Après cette cérémonie, si le mélange ci-dessus donnait du sirop de groseilles, le mari était convaincu de la fidélité de sa femme.

Soixante-quinze faux-cols étrangers, trouvés dans le lit conjugal, ne le faisaient pas revenir sur ce jugement.

※
※ ※

La vengeance était leur plus chère affection.

Pour la plus petite épithète malsonnante, ils se plongeaient leur baïonnette dans le ventre jusqu'à la cinquième génération.

Si l'insulteur n'avait pas de descendants, il tuait ses

plus proches voisins et ses fournisseurs attitrés.

*
* *

Ils réglaient leurs petits différends d'intérêts par les mêmes procédés.

Quand un Franc voulait nier à son cordonnier la fourniture d'une paire de bottines à élastiques, ou à son tailleur un raccommodage de fond de culotte, il descendait devant sa porte avec l'industriel, et se flanquait avec lui un ou plusieurs coups de tampon, suivant la formule.

S'il *tombait* le fournisseur, la facture était payée.

De là est venue, sans aucun doute, l'habitude qu'ont prise ces messieurs de vendre à 80 pour 100 de bénéfices, pour se rattraper du montant des objets qui leur étaient soldés en coups de poing.

*
* *

Plus tard, cette législation au croc-en-jambe ayant été jugée insuffisante, les Francs eurent recours, pour régler leurs comptes, à un nouveau procédé qu'ils nommèrent :

LE JUGEMENT DE DIEU.

Les jugements de Dieu étaient des épreuves qui avaient pour base l'eau et le feu.

Un créancier réclamait-il une somme à son débiteur, — s'il ne pouvait produire une reconnaissance dûment enregistrée, — il devait se plonger, pendant deux heures un quart, dans une grande cuve pleine d'eau, la tête en bas, les pieds hors du tonneau.

Après cette épreuve, on le retirait, et on le frictionnait avec de la pommade camphrée.

S'il persistait dans sa réclamation, sa créance était reconnue légitime, et son débiteur tenu de le désintéresser.

*
* *

Pour l'épreuve du feu, il devait entrer tout nu dans un brasier, où l'on avait préalablement jeté sa facture.

S'il la rapportait intacte, il avait gagné son procès.

*
* *

Nous avons tenu à insister sur les principes fondamentaux de la législation de ces époques, peut-être un peu arriérées au point de vue de nos tribunaux de commerce actuels, mais à coup sûr de très-bonne foi dans la conception et l'application de leurs lois.

C'est à nos lecteurs d'établir leurs comparaisons entre ces systèmes et ceux mis en pratique depuis.

Ils jugeront ensuite, dans leur sagesse, si maintenant

plus qu'alors nous nous rapprochons de la vérité et de la justice.

* *

Nous devons cependant, tout en laissant libre leur appréciation sur les faits, leur faire remarquer qu'avec les 30,000 articles qui composent actuellement nos différents codes, il n'est pas rare de voir de méchants procès de deux sous durer une dizaine d'années, et qu'aux époques dont nous venons de parler, on a très-peu d'exemples que la partie perdante, noyée dans la cuve ou grillée dans le brasier, ait interjeté appel du jugement qui l'avait condamnée.

* * *

Clovis mourut le 27 novembre 511, à l'âge de quarante-cinq ans, d'un chaud et froid, qu'il avait attrapé l'année précédente aux courses de Chantilly.

Il laissa quatre fils, qui se partagèrent son royaume avec autant d'empressement que de mauvaise foi.

Chacun d'eux, en recevant son lot, se promit bien, dans son for intérieur, de l'augmenter des parts de ses trois frères, en provoquant, chez chacun d'eux, — ainsi du reste que cet usage était consacré en ce temps-là, — une colique *point d'orgue final*, à l'aide de deux centigrammes d'arsenic, produit pharmaceutique désigné alors sous le nom de *mort-aux-rois*.

* * *

Le royaume de Paris, étant généralement considéré comme le plus important, fut joué aux osselets par les quatre fils de Clovis.

Childebert, qui avait apporté dans sa poche un jeu pipé, dut à ce procédé, que plusieurs historiens se sont accordés à trouver un peu canaille, de se voir adjuger par le hasard... rectifié à la grecque, le lot de ses rêves.

Il feignit d'être épaté de ce coup du destin, et refourra

vivement son jeu d'osselets dans son gousset, en se disant à part :

— Ça peut resservir.

※ ※
※

Clovis avait régné trente ans, — période parfaitement remplie, au point de vue du nombre incalculable d'étranglements, d'empoisonnements et de décapitations, qui furent les principaux ornements de son règne.

Il eut pour consolation, en mourant, de voir que messieurs ses fils promettaient de suivre... au moins son exemple.

En effet, jetant après sa mort un coup d'œil sur la

comptabilité paternelle, et n'y voyant figurer que trente-neuf assassinats de membres de sa famille, ses dignes successeurs s'écrièrent en chœur :

— Oh ! la la !... Pas de chic, papa... Pas de chic !

CHILDEBERT

DE 511 A 562

Ainsi que nous l'avons dit déjà, le royaume de Paris revint à Childebert, l'un des fils de Clovis, à la mort de ce dernier.

Ses trois frères se partagèrent le reste du royaume.

Childebert, qui n'avait que treize ans lorsqu'il monta sur le trône de son papa, sut, par la suite, prouver qu'il avait mis à profit les enseignements de son prédécesseur.

Tout le temps qu'il resta au pouvoir, il l'employa à se quereller avec messieurs ses frères, et à faire égorger ceux de ses neveux ou de ses nièces qui le gênaient en quoi que ce soit.

*
* *

A part cette occupation, qui était, à ce qu'il paraît, un tic de famille, ce prince ne fit rien de remarquable.

On s'accorde généralement à le représenter comme une assez bonne pâte d'homme, très-régulier dans son carac-

tère et dans ses fonctions de toute nature; cultivant le calembour par à peu près, fort amateur des farineux, et commettant son petit crime tous les deux jours, bien moins par cruauté que pour ne pas laisser se perdre les traditions de sa race.

Il mourut un soir de la contrariété qu'il éprouva de ne point trouver, en rentrant chez lui, ses pantoufles à leur place.

Il ne laissa que deux filles.

CLOTAIRE Ier

AN 562

A la mort de Childebert, son frère Clotaire, alors âgé de cinquante-neuf ans, sauta à pieds joints sur le trône, invoquant la loi salique qui en interdisait l'accès aux filles de Childebert.

Il était, du reste, tellement persuadé de son droit, qu'il se dépêcha de faire jeter ses deux nièces en prison.

* *
*

Clotaire, bien plus encore peut-être que son frère Childebert, avait hérité des principes *arsenico-poignardo-strangulatoires* de Clovis son père.

Il ne régna que trois ans, et encore fut-il, pendant ce court espace de temps, tourmenté, obsédé par le remords... de n'avoir pas commis plus de crimes.

Il eut néanmoins la satisfaction de donner le jour à un fils nommé Chramme, qui marcha dignement sur ses traces.

* *
*

Chramme commença d'abord par lui manger énormément d'argent en faisant son droit; puis, quand son père lui eut retiré la pension de cinquante écus qu'il lui ser-

vait annuellement, et que Chramme employait tout entière à consommer des prunes chez la mère Moreau, en compagnie de quelques pieuvres du quartier Latin, — il ne trouva rien de mieux que de chercher à détrôner l'auteur de ses jours.

Celui-ci, vexé du procédé, se porta à sa rencontre, lui donna les étrivières paternelles, et, décidé à lui administrer une correction qui le dégoûtât une bonne fois du crime, il fit enfermer son rejeton, ainsi que sa famille, dans une chaumière, à laquelle il mit le feu avec une boîte d'allumettes amorphes.

Cette leçon profita entièrement au jeune Chramme, qui ne recommença plus.

* * *

Clotaire, qui était un homme de beaucoup de précaution, avait toujours plusieurs femmes à la fois.

On raconte à ce propos le trait suivant :

Sa première femme, Ingonde, le pria de trouver un bon parti pour une sœur à elle; Clotaire y consentit et alla rendre visite à la jeune personne. La trouvant de son goût, il l'épousa séance tenante, et la ramena au domicile conjugal.

— Bichette, dit-il alors à madame Clotaire, j'ai vu ta sœur, et comme je lui ai reconnu assez de galbe, je me la suis offerte, persuadé que je ne pouvais lui trouver un meilleur parti que moi-même.

Ingonde ne fit pas d'observation; mais en s'en allant à la cuisine retourner le gigot de la communauté, elle se dit à elle-même :

— Eh bien! mon vieux..., quand je te chargerai de mes commissions, il fera chaud.

* * *

Clotaire employa les derniers temps de son règne à

plusieurs opérations du même genre, toutes marquées au

coin de la plus exquise délicatesse et du respect des principes... de son époque.

Désirant faire une bonne fin, il fit bâtir un grand nombre d'églises, — ce qui lui attira les sympathies du clergé.

Seulement...

Il préleva d'énormes impôts sur les revenus de ces établissements.

A ce sujet, il répétait souvent :

— Faisons notre salut !... mais sauvons la caisse !

CARIBERT

DE 562 A 628

Caribert, un des fils de Clotaire, — son père, — inaugura son règne en répudiant sa femme, sous prétexte qu'elle avait vieilli.

Pour compenser le vide que faisait dans son ménage l'absence d'une femme de quarante ans, il en prit deux de vingt.

O amour des mathématiques!...

Ces deux femmes étaient sœurs; c'était un rude moyen de n'avoir qu'une belle-mère.

Elles se nommaient Maroflède et Marcovelde, deux noms poétiques, et étaient filles d'un simple ouvrier en albums photographiques.

Pas fier, le monarque!...

Marcovelde était religieuse; Caribert ne s'arrêta pas à ce détail, au contraire; mais saint Germain, évêque de Paris, à qui ce procédé ne convint pas, l'excommunia

raide, ce qui ne fit pas plus d'effet sur Caribert, que si l'on fût venu lui annoncer que sa soupe était sur la table.

Cependant Marcovelde mourut, ce qui décida Caribert à se soumettre aux exhortations de l'évêque saint Germain.

Incorrigible dans ses goûts pour le conjungo en partie double et l'amour des jeunes filles ayant les mains sales, ce prince épousa, au moment de mourir, la fille d'un gardeur de pourceaux, nommée Théodechisilde.

Encore un nom à se faire passer la main dans les cheveux !

**

Gontran et Chilpéric, frères de Caribert, ne le cédèrent en rien à ce dernier quant au penchant pour les filles sentant le graillon.

Ils eurent constamment plusieurs épouses à la fois et les prirent soigneusement dans les plus basses classes de leurs sujets.

Chilpéric en eut une qui s'appelait Audovère.

Il prit, après Audovère, une des suivantes de cette dernière, nommée Frédégonde.

*
* *

Sigebert, le dernier frère de Caribert, le seul prince de la famille qui ne s'encanailla pas, avait épousé Brunehaut, fille d'Athanagilde (on ne fait plus de ces noms-là), roi des Visigoths.

Sigebert fit honte à son frère Chilpéric de ses dérèglements, et le décida à demander en mariage Galsuinde, sœur de Brunehaut.

— C'est une brave fille, lui dit-il, sage, économe, pas Benoitonne pour deux sous, jouant de l'accordéon, et ourlant très-bien les serviettes; tu seras très-heureux avec elle, je ne te dis que ça...

Galsuinde vint.

Mais Frédégonde, qui avait du flair, la fit tout simplement étrangler dans son lit avec ses faux cheveux.

Frédégonde ne pardonna jamais à Brunehaut, sa belle-sœur, d'avoir tenté de lui couper l'herbe sous le pied, en proposant une autre femme à Chilpéric, son mari, — ce qui se comprend jusqu'à un certain point, attendu qu'en fait d'oreiller conjugal, ce n'est pas tout à fait la même chose que pour le chauffage au calorifère : quand il y en a pour un — ou une, — il n'y en a pas toujours pour dix.

Brunehaut, de son côté, ne put digérer que Frédégonde se fût permis de faire étrangler sa sœur Galsuinde ; ran-

cune toute naturelle, lorsqu'on se reporte à cet âge d'or, où l'on avait l'habitude de se défaire soi-même de ses proches parents, sans aller demander ni aide ni conseil à son voisin.

De là naquit la haine acharnée de ces deux princesses, qui eut par la suite de si terribles conséquences, et qui est resté comme un type de la série d'amabilités qui peut résulter d'une querelle entre deux êtres appartenant à ce sexe sensible, chétif et délicat, aux pieds duquel nous tombons comme des jobards, sous le prétexte que nous lui devons nos mères.

Legouvé et Michelet... soyez bénis !

* *
*

Caribert mourut, ne laissant que des filles d'un placement assez difficile, eu égard aux mœurs de sa famille; les soupirants redoutant, — peut-être à juste titre — l'hérédité des goûts de la polygamie.

Après la mort de Caribert, ses frères se mirent en mesure de partager son héritage, et l'on vit revenir sur le tapis les dés pipés et les cartes biseautées.

Une fois que chacun eut sa part, il s'occupa incontinent de chercher le moyen d'y ajouter celle des autres.

Ils se battirent comme des chiffonniers, et Chilpéric,

secondé par l'habileté de Frédégonde, son épouse, resta le maître du terrain.

Ah!... ils les respectaient, dans ce temps-là, les traités de 1815!...

CHILPÉRIC I"

Sous Chilpéric I", la France fut gouvernée par Frédégonde, sa femme, princesse qui avait beaucoup de tête, mais qui n'employait pas précisément son imagination à la réussite des conserves d'abricots.

*
* *

Frédégonde, qui avait été d'un grand secours à son mari dans ses démêlés avec ses frères, ne lui rendit pas moins de services après son avénement.

Seulement, elle faisait un peu trop sentir à son époux son infériorité intellectuelle.

*
* *

Chaque fois qu'il se présentait une petite complication dans les affaires de l'État, une question épineuse, trois ou quatre douzaines de parents à faire occire, enfin tout ce qui constituait alors les attributions des souverains chargés d'administrer paternellement leurs peuples; Frédé-

gonde arrivait auprès de Chilpéric indécis, et, lui flanquant un grand coup de coude dans les côtes, lui disait brutalement :

— Eh bien !... quand tu seras là trois heures à réfléchir !... Allons, va-t'en pêcher à la ligne, vieux croûton... Je vais arranger ça.

Et Chilpéric prenait sa canne à moulinet.

Et Frédégonde arrangeait ça.

Ah ! ce n'était pas long : S'il n'y avait qu'un prince gêneur : *Couic !...* s'il y en avait deux : *Couic !... Couic !...* trois : *Couic !... Couic !... Couic !...* et ainsi de suite.

C'était toujours fait dans les vingt-quatre heures.

⁂

Chilpéric revenait le soir du canal Saint-Martin avec ses dix ablettes...

— Où est mon cousin? disait-il en se mettant à table.

— Couic!... répondait Frédégonde.

— Ah!... et ma nièce?

— Couic!... réitérait l'ange du foyer.

— Eh bien! alors, je ne t'en demande pas davantage, disait le roi en rangeant sa boîte à asticots; je vois qu'ils sont tous *Couic!...* je vais me coucher.

***

Voici quelques-uns des principaux *couics* de la reine Frédégonde, pendant le règne de son mari :

Couic!... Sigebert, son beau-frère ;

Couic!... Mérovée, fils de son mari ;

Couic!... Clovis, fils de son mari ;

Couic!... Audovère, précédente femme de son mari ;

Couic!... Bazine, fille d'Audovère, qu'elle fit préalablement déshonorer par ses soldats...

Nous en passons, faute de place.

***

Mais le plus joli *couic*, exécuté par Frédégonde, fut sans contredit le suivant :

Nous lui avons réservé une place toute spéciale, ayant pensé que le petit tableau de mœurs qui le précède intéresserait particulièrement nos lectrices.

Voici le fait :

Si Chilpéric avait le goût anodin et peu dispendieux de la pêche à la ligne, Frédégonde, sa tendre épouse, cherchait, de son côté, à tromper l'ennui dans lequel la plongeait les longues heures que son mari allait passer à harponner des goujons sous l'arche du pont Louis-Philippe.

* * *

Chilpéric avait un groom, nommé Landry.

Frédégonde avait... un cœur.

Cette réunion de circonstances fit que l'on en jasa chez la fruitière du coin.

Chilpéric, lui, était plein de confiance et complétement absorbé par ses constantes recherches sur la meilleure amorce à barbillons, pour la découverture de laquelle il avait fondé un prix de dix millions de francs.

* * *

Un matin, Chilpéric était en train de préparer ses lignes de fond dans la chambre de sa femme; Frédégonde faisait de la tapisserie, en fredonnant la *Femme à barbe*.

Tout à coup, le roi ouvre la fenêtre et met le nez en l'air :

— Sapristi ! dit-il, quel temps !... je suis sûr que ça doit mordre au blé à côté des bains Deligny, entre l'abreuvoir aux chevaux et le grand égout ; je vais aller y faire mon petit tour.

— Ah ! mon petit Péric, mon petit Péric, dit la reine, tu vas encore laisser toute seule ta chérie Gongonde ?

— Voyons, Bichette, reprit Chilpéric, sois mignonne ; c'est demain que commence l'époque du frai, et tu sais que les règlements de police interdisent la pêche pour six semaines...

— Tu demanderas une dispense au préfet.

— Non, je ne peux pas..., je lui ai déjà pris ma permission à crédit.

Là-dessus, le roi se mit à préparer ses affutiaux, prit son panama, et sortit.

*
* *

Il n'était pas encore devant la loge du concierge, que Frédégonde avait quitté sa tapisserie, et s'était mise à faire sa toilette pour recevoir Landry...

Comme elle en était à ôter son corset, Chilpéric, qui avait oublié son épuisette dans l'armoire à glace, entra.

Frédégonde lui tournait le dos.

La voyant ainsi en négligé, le *monarque-pêcheur* s'avança doucement, et, ma foi!... l'occasion... l'herbe tendre... il prit un baiser sur l'épaule de sa femme, au moment où elle était occupée à lisser ses bandeaux.

Frédégonde répondit, sans se retourner, en faisant à la fois une petite moue pleine de promesses, et un savant mouvement d'épaules, qui compléta le piquant de sa toilette, ces simples paroles :

— Tout beau, Landry!.... Tout beau!.... Tu es bien pressé......

*
* *

Chilpéric, en s'entendant appeler par sa femme d'un

autre nom que le sien, eut comme un soupçon que son horizon prenait une teinte très-accentuée de safran.

Cependant, il dissimula autant qu'il le put, et sortit de la chambre en faisant le moulinet avec sa canne à pêche, et en accompagnant ce geste d'un mouvement de tête peu rassurant pour la reine.

Il y avait dans le geste tragique et menaçant du roi tout un long poëme.

Frédégonde, de son côté, s'était aperçu de sa boulette, et le moulinet de Chilpéric ne lui avait point échappé.

A peine fut-il sorti, qu'elle se leva tout effarée, avala cinq verres de rhum pour se remettre, et se promena à grands pas dans sa chambre, en répétant, avec de l'alcool dans la voix :

— Je suis perdue !...

A ce moment, Landry entra. Il avait fait sa raie, et s'était lavé les mains avec sa salive.

— O cher ange !... fit-il en s'approchant.

— Tu m'embêtes, toi ! répondit la reine, en l'envoyant d'un coup de poing s'asseoir dans la table de nuit.

— Cruelle !... est-ce ainsi....

— Ah !... tu vas me lâcher, n'est-ce pas ?...

— Mais encore !... idole de mon âme !...

— Oui, je la connais, celle-là, c'est dans *Guillaume Tell*... Mais il ne s'agit pas de cela : Chilpéric sait tout...

— Sapristi !... c'est beaucoup, répondit Landry.

— Chilpéric sait tout, te dis-je, et comme il faut à tout prix qu'il ignore le reste...

*
* *

La phrase de Frédégonde fut interrompue par le cri d'un repasseur, qui entrait dans la cour de la maison en criant :

— Ciseaux à rrrrrr'passer!...

— Landry!... dit la reine, en l'empoignant par un bouton de son gilet, et en lui indiquant du doigt la direction d'où venait ce cri; Landry!... c'est la providence qui l'envoie!... Tu m'as comprise... va... et que ça ne traîne pas!

— Mais... ma souveraine...

— Ferais-tu des manières? reprit la reine... en remettant son peignoir.

Et l'on entendit de nouveau la voix du repasseur, qui s'éloignait en répétant :

— Avez-vous des couteaux, ciseaux, rasoirs à rrrrrr'-passer!.....

— O reine!... fit Landry, en se précipitant aux genoux de Frédégonde, ordonne.... et j'obéis.

La reine lui glissa alors quelques mots dans l'oreille, et vingt centimes dans la main.

— C'est pour le repassage, lui dit-elle, vas... vas...
Que ce cher homme ne survive pas à son déshonneur!...
Landry sortit.

* * *

Et le soir, comme Chilpéric rentrait joyeux, avec un
fort coup de soleil sur le nez, ses cannes à moulinet sous
le bras, et trente et un goujons dans son filet, l'éclair
d'un couteau de cuisine brilla au-dessus de sa tête...

Ce fut tout...
Le *couic* matrimonial de Frédégonde était accompli!...
Frédégonde, qui avait suivi la marche de l'événement,
cachée derrière sa persienne, descend en toute hâte,
ameute les passants, en criant à tue-tête :

— Ah! mon pauvre homme!... ils me l'ont tué... c'est ce gredin de Childebert!...

Comme on le voit, cette princesse ne perdait pas la carte.

CLOTAIRE II

AN 585

Frédégonde, après s'être débarrassée de Chilpéric, son mari, mit, avec l'aide de Gontran, son beau-frère, son fils Clotaire sur le trône.

Clotaire II, n'ayant à ce moment que cinq mois, ne fit, pendant les premiers jours de son règne, rien de bien remarquable, — comme monarque du moins.

Frédégonde put donc continuer tranquillement de se livrer à ses petites distractions.

Elle commença par faire trancher la tête à tous ceux qui avaient eu l'air de se douter qu'elle fût l'assassin de Chilpéric.

Quant à ses complices, elle les *expédia* aussi, afin de n'avoir point à craindre leurs cancans.

A côté d'une si aimable princesse, la position était vraiment embarrassante.

Contre elle, on risquait le poignard.

Pour elle la strangulation.

L'empoisonnement, la pendaison et le pal étaient réservés aux neutres.

**
* **

Il serait trop long de s'appesantir sur chacun des crimes de Frédégonde.

Plusieurs historiens même, renonçant au travail fatigant de les compter, ont opéré en faisant des moyennes.

Le calcul le plus accrédité est celui-ci :

« *Multiplier 840, qui est le nombre de lunes que vécut Frédégonde, par 29, représentant le chiffre d'assassi-*

nats qu'elle fit commettre pendant l'une de ces lunes, prise au hasard. »

D'après ce procédé, on obtient un total de 24,360.

De nos jours, la Faculté de médecine toute entière met au moins dix jours pour obtenir ce résultat.

Et encore, elle est aidée par l'absinthe et le *Constitutionnel*.

* *

Frédégonde mourut à 54 ans d'un empoisonnement rentré, qu'elle avait mijoté en faveur d'un de ses parents, qui échappa à cette occasion en tombant la veille du haut de l'obélisque, dont il avait été visiter l'intérieur.

La mort de Frédégonde mit en vogue Brunehaut, sa rivale, princesse dont les principes étaient identiquement semblables aux siens.

* *

Brunehaut, après avoir fourni un contingent fort respectable d'empoisonnements et de crimes de toute nature, eut la maladresse de laisser traîner les morceaux d'une lettre, dans laquelle elle donnait l'ordre à son confident Alboème, de mettre de la nicotine dans le potage de Varnachaire, maire de Bourgogne.

Clotaire fit assembler les morceaux de ce papier compromettant et les juges de la huitième Chambre.

Un expert en écritures de la rue du Mail déclara que la

lettre avait bien été écrite, ou tout au moins *dictée* par Brunehaut, et elle fut condamnée.

Le supplice de Brunehaut fut horrible.

Promenée pendant trois jours dans le camp sur un vieux chameau, elle fut ensuite attachée à la queue d'un cheval sauvage, qui la brisa dans sa course furibonde.

**

Sans doute cette princesse avait, à l'égal de Frédégonde qui mourut dans son lit, commis quelques légères infractions aux règlements de simple police et de la civilité puérile et honnête; mais on ne voit pas sans un certain dégoût, la sévérité avec laquelle la traita Clotaire, qui, lui aussi, avait sur la conscience nombre de peccadilles du même tonneau, ainsi du reste que nous l'allons démontrer.

*
* *

Clotaire tint à honneur de suivre les errements de sa famille, en supprimant, — au fur et à mesure de ses besoins, — ses plus proches parents.

Dans une seule journée, on raconte qu'il démasqua son horizon de quatre de ses petits-cousins qui le gênaient. Il en fit *détailler* trois, séance tenante, par son premier étalier, et le dernier fut, — par faveur spéciale et parce qu'il était son filleul, — rasé et enfermé à Mazas.

Clotaire commit pas mal d'autres petites opérations de ce genre; cependant, l'histoire lui a reconnu quelques qualités.

*
* *

Il aimait les sciences, mangeait peu d'ail, et se lavait les mains régulièrement deux fois par mois.

Il avait l'esprit orné pour le temps; il écrivait deux ou trois vaudevilles qui furent refusés au Palais-Royal, et publia plusieurs volumes de poésies qui ne se vendirent pas, mais dont les exemplaires servirent plus tard à tapisser les murs de son *fumoir*.

Il se piquait de politesse et de galanterie.

Lorsqu'il entrait dans une maison où on l'avait invité à dîner, il crachait dans la soupière pour ne pas souiller le parquet, forçait la maîtresse de la maison à s'asseoir la première en lui envoyant un coup de poing dans l'estomac, et quand il avait dîné, se levait brusquement, flanquait la table sans dessus dessous, et sortait en disant :

— S'il n'y a plus rien à manger, j'men vas:... je n'm'amuse pas tant ici!

Si une dame, en sa présence, accusait trente-cinq ans, il lui répondait :

— Madame, vous m'étonnez... Vos enfants sont bien conservés pour votre âge.

On le blâme d'avoir un peu trop aimé la chasse, et lui-même, prétend-on, regretta, à ses derniers moments, d'avoir perdu à tirer des faisans un temps qu'il aurait pu si bien utiliser à étrangler quelques-uns de ses sujets.

Il mourut à quarante-cinq ans des suites de son premier bain.

***

Ce fut pendant le règne de Clotaire que l'arabe Maho-

met créa en Orient sa célèbre religion, et posa la première pierre de son fameux paradis.

DAGOBERT Ier

DE 628 A 631

Dagobert n'avait que vingt-cinq ans lorsqu'il monta sur le trône; il profita de l'indulgence que lui valait

son jeune âge, pour mettre sa culotte et les affaires publiques à l'envers.

*
* *

Aucun roi n'a eu tant de femmes légitimes... et autres; et le chroniqueur Frédégaire, qui donne la liste de ses épouses, a dit :

« Quant aux noms des concubines, comme il y en avait

« beaucoup, j'ai redouté la fatigue de les inscrire dans
« cette chronique. »

Du reste, il faut rendre cette justice à Dagobert Ier, c'est qu'il n'oubliait pas, pour ses plaisirs, ses devoirs de famille, au nombre desquels il rangeait en première ligne l'obligation de continuer l'œuvre de ses aïeux, en faisant supprimer le plus possible de ses sujets.

Ainsi, outre l'empoisonnement de son neveu, fils de Caribert, l'histoire lui doit le fait suivant :

*
* *

Neuf mille Bulgares, chassés de leur pays, viennent lui demander l'hospitalité ; il leur répond :

— Mais comment donc !... certainement... Voilà des billets de logement.

Et il donne l'ordre aux habitants de la Bavière de les abriter et de leur fournir l'eau et le sel pour la soupe.

Un beau matin, Dagobert s'éveille de mauvaise humeur, parce qu'il avait été mordu par une puce, et il appelle son chambellan :

— Dites donc... Vous savez bien les 9,000 Bulgares ?... Eh bien, toute réflexion faite, ils m'embêtent. Qu'on les saigne demain matin...

Une dépêche télégraphique est envoyée, et le lendemain, les 9,000 Bulgares, en se réveillant, jettent les yeux autour d'eux, et s'aperçoivent, avec un effroi qui

leur fait dresser les cheveux, — qu'ils n'ont plus de tête.

**

Deux choses saillantes frappent l'esprit au premier abord dans les mœurs de ces siècles reculés : c'est la facilité avec laquelle les monarques tuaient les hommes et épousaient les femmes.

* * *

Dagobert était prodigue; sa cour était somptueuse; mais on doit lui rendre une justice : il ne faisait pas de dettes, et payait tous ses fournisseurs comptant, au moyen d'incessants et énormes impôts dont il accablait le peuple.

Il fit faire beaucoup de progrès à la sculpture et à l'orfévrerie, non pas qu'il aimât l'art!..... — On lui eût demandé en vain quarante sous pour un travail d'utilité publique, — mais, tout simplement, parce que la sculpture et l'orfévrerie contribuaient au luxe de ses palais.

* * *

Il avait fait la connaissance d'un petit bijoutier de son quartier, qui lui avait exécuté consciencieusement quelques raccommodages.

Ce bijoutier se nommait Éloi; il en fit son ami et son confident.

Éloi, qu'on a canonisé depuis, était un digne et brave homme; le fait suivant en est une preuve :

Dagobert lui avait fourni des lingots d'argent pour lui fabriquer un trône. Avec ces lingots, saint Éloi lui fit

— non pas un trône — mais deux trônes, — et deux trônes en or.

Quand on pense que, de nos jours, il y a des bijoutiers qui vous rendent vos chaînes de montre diminuées de longueur, en vous disant que ça se raccourcit au raccommodage !

*
* *

Vers la fin de son règne, Dagobert mit un peu d'eau dans son vin; non pas par continence ou par regret d'en avoir trop bu, mais parce qu'il lui faisait mal.

C'est, du reste, l'histoire de beaucoup de conversions anciennes et modernes.

Bref, lorsque Dagobert eut renoncé aux plaisirs, ou, pour mieux dire, lorsque les plaisirs eurent donné à

Dagobert ses huit jours, il s'occupa de faire une bonne fin.

Il fit bâtir beaucoup d'églises, entre autres la cathédrale de Saint-Denis, dont nous pouvons encore admirer la superbe flèche, rangée en morceaux numérotés sur le gazon qui entoure ce monument, et dont la *réédification* est à l'ordre du jour, au même degré que la réhabilitation de Lesurques.

Dagobert mourut de vieillesse à *trente-cinq ans*, après avoir fondé un prix de 500,000 francs pour le meilleur système de reproduction des rosières.

La fondation de ce prix fut, en même temps qu'une bonne œuvre, une restitution à l'humanité.

LES ROIS FAINÉANTS

ous engloberons dans un même chapitre les rois, dits *Rois fainéants*, qui, depuis la mort de Dagobert, se succédèrent et finirent la race mérovingienne. Ces monarques en fer battu méritent à peine quelques minutes de notre attention, vu le soin qu'ils ont pris de ne rien faire; et si ce n'était que, dans une histoire, comme dans des chaussettes, les trous font mauvais effet, nous passerions très-volontiers sous silence cette série de gâteux.

Nous leur consacrerons seulement à chacun quelques mots, en tête desquels nous mettrons simplement :

DIVISION DES CULS-DE-JATTE

CLOVIS II

PREMIER ROI FAINÉANT

Acheta une esclave, nommée Batilde, que des pirates avaient prise sur les côtes d'Angleterre, et l'épousa ensuite.

L'épousant, il était en droit de réclamer son argent ; on prétend qu'il n'en fit rien.

Batilde était très-belle et d'origine saxonne, dit-on ; mais il y a eu doute à cet égard, ce qui a fait dire à l'historien Mézerai :

« Quand on arrive à avoir le sac, on peut choisir la « race dont on veut être. »

Phrase profonde et que bien des événements ultérieurs ont justifiée. (Voir l'*Art héraldique*, édition des parchemins à tant l'aune.)

Clovis II mourut à vingt-et-un ans, du chagrin

d'avoir amené un mauvais numéro au tirage au sort.

CLOTAIRE III

DEUXIÈME ROI FAINÉANT

Clotaire III fut assis par sa nourrice sur le trône à l'âge de quatre mois; on raconte même à ce sujet un détail....
Enfin, on changea la housse.

Sous son règne, un nommé Ébroin, maire du palais, homme ambitieux et despote, comme tous les valets de chambre, prit les rênes du gouvernement, et fit mille misères à Batilde, mère du jeune roi.

Cette lutte, entre la mère du roi et le maire du palais, prit dans l'histoire le nom de :

ATTRAPAGE DES DEUX M { È / AI } RES

Clotaire III mourut à quatorze ans, sans enfants.

CHILDÉRIC II

TROISIÈME ROI FAINÉANT

L'avénement de Childéric II n'arrangeait pas du tout Ébroin, qui eût préféré un roi à la mamelle, pour pouvoir tripoter à son aise les petits bibelots de l'État. Il eut la maladresse de laisser percer ce mécontentement, et Childéric II l'envoya se faire tondre par le barbier du monastère de Luxeuil. Voilà ce qu'on gagne à être canaille, et surtout à le faire voir.

Childéric II avait eu l'imprudence de faire battre de

verges, pour une vétille, un nommé Bodillon; celui-ci

n'eut pas plus tôt rajusté sa culotte, qu'il assassina le roi.

Comme on peut le voir par ce trait, Childéric II baissait de beaucoup sur ses devanciers, et il paya de sa vie ce ramollissement.

Clovis, Childebert, Caribert, ou tout autre de ses aïeux, eussent fait étrangler net le sieur Bodillon, au lieu de le faire fouetter; et il y a gros à parier qu'après l'opération, le sieur Bodillon n'eût pas pensé à se venger de Clovis, de Childebert ou de Caribert.

Il est des mesures desquelles on ne peut se servir avec fruit, qu'en les emplissant jusqu'au bord : celle du crime en est une.

Avis aux hommes affaiblis!

Un coquin peut faire son chemin; un demi-coquin, jamais.

THIERRY III

QUATRIÈME ROI FAINÉANT

Thierry III monta sur le trône à l'âge de vingt-deux ans, et l'on vit reparaître Ébroin, qui avait été disgracié par Childéric II. Ce maire du palais, turbulent et tapageur, eût mieux fait de rester dans son couvent de Luxeuil, car il se fit assassiner assez vivement.

La France n'y perdit rien.

Un maire du palais de perdu, deux de retrouvés.

Pépin, dit *le Gros*, qui depuis a donné son nom aux parapluies modernes, prit la suite des affaires d'Ébroin, et mena le gouvernement à sa guise, pendant que le roi Thierry s'occupait dans son palais à faire des cocottes en

papier et de la décalcomanie, et s'éteignait tout doucement d'inaction et de gras fondu.

CLOVIS III

CINQUIÈME ROI FAINÉANT

Fils de Thierry III, monte sur le trône à onze ans, en jouant à la toupie.

Meurt à quinze ans.

Continuation de la puissance de Pépin, qui, — ainsi

qu'on peut le remarquer, — se prépare à user des monarques et à en changer autant que de chaussures.

CHILDEBERT III

SIXIÈME ROI FAINÉANT

Succède, à 11 ans, à Clovis III, son frère.

Toujours Pépin derrière la toile.

Childebert III est pourtant représenté comme un brave homme de monarque. Quelques historiens lui accordent même le surnom de JUSTE.

A ce sujet, les opinions sont partagées.

Ce surnom paraît plutôt lui venir du jugement suivant, que formula sur lui son époque :

« Bon garçon ; mais comme intelligence, c'est un peu *JUSTE.* »

Childebert mourut des suites de la méprise qu'il com-

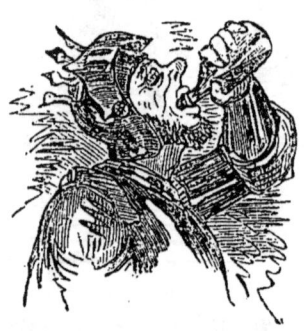

mit, en avalant le contenu d'un flacon *d'eau des fées*, qu'il avait acheté pour se teindre la barbe.

On cacha la véritable cause de sa mort à ses proches parents, qui ne l'apprirent que deux cents ans après.

DAGOBERT III

SEPTIÈME ROI FAINÉANT

Dagobert III, fils de Childebert III, fut proclamé roi à l'âge de onze ans.

Quand on lui apprit cette nouvelle, il demanda tout de suite :

— Y a-t-il des vacances?... Y va-t-on le jeudi?

Pépin mourut pendant son règne; mais comme tous les Pépins, il avait fait tige, et son fils Charles-Martel lui succéda.

Dagobert laissa un fils d'un an : Thierry IV, de Chelles,

qui donnait déjà de brillantes espérances, cherchait à séduire sa bonne, et appelait son père vieux mufle.

CHILPÉRIC II

HUITIÈME ROI FAINÉANT

Pour des raisons à lui connues, Charles-Martel, le maire du palais, ne jugea pas à propos de placer sur le trône le petit Thierry IV, de Chelles, bien que la succession de son père parût lui revenir de droit.

Charles-Martel donna pour raison au peuple que le petit n'était pas encore suffisamment propre et s'oublierait sur le velours du trône.

Le peuple, — qui était un gros futé à cette époque-là, — avala parfaitement la pilule sans faire de barricades; et Chilpéric II, fils de Childéric II, troisième roi fainéant, fut tiré d'une armoire de monastère, dans laquelle on l'avait serré, pour cause d'utilité publique, à la mort de son père.

On s'assura que pendant son séjour dans l'armoire, les vers ne s'étaient pas mis à ce monarque en conserve. Après lui avoir donné un bon coup de plu-  meau, on le planta autant d'aplomb que possible sur le trône, en lui maintenant la tête, qui avait pris un faux pli, au moyen de ficelles adroitement dissimulées dans une draperie.

Chilpéric resta dans cette position, sans se plaindre, tout le temps que dura son règne.

Pendant ce temps, Charles-Martel, maire du palais, fouillait dans les meubles de la patrie avec un sang-froid superbe.

*

Chilpéric II mourut à Noyon, d'une indigestion de pain d'épices, ne laissant qu'un enfant.

Les opinions des historiens, sur la valeur de ce monarque, diffèrent essentiellement.

Velly prétend qu'il ne doit pas être mis au nombre des rois fainéants, puisqu'il était dans l'impossibilité de travailler, dormant régulièrement vingt-trois heures par jour.

Mézerai le traite tout simplement d'imbécile.

THIERRY IV

NEUVIÈME ROI FAINÉANT

Thierry IV fut, comme ses prédécesseurs, placé sur le trône à l'âge de sept ans, après avoir été préalablement empaillé par les soins de Charles-Martel, maire du palais.

Il resta dans cette position fatigante dix-sept années d'horloge, pendant lesquelles Charles-Martel continua de retourner à sa guise le fricot de l'État.

*
* *

On lui doit cette justice, c'est qu'il rendit au pays quelques services dans ces fonctions importantes.

Il fit, à différentes reprises, d'immenses hachis des Sarrasins qui, sous la conduite de leur chef Abdérame, voulaient absolument exproprier, à leur profit, les contrées méridionales de la France.

Dans les plaines de Poitiers, en 733, il en mit en brochette, au dire de plusieurs historiens, 375,000, ne perdant, lui, que 1,500 hommes.

Ce chiffre de 375,000 hommes hors de combat peut paraître exagéré au premier abord; mais, au second, on en rit à fendre son gilet de tricot.

En effet, il est difficile de ne pas penser qu'à ce compte-là, il eût fallu que chaque zouave franc tuât en moyenne 250 Sarrasins dans sa journée.

Et... sans fusil à aiguille, ça paraît corsé!...

*
* *

Le roi Thierry IV mourut à vingt-trois ans, laissant un fils.

Mais Charles-Martel ne jugea pas à propos de faire couronner ce jeune monarque, pensant probablement que la nation se passerait volontiers à l'avenir de ces *sires en cire*, qui ne servaient à rien qu'à tenir de la place dans les appartements, et dont l'entretien et l'*époussetage* coûtaient un prix fou.

* * *

Charles-Martel mourut à cinquante-trois ans, laissant trois fils : Carloman, Pépin et Griffon.

Il partagea la monarchie entre les deux premiers, Carloman et Pépin, ce qui a fait dire qu'il fit pour cette injustice, une niche à Griffon.

De cette *niche* est venue l'idée de donner à quelques chiens le nom de *griffons*.

* * *

Charles-Martel avait créé une décoration militaire pour ses soldats.

Cet ordre s'appelait l'ordre de la *Genette* et avait pour légende :

Exaltat humiles.

Traduction :

Il élève les humbles.

.... et s'en fait trois cent mille francs de revenu. Ça enfonce les éleveurs de lapins.

CHILDÉRIC III

DIXIÈME ROI FAINÉANT

Après cinq années d'interrègne, Pépin et Carloman, fils de Charles-Martel, se décidèrent à remettre sur le trône un monarque en terre glaise.

Ils déterrèrent, chez un brocanteur en souverains d'oc-

casion, Childéric III, âgé de douze ans, qu'on suppose être le fils de Thierry IV, précédent roi, et le plantèrent sur le coussin royal, en lui disant :

— Tiens-toi là.... et ne bouge pas; ça nous fera une contenance.

* *

Pépin et Carloman continuèrent alors tranquillement, comme deux bons associés de la rue du Mail, l'exploitation de la maison Childéric III et compagnie.

Comme leur père Charles-Martel, ils firent une énorme consommation de Sarrasins et les réduisirent complétement à l'état d'onguent.

* *

Au milieu des succès des deux associés, un dissident éclata entre eux.

On suppose que celui qui était chargé des écritures de la maison, ayant apporté quelque négligence dans ses fonctions, se trouva froissé des reproches de l'autre.

Bref, Carloman dit un jour à son frère :

— Eh bien! puisque c'est comme ça, débarbouille-toi.... Je me fais moine.

— Frère!... fiche ton camp!... ça m'arrange, car j'ai mes vues.

Là-dessus, Carloman frappa sa cuisse du plat de la main, prit cent vingt-cinq francs dans la caisse pour ses

frais de route, et alla se faire couper les cheveux par le Figaro de l'abbaye du Mont-Cassin.

*
* *

Resté seul, Pépin mit ses deux pieds sur la table de sa salle à manger, en se disant :

— Quelle veine d'en être débarrassé !... Il devenait diablement gêneur !...

Et alors il se mit à ruminer son plan.

— C'est stupide, se dit-il; voilà soixante ans que les maires du palais gouvernent le pays, de père en fils, et pendant ce temps-là un roi de paille porte la couronne et touche des appointements à ne rien faire!... Attends! attends un peu, mon bonhomme, nous allons arranger ça.

* * *

Pépin assembla le parlement, composé de beaucoup d'évêques, et lui demanda tout crument de l'élire roi.

Le parlement embarrassé se gratta le bout du nez; la question était effectivement délicate. Et le droit divin!...

— Ah! vous faites des manières! leur dit Pépin; c'est bon... c'est bon... je me passerai bien de vous.

Il prit tout simplement une feuille de papier à lettres, et écrivit au pape Zacharie :

PÉPIN LE BREF
ÉCRIVANT AU PAPE ZACHARIE
(D'après une photographie de NADAR)

16ᵉ LIVR.

« Ma bonne vieille,

« Lequel doit régner, ou celui qui se donne un mal de
« chien pour faire macadamiser les routes du pays, poser
« des bornes-fontaines et des tuyaux à gaz; ou celui qui
« porte le titre de roi, et n'est seulement pas capable de
« rédiger une ordonnance pour le *musèlement* des
« chiens?

« Répondez-moi vite, que *j'ôte* le petit Childéric, et
fasse refaire les élastiques du trône à ma guise.

« A votre service en pareille circonstance.

« PÉPIN. »

Le pape Zacharie répondit :

« Cher ami,

« Ainsi que l'a dit le bonhomme La Fontaine :

« La raison du plus fort est toujours la meilleure.

« Or, si tu te sens assez de biceps pour flanquer le pe-
« tit Childéric en bas de son siége, le jarret assez so-

« lide pour y monter à sa place, et les reins assez sûrs
« pour t'y maintenir, vas-y, mon fils, vas-y...

« Si tu réussis, les bénédictions du ciel ne te man-
« queront pas.

« Je te la broie.

« ZACHARIE. »

*

Pépin ne se le fit pas répéter.

Il scia une nuit les deux pieds de devant du trône, et Childéric en descendit, le nez en avant.

On l'enferma dans un monastère d'Allemagne, avec sa femme et un fils dont on n'entendit plus parler.

Ainsi finit, avec les rois fainéants, la race des Mérovingiens.

SECONDE RACE

DITE

DES CARLOVINGIENS

Comprenant 15 rois pour 235 ans d'existence

(16 ANS LA PIÈCE, L'UN DANS L'AUTRE)

752 A 987

PÉPIN, DIT LE BREF

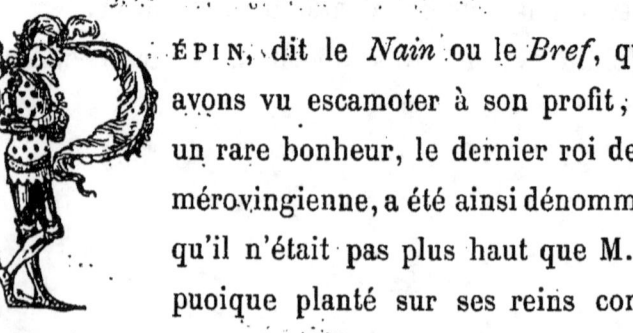

ÉPIN, dit le *Nain* ou le *Bref*, que nous avons vu escamoter à son profit, et avec un rare bonheur, le dernier roi de la race mérovingienne, a été ainsi dénommé, parce qu'il n'était pas plus haut que M. Thiers, puoique planté sur ses reins comme un équarrisseur. Témoin ce qui lui arriva la première année de son règne :

Comme il assistait à un combat de bêtes féroces, il vit un énorme lion qui étranglait un taureau....

— Qui de vous, dit-il en se tournant vers ses seigneurs, qui de vous, tas de crevés, ira délivrer le taureau?

A ces paroles électrisantes, tous les seigneurs, comme un seul homme... gardèrent le plus profond silence.

Pépin saute dans l'arène, tire son grattoir du fourreau,

et abat d'un seul coup la tête du lion et... celle du taureau.

— Suis-je digne, ajouta-t-il en se replaçant au milieu de ses courtisans, suis-je digne d'être votre roi ?...

— Prince, répondirent-ils en masse, vous êtes un grand SAIGNEUR !...

Pépin le Bref tira son carnet et prit note du mot, pour l'envoyer au *Tintamarre*, dans lequel il écrivait sous le nom de Robert Briquet.

Cette action de Pépin demandait un *bon poing*...

L'histoire le lui donnera.

***

Pépin profita d'un voyage que le pape Étienne III fit en France, à l'effet d'y renouveler ses provisions d'épiceries chez Potin, pour se faire couronner publiquement par lui.

Dans son for intérieur, il se gaussait parfaitement de cette cérémonie, mais il s'était dit :

— Ça fera bien pour la galerie.

Il profita même de l'occasion, pour faire admettre à la représentation ses deux fils Charles et Carloman, pensant, à juste titre, que la dépense ne serait pas plus grande pour trois que pour un.

Le pays grogna un peu du sans-gêne de ce procédé, arguant qu'il avait choisi le papa comme souverain, sans engagement à l'égard de sa progéniture. Mais Pépin tint bon, et son ami Étienne III aidant, le sacre eut lieu.

Pépin occupa une partie de son règne à passer et repasser en Italie, pour remastiquer le pouvoir du pape, qui laissait beaucoup à désirer sous le rapport de la solidité.

Ça coûtait un prix fou ; mais quand on a des amis !...

Ce monarque tenait des cours plénières pendant les fêtes de Noël et de Pâques. Il y paraissait habillé à neuf par la Belle Jardinière, y recevait splendidement ses seigneurs, et profitait de cette circonstance pour *livrer* de riches habits.

De cette coutume est venu le mot *livrée*.

Nos Frontins modernes ne se doutent guère, certainement, de l'origine de leurs capotes à boutons jaunes et de leurs chapeaux à cocardes.

Qu'ils soient fiers!... Ils descendent de la noblesse par le gilet galonné et la culotte de peau.

Prosper, Dominique et Lafleur sont vengés. Les Gaïfre, les Hunauld et les Tassillon ont été habillés par leurs maîtres....

* *

Pépin était hydropique.

Le produit de trois ponctions, qui lui furent faites par

un des aïeux de Nélaton, suffit à alimenter, pendant cinq années, les fontaines du faubourg Saint-Germain.

Mais il succomba enfin à l'excessive humidité de son tempérament, à l'âge de 53 ans.

Avant de mourir, il partagea ses États entre ses deux fils : Charles et Carloman.

Il en avait un troisième, nommé Gilles : il ne lui donna rien et lui ordonna d'avoir la vocation ecclésiastique.

La justice avant tout.

Il avait eu ces enfants de son épouse Berthe *au grand*

pied, ainsi nommée parce qu'elle en avait un plus grand que l'autre.

Plusieurs historiens ont prétendu, au contraire, qu'elle en avait un plus petit.

Les recherches que nous avons faites à ce sujet, en questionnant les descendants du cordonnier de la reine Berthe, dont un est établi rue de Lourcine, n'ont pu dissiper nos doutes sur cette grave question.

CHARLEMAGNE

Après la mort de Pépin le Bref, leur père, Charles et Carloman commencèrent à vivre en assez mauvais termes.

Le partage de la vaisselle, du linge et des chaussures de leur papa fut, dit-on, la cause première de leur mésintelligence.

Toujours est-il que bien souvent la douce Berthe, leur mère, eut toutes les peines du monde à les empêcher de se *horionner*.

Cependant, cette inimitié cessa... à la mort de Carloman, qui s'éteignit à la fleur de l'âge et à Villers-Cotterets, laissant deux fils, à qui Charles prit carrément l'héritage de leur père, pour leur éviter probablement les ennuis d'un partage.

Charles fut ainsi souverain de toute la France, circonstance à laquelle il dut de n'avoir aucune discussion avec ses voisins.

Il vécut d'abord avec une femme, nommé Himiltrude, dont il avait un fils — et peu à se louer.

Himiltrude, ayant eu avec sa belle-mère Berthe quelques discussions, à propos de la dépense du ménage, cette dernière décida Charles à répudier sa femme, et lui en amena une autre, nommée Hermengarde, sœur de Didier, roi des Lombards.

Charles l'épousa *à condition*, et ne tarda pas à la laisser pour compte à son frère

Il prit enfin pour compagne Hildegarde, princesse

allemande, dont il avait distingué les talents pour la confection de la choucroute.

Ah!... c'était le beau temps de l'hyménée!...

On pouvait y goûter.....

Ça n'engageait à rien.

∴

Charlemagne conquit, pendant son règne, une grande quantité de lauriers sur le dos des Saxons, à qui il flanqua de formidables dégelées.

Il suivit aussi l'exemple de son père, en aidant le pape Adrien Ier à conserver son équilibre dans son royaume.

A la suite d'une *crasse* que lui avait faite Witikind, chef des Saxons, Charlemagne, furieux, se fit livrer 4,000 de ses soldats, et leur fit trancher la tête en sa présence.

On a prétendu que ce chiffre de 4,000 était exagéré. Du reste, il est à remarquer que les annalistes ont la toquade des zéros.

Comme ça ne leur coûte rien, ils en usent!...

Enfin, mettons les 4,000 Saxons de Charlemagne à un quarteron et demi, et n'en parlons plus.

C'est ici le moment d'entretenir nos lecteurs de la fameuse histoire de Roland, neveu de Charlemagne, et de rétablir, dans ses justes proportions, la légende de Roncevaux et celle de Durandal.

LÉGENDE DE ROLAND ET DE DURANDAL.

Roland ou Rotland était neveu de Charlemagne, qui le gâtait beaucoup, et répétait sans cesse, en le prenant sur ses genoux :

— Est-il gentil, ce crapaud-là !

Ces familiarités firent oublier à Roland le respect qu'il devait à son nononcle, et un jour, — il était alors sur le point d'épouser Alde la belle, — il poussa le sans-gêne jusqu'à poser sur le fauteuil du roi une tarte aux pommes, au moment où celui-ci allait s'asseoir.

Charlemagne se releva, vexé, — autant qu'humide, — en disant à son neveu :

— Elle est mauvaise, celle-là, galopin !...

Et il lui flanqua sa serviette à la figure.

Roland, perdant toute contenance, se précipita sur son

oncle, dans l'intention bien arrêtée d'en faire au moins deux.

Les courtisans présents à cette scène le retinrent.

Mais Charlemagne ne le retint pas, au contraire :

— Va-t-en!... lui dit-il, — en essuyant le fond de sa culotte... Va-t-en, propre à rien!... Une tarte toute neuve!... Tu n'es qu'un polisson!

Et Roland s'engagea dans les zouaves, où il se fit bientôt remarquer par sa bravoure... et sa mauvaise tenue.

*
* *

Charlemagne lui pardonna l'histoire de la tarte, et

l'emmena avec lui en Espagne, où il se rendit en 778, dans l'intention de se payer la ville de Saragosse.

Les Musulmans se prêtèrent peu à cette petite combinaison, et l'empereur fut contraint de revenir précipitam-

ment en France, avec ses troupes, dont il confia l'arrière-garde à Roland.

*
* *

Surprise, par trahison, dans la vallée de Roncevaux, par un coquin nommé Ganelon, l'arrière-garde, commandée par Roland, fut taillée en copeaux, et Roland lui-même y fut occis.

*
* *

Mais, avant de mourir, il accomplit des prodiges.

D'abord, avec sa Durandal, — un coupe-choux qui vous partageait une montagne de granit comme un gâteau de Savoie, — il trouva moyen d'abattre douze mille têtes, dans un bataillon composé de quinze cents Vascons ennemis.

*
* *

Pressé par ses soldats d'appeler à son secours Charlemagne, en sonnant de son olifant, — magnifique trombone à piston, que son oncle lui avait bel et bien acheté 180 francs chez Sax, et qu'il portait toujours sur lui, on n'a jamais su pourquoi, — il refusa de le faire.

Mal lui prit de cet entêtement, car, accablé par le nombre, il fut écrasé, et se trouva bientôt seul dans la vallée, n'ayant plus pour compagnie que sa Durandal et son sax-horn.

HISTOIRE DE FRANCE TINTAMARRESQUE 137

*
* *

Il voulut au moins, avant de mourir, briser son glaive,

afin qu'il ne tombât point entre les mains de ses ennemis.

« *Point ne le put* » (style de la légende).

On voit encore à cet endroit des précipices de 800 mètres de profondeur, et à côté, des monts énormes.

Les précipices ont été produits par les entailles que

Roland fit à la terre, en la frappant de Durandal, et les monticules sont formés des mottes de terre que cet outil — comme on n'en fait plus — fit jaillir du sol.

Ces détails, que raconte l'histoire de Roland, sont vraiment incroyables, et pourtant....

Personne n'y croit.

*
* *

Enfin, voyant qu'il ne pouvait parvenir à ébrécher son bancal, Roland, exténué, prit le parti de souffler dans son ophicléide, en *sol* mineur, pour appeler son oncle.

« *Et de suite se mist dare dare à, dans le goulot, souffler.* » (Toujours style local.)

Il souffla tant.... tant.... et si fort, qu'il en fendit les tubes et le pavillon.

De là est venue cette expression, qui a traversé bien

des révolutions pour arriver pure jusqu'à nous :

« *S'en faire éclater le cylindre.* »

*
* *

D'après une version, il eut le temps, avant de mourir, de remettre à Baudoin, son frère, accouru à son secours, sa flamberge et son instrument de musique.

D'après un autre, ce fut Charlemagne lui-même qui arriva dans la vallée de Roncevaux pour recueillir les pieuses reliques de ce héros.

On prétend que le premier mot du monarque, en voyant son neveu étendu roide sur le gazon, et serrant sur son cœur son sax-horn, fut :

— Un si beau trombone!...

*
* *

Ici s'arrête la légende de ce fameux Roland, qui eut l'héroïque courage d'affronter ses ennemis, muni d'une arme invincible.

De même que le bouillant Achile fut sans peur, parce qu'il se sentait invulnérable, de même qu'une frégate blindée enfonce sans pâlir un petit navire marchand, de même Roland, à l'aide de son couperet fantastique, débitait les Pyrénées en tranches et fauchait ses ennemis comme un champ de luzerne.

Il avait un sabre à aiguille ; voilà toute l'affaire.

*
* *

La Turquie s'est flattée longtemps de posséder la fameuse Durandal de Roland.

La ville de Toulouse, — de son côté, — a montré son olifant.

Nous sommes en mesure d'affirmer que toutes ces exhibitions sont mensongères.

La Durandal de Roland a été adjugée à la compagnie des chemins de fer de l'Est qui en a fait faire des rails.

Elle a fourni une longueur de 715,063 kilomètres, et il en est resté un bout, avec lequel le chef de gare de Strasbourg s'est fait un sabre de garde national et un couteau à découper.

*
* *

Quant au fameux olifant, crevé par Roland dans la vallée de Roncevaux, c'est le premier piston du Grand Opéra qui le possède. — Il a été restauré et mis au nouveau diapason.

Nous abandonnerons le domaine de la fiction, pour repiquer de nouveau une tête dans la réalité.

* * *

Charlemagne, on doit lui rendre cette justice, fut le premier monarque qui donna quelque essor aux lettres, qu'il cultiva lui-même.

Il faisait copier et recopiait de sa main les vieux manuscrits qu'il dénichait dans son grenier, tels que les *Contes de Perrault* et les *Memoires de Thérésa*.

Il faisait quelquefois sa petite tournée dans les écoles mutuelles, pour s'assurer qu'on n'y jouait pas à la toupie pendant les heures des études.

On raconte même à ce sujet que, mécontant un jour du peu de progrès des jeunes étudiants qu'il rassemblait dans l'école de son palais, il leur tint ce langage :

* * *

« Propres à rien!... vous vous imaginez, parce que
« vous avez le sac et que vous êtes les mioches les plus
« huppés de mon royaume, que votre naissance et votre

« trois pour cent vous suffisent!... Vous croyez que vous
« n'avez nul besoin de vous instruire, et que vous pou-
« vez impunément mettre trois H dans le mot *clarinette,*

« sous prétexte que votre position vous permet d'aller
« cascader aux courses du Bois de Boulogne, avec des
« grues qui montrent leurs jambes jusqu'à la cheville,
« en commençant par la tête, dans la *Biche au Bois...*
« Vous ne pensez qu'au lansquenet, aux caboulots, à la
« femme à barbe et au bal Bullier!... Mais, prenez-y
« garde... je vous le jure sur la tête d'Offenbach!... je
« ne fais aucun cas de vos titres ni de vos monacos... Si
« vous ne vous mettez pas de suite à me copier votre
« Lhomond et votre Henri Martin, vous n'obtiendrez
« jamais rien de moi, pas même une place de garde-
« champêtre! Entendez-vous, tas de galopins?... »

Ces nobles paroles sont assurément les plus belles qui aient jamais été prononcées par ce monarque.

Outre le sentiment qu'elles expriment, elles sont empreintes d'une élégance de style qui servit souvent de modèle aux écrivains des siècles suivants, entre autres à Fénelon. (Voir *les remontrances de Mentor à Télémaque.*)

**

Charlemagne avait une bibliothèque... qui lui servait aussi de buffet et de salle à manger.

La nuit, il se relevait pour étudier le cours des astres, — quand il avait pris le soir des pilules Dehaut.

Il parlait plusieurs langues : le maubertois, le lorrain et l'auvergnat. Dans les discours solennels, il mêlait les trois idiomes.

Il avait formé une académie dans son palais; on se réunissait le mardi soir autour du poêle, et là, en faisant griller des marrons, on jouait des charades et on commentait Timothée Trimm....

Chacun des membres s'était décoré de quelque nom illustre de l'antiquité; il y avait Homère, Horace, etc.

Charlemagne s'était humblement baptisé DAVID....

Pourquoi pas VICTOR HUGO?

✻

La toquade des savants était de faire des vers. Autant que possible, ils les faisaient rimer : mais quand c'était par trop gênant, ils accouplaient sans aucun scrupule *phosphore* avec *moutarde*.

Quant à la mesure et à la cadence, ils trépignaient dessus avec une bonne foi et un ensemble, qui ne se sont jamais retrouvés depuis dans aucune réunion d'orateurs politiques; pas même à Versailles.

Si un mot faisait loucher leur versification, ils vous en mettaient la moitié au commencement du vers, et l'autre à quinze mètres plus loin;.... ça ne faisait pas un pli.

Les mots trop longs,..... ils divisaient ça comme de la galette.

✻

Exemples authentiques :

Alcuin, — un des Viennet du temps, qui, par parenthèse, avait pris modestement le nom d'Horace, — écrit en vers à un de ses amis :

« *En des sons étrangers* T'ENTRE *voulant* TENIR. »

Nos lecteurs ont compris que cela voulait dire :

« *Voulant t'entretenir.* »

Et cette autre, qui est l'épitaphe de Charlemagne :

« *Le vingt-huit* JAN, *il quitta* VIER *la terre.* »

**

Comme on peut le voir par ce qui précède, les savants de ce temps-là n'avaient pas encore inventé la liberté de

la boucherie, mais, à coup sûr, ils s'étaient payé celle de l'hémistiche.

Nos poëtes aujourd'hui se font autrement que cela les esclaves de la mesure et de la rime.

Ils ne prennent de licences qu'à l'égard de la raison ; mais ils lui en font quelquefois voir de dures.

※

Voici quels étaient, du temps de Charlemagne, les principaux systèmes astronomiques adoptés :

La lune n'éclaire la terre que la nuit; elle a des habitants, mais elle n'a pas de marchands de contre-marques.

Les étoiles sont des étincelles, restées suspendues en l'air, à la suite d'un grand feu d'artifice, tiré sur les hauteurs du Trocadéro, à l'occasion de la première dent de Cloyis.

Le soleil est une grosse lampe à esprit de vin, que l'ordonnateur allume le matin pour faire sa cuisine, et éteint le soir en allant se coucher.

Les jours où il n'y a pas de soleil sont ceux où le grand ordonnateur mange froid.

※

Le ciel est rond et concave comme un ballon en caoutchouc; la terre, immobile, est placée à son centre.

Cependant la terre tourne sur elle-même, — quand il y a du vent.

On n'était pas fixé sur la forme de la terre; les uns la disaient ronde, et les autres carrée; enfin quelques astronômes prétendaient qu'elle avait la forme d'un casque de lancier.

Les médecins commençaient à faire des leurs.

Charlemagne s'en servait peu. Il vécut longtemps.

**

Un jour de Saint-Pierre, le pape Léon, à qui Charlemagne avait rendu quelques services, en faisant consolider, par son ébéniste, le pied de son trône, s'approcha de lui et, devant le peuple, le proclama empereur d'Oc-

cident. Charlemagne, à cette nouvelle, versa un pleur de surprise et de joie.

Aucun historien n'a mis en doute la sincérité de la joie; quant à la surprise,... on n'a jamais su au juste à quoi s'en tenir.

***

Sous Charlemagne, les jugements de Dieu, dont nous avons déjà entretenu nos lecteurs, existaient encore.

On se payait des factures à coups de sabre.

Et en cas d'adultère, l'amant donnait au mari, comme compensation, une estocade qui lui enlevait le nez.

Ça se fait encore de nos jours; seulement, ce n'est que toléré.

***

Charlemagne mourut à Aix, à l'âge de soixante-douze ans, laissant, comme unique héritier, son fils Louis, qui se partagea l'empire à lui tout seul, donnant pour la première fois, depuis l'établissement de la monarchie, l'exemple de l'entente la plus cordiale avec ses frères, — morts, du reste, depuis longtemps.

LOUIS Ier
DIT LE DÉBONNAIRE

Louis Ier a été surnommé *le Débonnaire*, moins à cause de son extrême bonté que pour son peu de caractère.

Il avait une confiance aveugle en tout le monde, aurait prêté cent sous à monsieur Haussmann, croyait à tout ce qu'on lui disait et à l'efficacité de l'eau de Lob.

Cette crédulité fut cause des nombreux ennuis qu'il eut à subir pendant le cours de son règne.

Louis le Débonnaire nous est généralement représenté comme un homme grand, adroit, gracieux, instruit même, aimant la musique, jouant passablement sur son Érard le quadrille des lanciers, et fréquentant les spectacles, notamment les Bouffes-Parisiens.

Du reste, sobre et frugal, déjeunant au besoin avec un demi-quart de jambon et un pain de deux sous; chaste, religieux et aimant à faire l'aumône lui-même.

Comme chef de bureau ou directeur d'une compagnie d'assurances quelconque, ces différentes qualités en eussent certainement fait un citoyen assez réussi.

Mais comme monarque,... ce n'était plus ça du tout, du tout.

Sa faiblesse de caractère, son imprévoyance et son défaut de jugement firent successivement échouer tous les projets qu'il eut le malheur de concevoir.

Louis fit pourtant une bonne action :

***

Les évêques, les abbés, et même les abbesses de ce temps-là avaient une singulière toquade : D'abord, en vertu du principe évangélique qui prescrit l'abnégation et la pauvreté, ils avaient des palais, des cours, des trésors, etc., etc., et poussaient le luxe jusqu'à se servir de mouchoirs de poche.

De plus, ils levaient des armées à leurs frais, et paraissaient en personne à la tête de leurs troupes, — même les abbesses, — ce qui occasionnait un faste insolite et des coutumes dissipées, un peu canailles, et souvent licencieuses, — que les prélats rapportaient dans leurs palais, et les abbés et abbesses dans leurs monastères.

Louis fit des règlements sévères pour réprimer ces désordres, mesure qui ne lui attira pas positivement toutes les sympathies du clergé, mécontent de voir déranger ses petites habitudes.

*
* *

Louis eut trois enfants, — et considérablement à se plaindre, — de sa première femme Ermengarde.

Dès leur enfance, il leur partagea tous ses États, ce qui était passablement godiche, puisqu'il pouvait lui arriver d'autres marmots.

Effectivement, s'étant marié en secondes noces avec Judith, — (rien de la famille de celle qui guillotina Holopherne avec un grand couteau et un grand sang-froid), — il en eut un fils nommé Charles.

Ayant disposé de tous ses biens avant ce supplément de progéniture, Louis le Débonnaire eut un mal de tous les diables à décider ses autres fils à se serrer un peu, pour faire une petite place au nouveau-né.

Il y parvint d'autant plus difficilement, qu'il avait donné

la plus belle part à son aîné, Lothaire, qui était un très-mauvais coucheur et ne voulait rien entendre.

On raconte qu'un jour, le roi, consterné du mauvais vouloir de ce prince, se serait écrié : — Oh! ce Lothaire!... je voudrais bien l'*ôter!*... (HENRI MARTIN : *tome I*^{er}, *page 376, dans le bas de la feuille, un peu sur la gauche.*)

*
* *

La principale occupation de Louis le Débonnaire fut de se faire détrôner par ses amours d'enfants.

Trois fois par semaine, régulièrement, ce pauvre monarque en stéarine était carrément flanqué à la porte par ses fils; et trois fois par semaine aussi il remontait sur sa chaise percée, et pardonnait à ses chers poupons, qui recommençaient tout de suite.

Ce que c'est que de bien élever ses enfants!

Lothaire fut le plus acharné contre lui.

Pour prendre sa place, il le força à abdiquer et à confesser publiquement des crimes imaginaires, ce que son

papa fit de la meilleure grâce du monde; on n'est pas plus coulant.

Louis parut devant le peuple, en chemise, l'épée au côté... Il lut à haute voix la confession qu'on lui avait préparée, et dans laquelle il reconnaissait avoir fait les quatre cents coups, mis ses bas à l'envers, bu à même les bouteilles, appris en cachette *Rien n'est sacré pour un sapeur;* enfin, toutes sortes d'horreurs.....

Quelque temps après, les choses tournèrent, et ce fut au tour de Lothaire à demander publiquement pardon à papa.

* * *

En relisant l'histoire de ces époques glorieuses et stupides, on est saisi d'un sentiment d'admiration qui va jusqu'au haut le cœur inclusivement.

Ces fils respectueux, occupant leurs loisirs à tendre des ficelles dans les jambes de leur père, pour lui faire se casser le nez;

Ce père bon enfant, subissant les petites volontés de messieurs ses fils, s'humiliant devant eux, abdiquant aujourd'hui, rattrapant le sceptre au vol demain, se laissant encore choir du trône après-demain, et ainsi de suite.....

C'est splendide!...

De nos jours, pour admirer d'aussi brillantes épopées, il faut aller jusqu'aux Guignols des Champs-Élysées.

Et encore!...

* * *

Louis le Débonnaire eut aussi quelques petits... chagrins domestiques avec Judith, sa seconde femme.

Avouez qu'avec une tête pareille, ça ne pouvait pas lui manquer.

**Le cheveu qu'il trouva dans son hyménée fut un certain Bernard, comte de Barcelone, qu'il avait mis, — à l'instigation de Judith, — à la tête des affaires de l'empire.

Il avait une grande confiance en ce Bernard, — c'est toujours comme ça, — et chaque fois qu'il s'absentait de chez lui, il lui répétait en partant :

— Mon cher,... je compte sur vous pour faire aller la machinette; faites comme si je n'étais pas là.

Bernard s'acquittait parfaitement de la commission....
Seulement....

Dans son zèle, il étendait les attributions de son mandat.

*
* *

Les fils de Louis, ayant eu vent de la conduite de Judith, leur belle-mère, n'eurent rien de plus chaud que de lui faire une scène à tout casser; ils détrônèrent leur père, — c'était bien la quarante-neuvième fois, — et envoyèrent Judith dans un couvent.

Peu après, Louis remonta sur le trône ; — ce petit exercice était nécessaire à sa santé, — et son premier soin fut de rappeler Judith près de lui.

Mais, avant de la recevoir, — il exigea qu'elle se purgeât, — par un serment public, — des accusations d'adultère dirigées contre elle.

On pense bien qu'elle ne refusa pas au monarque cette petite satisfaction, à laquelle il paraissait tenir beaucoup, et qui devait lui coûter si peu, à elle.

— Je jure, dit-elle, je jure que je n'ai rien à me reprocher ; si ce polisson de Bernard m'a quelquefois manqué de respect, c'est que j'étais occupée à autre chose, et je ne m'en serai pas aperçue.

Louis le Débonnaire embrassa sa femme au front, — et lui dit :

— Chère amie ! je savais bien que tu étais pure....

— Parbleu !... répondit la reine, — en faisant le grand écart, — aurais-tu dû en douter ?

*
* *

Bernard, de son côté, voulut se purger de l'accusation qui avait pesé sur lui, et il demanda le combat singulier. Le roi le lui accorda.

Il parut dans l'arène sans gilet et en pantalon de coutil.

Là, il retroussa les manches de sa chemise, cracha dans ses mains, et se mit en garde, en criant aux seigneurs qui l'environnaient :

— Chevaliers et barons !.... que celui d'entre vous qui m'accuse de trahison envers mon empereur et d'irrévérence à l'endroit de ma souveraine, descende dans la lice !... Dieu, mon droit, et l'art de la savatte aidant, je

lui casse la mâchoire d'un coup de soulier dans les reins !

Bernard, passant pour très-fort au chausson, et ayant été remis en faveur par l'empereur, aucun seigneur ne releva ce noble défi. Il fut proclamé innocent et comblé d'honneurs, pendant que Judith se tordait les côtes de rire dans sa tribune, en disant :

— A-t-il du toupet, ce chenapan-là !

* * *

Ce procédé de justification n'est-il pas admirable dans sa simplicité !

De nos jours, pour le cas d'adultère le plus insignifiant, on fait une affaire des cinq cents diables, on entasse des rames de papier timbré, on entend des témoins par quarterons ; ça n'en finit pas...

Avec le système de ce temps-là, au contraire.

Admirez ce mécanisme ingénieux et peu compliqué :
La femme coupable dit tout simplement :

— C'était *pour de rire*.

L'amant tape sur sa cuisse, en disant à son tour :

— C'est faux!... et comme preuve, le premier qui a l'air d'en douter, je lui poche un œil !

Et l'affaire est entendue; tout le monde est content.

Quelles réformes à faire, grands dieux !..... dans notre jurisprudence.

*
* *

Charles mourut enfin, à l'âge de soixante-douze ans, d'un panaris, que la mollesse et l'indécision de son caractère firent dégénérer en fluxion de poitrine.

Ainsi que nos lecteurs ont pu le voir, le règne de ce prince ne fut qu'un énorme partie de Quatre-Coins, jouée entre lui et ses fils.

Partie dans laquelle il fut souvent le pot.

Sa conduite doit être un enseignement et un exemple salutaires pour les pères trop faibles.

Si Louis le Débonnaire, à la première peccadille de ses enfants, les eût enrôlés comme mousses à bord du *Vauban*, il se fût épargné bien des ennuis.

CHARLES II
DIT LE CHAUVE
AN 840

Charles II était le plus jeune des fils de Louis le Dé-

bonnaire, ce qui ne l'empêcha pas de rouler ses autres frères, et de rester maître du terrain.

Les causes qui l'ont fait surnommer *le Chauve* sont encore inconnues.

Cependant, la plupart des historiens s'accordent à penser que c'est parce qu'il avait perdu ses cheveux.

Nous leur laissons la responsabilité de cette interprétation.

**
* **

Afin de continuer les traditions de leur famille, Charles

le Chauve et ses frères se battirent comme des chiffonniers.

A chaque instant, et pour le motif le plus puéril, ils se prenaient aux cheveux....

Genre de combat qui devait toujours tourner à l'avantage de Charles le Chauve, puisqu'il n'en avait pas plus que la boule de cuivre d'une rampe d'escalier..

* *

Lothaire, son frère, que nous avons vu si turbulent sous le règne de Louis le Débonnaire, fut aussi le plus acharné crampon de Charles le Chauve ; mais il reçut en 845 une si belle trépignée, dans la plaine de Fontenay,

qu'il prit enfin le parti de se retirer chez lui, à Aix-la-Chapelle, pour y bassiner ses horions avec de l'alcool camphré, et se faire poser par sa femme de ménage quelques cataplasmes dont le besoin se faisait vivement sentir.

Dans cette bataille de Fontenay, il resta, — au dire de plusieurs historiens, — cent mille hommes sur le champ de bataille.

Cent mille hommes !...

Dans cinq cents ans, nul doute que le nombre des victimes de Solférino ne soit porté à 58 millions par les annalistes de l'avenir.

L'histoire est une grande cancanière.

On enterra les 100,000 morts de Fontenay sur l'emplacement même du combat.

Et nous mangeons avec beaucoup de plaisir, aujourd'hui, les asperges produites par ce terrain-là....

*
* *

C'est sous le règne de Charles le Chauve que les Normands commencèrent leurs débarquements et leurs razzias sur le sol de la France.

Nous les retrouverons plus tard.

*
* *

En 863, Lothaire, frère de Charles le Chauve, qui

avait passé son existence à se quereller avec tout le monde, pour ajouter à ses États quelques bribes de terrain à vingt-cinq sous le mètre, fut pris tout à coup de repentir et de dégoût des jouissances humaines.

Il déposa ses couronnes et se retira dans l'abbaye de

Prim, après avoir réuni ses enfants autour de son fauteuil à roulettes, et leur avoir fait un bout de morale.

Les enfants de Lothaire firent semblant d'écouter les jérémiades de leur papa; mais au fond ils pensèrent ce qu'ils voulurent, et en sortant ils se dirent :

— Le vénérable auteur de nos jours se fait ermite, tout simplement parce qu'il se fait vieux.... Il fait maintenant le dégoûté sur le haricot de mouton de la gloire, parce que son estomac débile ne le digère plus bien; c'est en somme une affreuse balançoire. Si papa a une gastrite, ça ne peut pas empêcher de manger ceux qui ont encore un bon estomac.

*
* *

Et ces braves bambins n'avaient pas trop tort.

Ces conversions *sur le tard*, que nous retrouverons d'ailleurs souvent dans le cours de cette histoire, — ne sont-elles pas tout simplement

Les indigestions de la gloriole?

Qu'on y prenne garde!...

Il y a danger peut-être à s'intéresser à ces revirements de cœurs, blasés par les succès et la puissance.

Ces existences, qui sont d'énormes orgies de crimes, ne sont pas le moins du monde purifiées par l'infusion de tilleul du cloître.

***

De même que Charles le Chauve avait conspiré contre son père, ses enfants conspirèrent contre lui.

C'était une habitude qui se léguait, en même temps que l'irrigateur de la famille.

***

Il eut un différend avec Louis, roi de Germanie, un de ses neveux, au sujet d'un lopin de terre qu'il voulait chiper à ce dernier, ou à propos d'une question de mur mitoyen ; on n'a jamais su au juste.

Louis proposa de prouver son bon droit par trente témoins qui devaient se soumettre, selon l'usage du temps, à la triple épreuve de l'eau froide, de l'eau chaude et du fer ardent.

Charles le Chauve accepta, et l'on procéda, séance tenante, à l'opération, de la manière suivante :

Dix témoins furent plongés, bien garrottés, dans une cuve pleine d'eau.

Si Louis avait raison, ils devaient surnager.

Dix autres furent plongés dans une cuve d'eau bouillante.

Ils devaient en sortir transis.

Enfin, les dix derniers témoins durent marcher lentement, pendant deux heures un quart, avec des brodequins de fer rougi, ayant aux mains des gants de peau de Suède en fonte sortant de la fournaise.

Et ce, sans que le tout laissât une seule trace sur leur corps.

*
* *

Au grand étonnement de la galerie, les trente champions de Louis sortirent victorieux de cette épreuve.

Ce qui atténue singulièrement le mérite des inventeurs modernes de la cloche à plongeur, et celui de l'homme incombustible, qui fit naguère à Paris de si curieuses expériences.

On peut se rendre compte, par le récit qui précède, que ces industriels, — qui se poussent un col énorme, croyant avoir trouvé quelque chose de neuf, — ont été devancés depuis des siècles dans leurs découvertes.

Il est même hors de doute, d'après cet exemple, que la plupart des merveilles, dont notre siècle s'enorgueillit outre mesure, ont eu des précédents très-anciens.

Bien certainement, en fouillant avec soin dans les tiroirs de ce vieux bahut qu'on appelle l'histoire, on trouverait la trace, sous les Mérovingiens, de la découverte de l'électricité, des bas à varices, de la vapeur et du seltzogène.

* *

La réussite des champions imperméables et incombustibles de Louis convainquit Charles le Chauve de l'illégitimité de sa cause.

Avec la bonne foi qui caractérisait ces époques reculées, il fit semblant de se conformer à la solution des épreuves, et, feignant de tourner les talons en acceptant sa position, il revint brusquement sur ses pas, et tomba à bras raccourcis sur son neveu Louis.

Mais celui-ci, qui était probablement prêt à en faire autant, si les cuves d'eau chaude et autres accessoires ne lui eussent pas été favorables, se tenait sur ses gardes, et rossa son déloyal frangin, qui ne l'avait pas volé.

✻

Nos lecteurs, dans leur sagesse, — vont assurément se demander à quoi servaient alors les épreuves de l'eau et du feu, puisque la partie condamnée ne s'y conformait pas, et qu'il fallait, de toute façon, en arriver aux gifles.

Cette question, que nos lecteurs chéris se posent, nous nous la posons aussi....

Seulement, nous ne pouvons pas y répondre.

✻

Charles le Chauve mourut à 54 ans, dans un petit village des Alpes, où il était allé faire de l'herbe pour ses lapins, et aussi défendre un tantinet le pape, dont le royaume était encore menacé, — comme par hasard!...

Protéger le pape, en ce temps-là, était aussi un tic patrimonial.

Charles mourut empoisonné.

Les uns ont attribué ce crime à son médecin Sédécias.

D'autres, à Richilde, sa femme, qui avait été sa maîtresse, du temps de sa première épouse.

Heureux temps!... Ce n'était pas avec des canifs de

treize sous qu'on faisait de son contrat de mariage une écumoire; c'était avec des hallebardes!...

Bref, que Charles ait été empoisonné par sa maîtresse, c'est possible.

Qu'il l'ait été par son médecin, c'est encore plus probable.

Tous deux étaient dans l'exercice de leurs fonctions.

Charles le Chauve fut peu regretté de son peuple en général, et des coiffeurs en particulier.

Après lui commença la décadence des Carlovingiens...
Et il n'était pas trop tôt!

LOUIS II

DIT LE BÈGUE

AN 877

Louis le Bègue eut au moins autant de difficultés à obtenir la couronne de son père, qu'il en avait à articuler d'un seul jet et sans répéter la même syllabe :

« *Je suis un original qui ne se désoriginalisera jamais.* »

Ou bien encore :

« *Petit pot de beurre, quand te dépetipodebeurreras-tu ? Je me dépetipodebeurrerai, quand tous les petits pots de beurre se dépetipodebeurreront.* »

*
* *

Richilde, sa belle-mère, qui était en possession du testament de Charles le Chauve, pouvait lui être hostile, en l'annulant et en en précipitant les morceaux dans le grand égout collecteur.

Possesseur aussi de la couronne, de l'argenterie, des hardes et de la literie du défunt, elle pouvait les remettre à tel de ses fils qui lui conviendrait.

*
* *

Elle se décida en faveur de Louis le Bègue, qui reçut le *baluchon* avec transport, en disant à la reine :

Ô Ri... ô Ri... ô Richilde !... que... que... je vous... je vous're...re... mer... mercie ! Soyez assu... su... rée... que... que...

— Assez! — interrompit Richilde, en lui posant

l'édredon du défunt sur la bouche. Quel éteignoir que ce petit-là!...

**

Les troubles qui agitaient l'Italie forcèrent le pape Jean VIII à venir en France.

On remarquera avec quelle facilité, en ce temps-là, les papes faisaient leur Lariboisière de notre cher pays.

On peut dire, sans prétention aucune, que nous avons eu longtemps le monopole de la fourniture et de la pose des cataplasmes et des ventouses, appliqués sur cette monarchie, alors bien faible de constitution.

Ceci n'est pas un reproche.

Louis le Bègue profita du voyage de Jean VIII pour se faire couronner.

Encore un tic nerveux du temps.

*　*
　*

Il se maria secrètement à la fille d'un comte, nommée Ansgarde, qu'il répudia très-carrément pour épouser Adélaïde.

Il resta fidèle à sa dernière épouse,... peut-être bien parce qu'il mourut deux mois après l'avoir épousée.

En tout cas, c'est gentil.

Louis le Bègue était faible de tempérament; il fit peu de chose et fut surnommé « le Fainéant. »

On le voit, ce prince était bien partagé par la nature : Bègue et flâneur!... il ne lui manquait plus que de têter son pouce.

LOUIS III ET CARLOMAN
AN 880

Malgré les dispositions de leur père Louis le Bègue, Louis III et Carloman eurent toutes les peines du monde à se faire octroyer la couronne.

Il se trouva des mécontents, qui prétendirent que la France, étant menacée sans cesse par les Normands, ce n'étaient pas des gamins qu'il fallait mettre sur le trône, mais des hommes faits.

Il y a toujours des gâteux qui viennent vous tenir des raisonnements impossibles.

Bref, ils furent couronnés sous la raison sociale :

LOUIS III, CARLOMAN ET Cie.

Ce qui procura aux Normands, qui les guettaient,

la facilité de se fixer un peu plus chez nous.

***

Les deux rois associés eurent une fin malheureuse et presque analogue.

Louis III poursuivait un jour une jeune fille qui fuyait ses emportements. — Son cheval, qui probablement avait des sentiments plus honnêtes que lui, — l'entraîna sous

une porte basse, — par la porte Saint-Denis très-probablement, — et il s'y brisa les reins.

La famille de la jeune personne, si miraculeusement sauvée du déshonneur, adopta, dit-on, le coursier vengeur, et lui constitua une rente de 1,200 francs, reversible sur la tête de ses enfants, — après s'être assurée qu'il n'en pouvait plus avoir.

* *
*

Son frère Carloman, lui, fut tué à la chasse par un

sanglier, auquel il était dans l'intention d'en faire autant, s'il l'eût attrapé.

Les historiens ont diversement interprété la conduite de ce sanglier — régicide.

L'opinion la plus répandue est que tout autre sanglier, à sa place, eût agi de la même manière envers son monarque.

D'autant plus qu'il a été parfaitement établi que Carloman, en poursuivant ainsi ce porc des bois, avait complétement négligé de se faire reconnaître par lui....

Ah ! s'il lui avait dit :

— Je suis le roi !...

Mais il ne le dit pas.

Alors, le sanglier, pas plus bête qu'un autre, se tint ce simple raisonnement :

— A toi-z-à moi !... Tiens bien ton bout, chacun pour son compte !

*
* *

Ainsi, nous voyons ces deux rois se faire démolir : l'un en poursuivant une pauvre femme, l'autre en traquant un sanglier.

Le jour où ce désagrément leur est arrivé, nul doute qu'ils eussent échappé à ce danger s'ils avaient présidé leur conseil des ministres aux Tuileries et s'étaient occupés, selon leur devoir, à examiner le meilleur système de fusil à aiguille.

Ces deux princes moururent sans enfants.

C'est dommage... une si jolie espèce !...

CHARLES LE GROS ou LE PHOQUE
AN 884

Charles le Gros était parent, mais très-éloigné, très-éloigné de ses prédécesseurs Louis III et Carloman.

L'héritier légitime du trône était le fils posthume de Louis le Bègue; mais comme ce jeune prince se trouvait en nourrice et n'était pas encore suffisamment propre, on donna la couronne à Charles le Gros.

Comme on va le voir, le choix était heureux :

Charles était haut comme un pain de sucre; mais il rachetait l'insuffisance de sa taille, en ayant les jambes plus cagneuses qu'Esope, et un ventre si volumineux qu'il

était obligé de le faire porter à part, quand il se dérangeait.

Il avait, avec cela, des varices énormes, un bras plus long que l'autre, et des pieds monstrueux.

Plusieurs auteurs ont dit qu'à ces nombreux agréments il joignait encore.... Enfin, qu'on avait souvent remarqué son matelas et sa paillasse, séchant à sa fenêtre, le matin, au soleil...

*
* *

Le côté moral de notre homme était, du reste, assez en harmonie avec son physique.

Il avait l'esprit obtus, au point d'apprendre par cœur les faits divers du *Constitutionnel*.

Il était défiant et ombrageux, ce qui lui servait à se faire rouler le mieux du monde par sa cuisinière et son tapissier.

Enfin, il avait une migraine continuelle, qui finit par dégénérer carrément en une volumineuse *araignée dans le dôme*.

A part ces quelques détails, c'était le gentilhomme le plus accompli de son royaume... comme idiot.

*
* *

Une fois pourtant, il voulut faire preuve d'initiative.

Il avait des traités avec les Normands; sous prétexte

de les faire ratifier, il attire les principaux chefs dans une embuscade, et leur fait trancher la tête.....

*
* *

Une autre fois, les Normands faisaient le siége de Paris. Charles accourt avec son armée, et au moment où il n'avait plus qu'à souffler dessus pour les écraser les uns sur les autres, il leur donne de l'argent, des terres et tout ce qu'ils demandaient.

C'était son hanneton qui le travaillait, le cher homme!

Néanmoins, la nation fut tellement outrée de cette manière de défendre ses intérêts, qu'elle abandonna son souverain.

Ingrate patrie!...

*
* *

Enfin!... chose peut-être unique dans nos annales, on vit ce roi détrôné, et renvoyé sans un sou dans son porte-monnaie, ni un seul gilet de flanelle dans sa malle, en être réduit à accepter une place de bedeau, que lui offrit Huitpert, archevêque de Mayence....

On vit ce monarque recoudre lui-même les boutons de sa culotte, faire sa cuisine et laver sa vaisselle.

Grand exemple pour les souverains qui ont la folie de ne pas conserver leur raison!...

∗ ∗ ∗

Il mourut donneur d'eau bénite dans un village de Souabe, les uns disent de chagrin, les autres de poison.

Mézeray prétend que, s'étant un jour confectionné, en même temps, une panade et un cataplasme à la graine de lin, il avait confondu, — et que le médecin, prévenu trop tard, aurait déclaré que le seul moyen de le sauver était de remettre le cataplasme et la panade à la place qu'ils devaient occuper, en retournant vivement le corps du roi, comme on retourne la manche d'un paletot pour la doubler.

Cette opération rata.

Charles le Gros ne laissa pas d'enfants, et n'en marqua après sa mort aucun regret.

EUDES

AN 888

A la mort de Charles le Gros, une occasion superbe se présentait de rendre enfin la couronne à ce pauvre petit Charles, fils de Louis le Bègue, qui, tout fils de roi qu'il était, se voyait défiler devant le nez une série de monarques en ruolz.

Malheureusement, le petit n'avait encore que dix ans, et on le laissa à ses billes et à son cerceau, en nommant roi, par à peu près, Eudes qui était fils de Robert le Fort.

*
* *

Eudes était un tout petit peu de la famille.

En cherchant bien, on avait trouvé qu'il avait eu pour oncle le beau-frère de la tante du cousin de la sœur d'un des aïeux de Louis le Bègue.

Ça suffisait.

*
* *

Eudes signala le commencement de son règne, en refoulant les Normands qui se rapprochaient de plus en

plus de Paris, et en les envoyant voir là-bas — s'il y était.

Il distribua avec profusion, aux seigneurs dont il croyait avoir besoin, des fiefs, des abbayes, des bons de pain et du linge de corps.

Il avait rudement raison de ne pas se gêner; c'était le peuple qui payait.

EUDES et CHARLES III LE SIMPLE

Pendant ce temps, Charles le Simple avait grandi, et l'on insinua à Eudes qu'il était temps de lui faire une petite place sur le trône.

Eudes refusa de se serrer, en prétendant qu'on serait trop gêné à deux sur ce siége.

Le pays fut de cet avis, et pour le lui prouver, il le ficha en bas du meuble en question.

Eudes en mourut de chagrin, et Charles le Simple s'installa carrément, en se disant :

— Nom d'un chien, ce n'est pas sans peine !

CHARLES LE SIMPLE

AGÉ DE 20 ANS

Pendant le commencement du règne de Charles le Simple, les Normands s'implantaient de plus en plus en France.

Ils étaient commandés par un nommé Rollon, qui s'était, sans plus de gêne, établi à Rouen, où il menait un petit train de maison très-convenable.

Ce chef était, dit-on, juste et sévère avec ses soldats.

On raconte que pour éprouver ses guerriers, il faisait suspendre à des arbres des bracelets d'or, et que ces bijoux y restaient des mois entiers sans être volés.

On s'est demandé souvent si la réussite de ces épreuves

prouvait la probité des soldats de Rollon, ou tout simplement leur crainte d'être pendus.

Nous penchons volontiers pour cette dernière supposition.

* *
*

La Légende rapporte aussi qu'un de ces arbres, se trouvant en pleine séve, au moment où on l'orna de bracelets en or, s'identifia si bien avec ce nouveau fruit, que les bracelets grossirent à l'automne, comme l'eussent fait de simples pommes.

On prétend qu'un propriétaire des environs de Rouen possède encore, de nos jours, dans son jardin, un descendant de cet arbre, et que, tous les ans, il fait une ample récolte de bracelets, colliers, bagues, breloques et montres à répétition.

* *
*

En présence de pareils faits, on se demande pourquoi la génération actuelle fait tant la bégueule pour croire à l'existence :

De l'arbuste qui produit les pains à cacheter, au Jardin des Plantes ;

Du remarquable *bretellier-élastique*, qui abrite de ses verts rameaux le premier banc à gauche du square Montholon;

Et enfin du fameux *saucissonnier à l'ail* dont il a tant été parlé.

* * *

Pour en revenir à Rollon, chef des Normands, Charles

le Simple, persuadé qu'il tenterait en vain d'expulser ce prince de ses États, aima mieux traiter avec lui.

Ainsi, il y avait donc, dans le cœur de ces hommes antiques, que l'on se plaît à nous représenter comme des indomptables, une petite place pour l'arrangement à l'amiable....

Le principe du « *Sauvons toujours ça* » était déjà connu!

Et l'on savait donc déjà, en ce temps, dire au brigand que l'on surprenait, pillant tout chez vous :

— Mon ami, transigeons !

*
* *

Alors, pourquoi faire tant d'embarras avec la rigidité de *Tolède* de Messieurs nos ancêtres ?

Ce n'est vraiment pas la peine de nous dire sans cesse que nos aïeux étaient d'une constitution plus robuste que la nôtre, plus intraitables sur le chapitre de l'honneur, et qu'ils ne portaient pas de flanelle, puisque l'histoire nous montre ces bonshommes de bronze marchandant l'honneur de la patrie et le territoire de la France, comme nos femmes aujourd'hui font pour un maquereau de quinze sous.

Charles le Simple devait tout simplement dire à Rollon :

— Cher monsieur, tu es ici chez moi. Décampe, ou je cogne....

Et cogner dur !

*
* *

Depuis le règne de ce roi quincaillier jusqu'en '89, les

Français ont pu perdre un ou deux centimètres de la hauteur de leur taille, c'est possible.

Mais, à l'époque du bataillon de la Moselle en sabots, monsieur Rollon aurait pu venir, à la tête de ses 500,000 roux-poils, parler de transaction....

On lui eût dit de repasser.

*
* *

Charles le Simple, qui n'y regardait pas d'aussi près en fait de gloire nationale, donna à Rollon une de ses filles, qui était de religion chrétienne, à la condition de l'embrasser, — la religion.

Rollon, du reste, en cette circonstance, se conduisit avec beaucoup de délicatesse.

Il fit des largesses immenses aux églises des prélats qui l'avaient catéchisé, et pour se couvrir de ses déboursés, il dépouilla de leurs biens les propriétaires du pays qu'il occupait en France.

C'était un fier comptable que ce Rollon!...

*
* *

La conduite par trop facile de Charles le Simple avec les Normands ne fut pas du goût des seigneurs de son royaume, et notamment d'un certain Robert, frère du roi Eudes, qui guignait du coin de l'œil une petite place sur le trône.

Robert était intrigant ; il ameuta les mécontents, et un beau matin, à l'une des assemblées du Champ de Mai, que présidait Charles le Simple, celui-ci se voit tout à coup

administrer un savon-monstre par ses sujets, qui lui reprochent sa mollesse, son incurie et son peu de soin de ses effets.

Tous déclarent solennellement que, comme roi, il est rincé, et pour ratifier cette déchéance, suivant l'usage du temps, ils rompent tous et jettent à terre des brins de paille qu'ils tenaient dans leurs mains.

Tout interloqué de cette scène imprévue, Charles le Simple resta seul dans le champ.

Mais, reprenant bientôt le dessus, il ramassa tous les bouts de paille dont le sol était jonché, et les fourra dans sa poche en disant :

— Ça me servira, quand je ferai refaire ma paillasse.

Puis, il prit un fiacre, et se fit conduire à l'Alcazar

d'été, pour chasser le souvenir de cette fâcheuse journée.

CHARLES LE SIMPLE et ROBERT

Ici recommence la royauté en partie double, dont nous avions été débarrassés depuis quelque temps.

Charles le Simple et Robert tirèrent la couronne, chacun de son côté, comme, pendant les nuits d'hiver, lorsqu'on couche à deux, on se tire réciproquement la couverture.

Charles l'avait un moment;
Robert la reprenait;
Charles ressautait dessus;
Robert la rattrapait...
C'était drôle, — si l'on veut.

> « Survint un troisième larron.
> « Qui se la posa sur le front. »

Ce troisième, ce fut Raoul, duc de Bourgogne, dont le seul titre au pouvoir était d'avoir épousé la sœur du fils de Robert.

Pourquoi pas simplement avoir été le neveu de la sœur d'un des cousins de la tante, etc., etc.

Car c'est agaçant, à la fin!...

Ce ne sont plus des races, ces rois-là!...

Ce sont des écheveaux.

CHARLES LE SIMPLE ET RAOUL

Charles le Simple renouvela ses efforts pour se faire faire une petite place sur le trône.

Plongé dans une affreuse débine, il se décida à aller

demander une chambre à Herbert, comte de Vermandois.

Ce seigneur, pas canaille à moitié, l'accueillit si bien, si bien!... qu'il ne voulut plus le laisser partir; et il mourut à 50 ans, devant plusieurs termes à ce propriétaire, qui l'avait enfermé à double tour chez lui.

Il est bon d'avoir des amis.

RAOUL
SEUL

Raoul, débarrassé de la collaboration de son copin Charles le Simple, ne fit rien de bien remarquable.

Il est vrai qu'à eux deux, ils n'en avaient pas fait beaucoup plus.

Il continua la guerre contre les Normands, et, rendant justice à son peu de mérite, eut le bon sens de mourir sans enfants.

LOUIS IV
D'OUTRE-MER
936 A 987

Louis IV était le fils de Charles le Simple, ce malheureux monarque qui trouva toute sa vie le trône occupé, quand il vint pour s'y asseoir.

On a ajouté au nom de Louis IV celui d'*Outre-Mer*, parce que, suivant les uns, il avait été faire un petit voyage à Londres; suivant les autres, à cause de sa barbe qui était bleue.

Cette version est moins accréditée que la précédente; mais nous la préférons, parce qu'elle est plus colorée.

Comme son père, Louis IV ne put parvenir à faire sa cuisine tout seul; il prit un marmiton en chef, Hugues le Grand, à qui il donna le nom de premier ministre, et qui houspilla son patron de la belle façon.

Quand Louis IV s'aperçut du sans-gêne de son subalterne, il voulut lui donner ses huit jours; mais Hugues lui répondit:

— Tu t'en ferais mourir!... Je suis bien là, j'y reste... Si je vous gêne, va-t-en!...

Avis aux passementiers de la rue Saint-Denis, qui passent trop de familiarités à leurs premiers de rayon.

***

Louis IV mourut d'une chute de cheval, qu'il fit en poursuivant un loup.

Le bruit a couru que le cheval n'avait agi que d'après les conseils d'Hugues le Grand.

Quant au loup, aucun soupçon n'a plané sur lui.

LOTHAIRE

Lothaire n'avait que treize ans, lorsque Louis d'Outre-Mer, son père, mourut.

Hugues pouvait donc facilement se faire adjuger la couronne, en mettant une enchère de vingt centimes; mais il n'en fit rien.

Il préférait tenir la boutique, et ne pas payer la patente.

Il continua donc à gérer la maison Lothaire et Cie, et mourut, laissant trois veuves, — dont deux était décédées, — et six enfants.

Hugues ne collectionna pas de timbres-poste, on doit lui rendre cette justice; mais il s'offrit le luxe de pas mal de surnoms.

D'abord on l'appela *le Grand,* parce qu'il allumait sans peine ses cigares aux becs de gaz du square des Arts et Métiers.

Ensuite *le Blanc,* parce qu'il mettait de la poudre de riz.

Puis encore *l'Abbé,* parce qu'il était né rue Bourg-idem.

Et enfin *Capiton* ou *Capet,* parce qu'il avait été apprenti tapissier et qu'il porta le premier des chapeaux de haute forme.

*
* *

Lothaire mourut dans sa quarante-cinquième année, — dans son lit à bateau, — des souffrances atroces, — et l'intime conviction qu'il était empoisonné par Emme, sa femme.

Il laissa un fils, — et fort à désirer comme monarque.

LOUIS LE FAINÉANT

Lothaire, avant de mourir, avait eu la précaution de faire couronner Louis, son fils, et de le marier à Blanche d'Aquitaine, quoiqu'il n'eût que dix-neuf ans.

Cette union ne fut pas précisément un modèle du genre.

La princesse Blanche était vive, romanesque, galante, et... brune, probablement.

Louis était mou, lymphatique, peu remuant, et... blond fadasse, sans aucun doute.

Blanche lui dit un matin — un matin, notez bien :

— Mon petit père, ça ne fait pas mon compte; je te lâche; je vais retrouver papa.

Elle partit.

On courut la chercher, on la supplia de revenir, on lui promit que son jeune époux secouerait son indiffé-

rence, qu'on lui ferait manger des viandes saignantes et des fortifiants...

Elle se décida et revint, en disant :

— Eh bien!... on verra.

Cet *on verra* était plein de promesses.

Elle les tint, — dit-on, — en faisant empoisonner son mari, — voyant que, malgré l'assurance qu'on lui avait donnée, il ne se faisait aucun changement dans sa conduite.

On a cruellement appliqué à cet infortuné monarque le surnom de *Fainéant*.

Il n'y avait pas de sa faute; ça peut arriver à tout le monde.

*
* *

Pour terminer le récit du règne de ce malheureux roi, nous avons six mots à tracer....

Ils sont amers, eu égard aux circonstances.

Le métier d'historien impose souvent de terribles devoirs, et l'annaliste doit quelquefois piétiner sur son cœur d'homme!

Nous aurions voulu éviter cette fatale obligation de fermer, par une formule traditionnelle, un des soixante-quinze tiroirs de la monarchie française.

Mais nous devons céder aux exigences de notre mission, et dire, les larmes dans la plume :

Louis le Fainéant mourut sans enfants.

Avec lui s'éteignit la seconde race, dite *Race des Carlovingiens*, qui donna à la France, — pas fière pour deux sous du cadeau, — quinze rois, dont quelques-uns commanditaires seulement, en 235 années.

Si l'on jette un coup d'œil rétrospectif sur la conduite des rois de la seconde race, comparée à celle des souverains de la première, on est forcé de reconnaître qu'il n'y a pas un immense progrès.

*
* *

La seconde race nous a peut-être fourni un peu moins de *Rois-chourineurs ;* mais elle a donné un contingent respectable de bonshommes sans force, sans intelligence et sans initiative.

Si l'on ôte, de cette fournée, Pépin le Bref, qui avait un bon poignet, dont il se servait pour couper des lions en deux, et Charlemagne, qui s'amusait à faire des acrostiches à rimes douteuses, on ne voit guère à quels autres rois l'humanité peut décerner des médailles d'encouragement.

Enfin, cela va peut-être venir.

Nous allons déballer les Capétiens.

RACE DES CAPÉTIENS

HUGUES CAPET

AN 887

Hugues Capet n'avait, de par les liens du sang, aucune espèce de droit à la couronne. Il tint très-peu compte de cette considération, et fit appel au suffrage universel... d'une quarantaine de seigneurs, qu'il laissa parfaitement libres de décider la question, en ne leur imposant que la simple condition de la résoudre en sa faveur.

Quelques historiens ont même prétendu qu'il avait

fait environner l'assemblée de trois régiments de turcos,

armés de fusils à aiguille, pour mieux persuader les votants de la légitimité de sa cause.

Il faut toujours prendre les gens par la douceur.

* * *

Le premier soin d'Hugues Capet fut de se faire couronner, avec son fils Robert, par l'archevêque de Reims.

Voici comment cela se passait :

L'archevêque présentait le roi aux grands et au peuple, réunis dans l'église, — quand elle était assez grande....

— *Vultis hunc regem?* leur demandait-il en allemand, c'est-à-dire : Le voulez-vous pour votre roi ?

Le peuple se disait : On ne comprend pas ce que cela veut dire, mais ce doit être bien beau !...

Alors la claque répondait, toujours en allemand :

— *Laudamus, volumus, fiat!* Soit, nous le voulons ; il nous plaît ; qu'il soit notre roi !

Et ils s'en allaient toucher chacun leurs cinquante-cinq sous, — plus un cervelas de cheval à l'ail pour les chefs d'attaque.

Le peuple, alors, qui ne voulait pas avoir l'air de ne pas comprendre, criait comme un aveugle :

— L'eau d'anus vaut l'humus !...

Et ça y était.

***

Les premiers temps furent un peu durs pour Hugues Capet. Quelques seigneurs faisaient des façons pour lui obéir, à cause de sa souveraineté de fraîche date.

Un certain Audibert, entre autres, se permit de dire un jour à son monarque :

— Ah ça!... vous m'embêtez!

— Gredin!... lui dit Hugues, qui donc t'a fait comte? Audibert lui répondit, en reniflant :

— De quoi?... Eh bien! Et toi?... qui t'a fait roi?... Il n'y a rien de tel que de se faire respecter.

※
※ ※

Hugues gouverna avec une grande prudence, et eut le bon esprit de laisser ses seigneurs se disputer et se battre entre eux.

— Pendant ce temps-là, disait-il, ils ne fourrent pas le nez dans mon garde-manger.

Il était politique par tempérament, mais brave quand il le fallait.

Il ne fit étrangler que fort peu de monde, quoiqu'il *fût Hugues*, et mourut à cinquante-cinq ans, de la peur qu'il avait de ne point vivre jusqu'à soixante.

ROBERT

AGÉ DE 26 ANS

Robert ne fit rien de remarquable, si ce n'est de se faire excommunier, pour avoir épousé Berthe, sa cousine au quatrième degré, sans demander une dispense au pape Grégoire V.

Robert voulut s'entêter; mais les anathèmes à piston de cette époque avaient tant de force, qu'il fut obligé de céder, et de renvoyer Berthe, qui était une charmante petite femme, travailleuse et propre, pour prendre une certaine Constance Benoiton, princesse grinchue, coquette et acariâtre, qui sortait continuellement de chez elle — et de son caractère.

Ce qui fit dire aux voyous du temps :

— Notre monarque a vraiment trop de constance !

***

Pour que nos lecteurs puissent se faire une idée de la gravité de l'excommunication, à laquelle s'était exposé Robert, nous donnons la teneur d'une loi, publiée par Pépin sur ce sujet, en 755 :

***

« Un excommunié ne doit entrer ni à la Bourse, ni dans un café-concert, ni même dans un restaurant à trente-deux sous ou tout autre établissement philanthropique à quinze centimes.

« Seul, l'Odéon lui reste ouvert.

« Il ne doit boire ni manger en compagnie d'aucun chrétien, ni même tout seul.

« L'intérieur des omnibus lui est interdit; l'impériale aussi.

« Sa femme doit quitter le domicile conjugal, sans laisser son adresse, — ni d'argent dans les tiroirs, — et lui envoyer régulièrement un enfant tous les ans.

« Tous les locataires de la maison qu'il habite doivent avoir une clef de son appartement, pour pouvoir venir déposer leurs punaises dans sa paillasse.

« Dans les bureaux de tabac, il n'a droit qu'à des cigares de rebut, déposés dans le fond d'un baquet, tenu constamment plein d'eau de vaisselle.

« Tous les citoyens peuvent l'obliger à se servir de leur cure-dent.

« Enfin, un abonnement au *Constitutionnel* — à vie — lui est servi d'office. »

*
* *

Ainsi qu'on le voit, il n'y avait pas à plaisanter avec ce règlement, et l'on conçoit que Robert ait fini par se soumettre.

Robert est représenté comme la *crème* des hommes, quoique Constance, son épouse, ne le trouvât que *laid*.

*
* *

Constance portait tellement la culotte, que chaque fois que ce monarque faisait une bonne action, soit en donnant un bureau de tabac à la veuve d'un zouave, soit en abandonnant un de ses vieux pantalons à son concierge, il disait, en fermant un œil, et en mettant un doigt sur ses lèvres :

Surtout !... ne le dites pas à ma femme !... je recevrais *mon prêt.*

Ce roi, recommandable aux yeux de l'histoire par ses souffrances matrimoniales, n'était pourtant pas dépourvu d'une certaine dose de jugeotte et de finesse....

Exemple :

*
* *

Lorsque des plaideurs devaient prêter serment sur des châsses contenant des reliques, suivant l'usage du temps, il avait soin de retirer préalablement les reliques, et faisait jurer tout simplement sur des boîtes vides.

— De cette façon, disait-il, il n'y a pas de faux serments à craindre.

De nos jours, — les reliques étant rares, — on remplace ce subterfuge par cette formule :

— Je le jure sur l'honneur.... de mon pédicure.

*
* *

Robert, à l'exemple de Charlemagne, encouragea les lettres, et institua des récompenses pour les meilleures œuvres littéraires.

*
* *

Il était fort pieux, et, dans les offices, il prenait part aux chants, non à voix basse, comme Charlemagne, mais tout haut.

Il était souvent à côté du ton, mais toujours de bonne foi.

Il y a des artistes, — même au Grand-Opéra, — qui ont la même excuse.

Il mourut à soixante ans, laissant inachevée une blanquette de veau, qu'il avait commencée le matin par

l'ordre de sa femme Constance, — et trois fils, Henri, Robert et Eudes.

HENRI Ier

AN. 1037

Henri Ier, fils aîné et héritier de Robert, — son père, — eut beaucoup de mal pour arriver à s'asseoir d'aplomb sur le trône.

Cela tint à ce que Constance, sa mère, prenait un malin plaisir à décaler constamment ce meuble de famille, pour se consoler de n'avoir plus son mari à tourmenter.

Enfin, — et nous empruntons ici l'expression même d'Anquetil, si collet-monté d'ordinaire :

« *La reine Constance, n'ayant plus rien à brouiller, mourut, et fut enterrée dans l'église de Saint-Denis, auprès du roi, son mari, dont elle avait continuellement troublé le repos.* »

*
* *

Si tous les bonshommes, qui ont cru devoir écrire l'histoire de France, l'avaient fait sur le ton de la phrase modèle que nous venons de reproduire, nous n'eussions pas été obligés de recommencer leur ouvrage.

Nous éprouvions le besoin de leur dire, en passant, cette petite vérité désagréable.

En effet, elle est digne de quelque attention, cette petite femme qui, non contente d'avoir fait tourner son homme en bourrique pendant sa vie, prend encore la précaution de se faire enterrer à côté de lui, pour lui recommencer une scie d'outre-tombe.

Nous la voyons d'ici, cette chère princesse, arriver dans le caveau de famille, auprès de son auguste époux, et lui dire :

— Où en étions-nous donc restés, cher trésor ?... Ah !...

j'y suis... C'était au moment où je te fourrais de la poudre à gratter sur ton oreiller, pour t'empêcher de dormir....

Et le roi de répondre :

— Sapristi!... Comment, c'est encore toi?... Mais qui donc t'a donné mon adresse?... Je ne l'avais pas fait mettre dans le Bottin, tout exprès!...

Après la mort de Constance, sa mère, Henri Ier eut à lutter contre son frère Eudes, qui s'était tout uniment imaginé de prendre sa place.

Henri, qui était l'aîné, lui tira les oreilles.

*
* *

Alors Eudes, vexé d'avoir été traité ainsi, se jeta dans des dérèglements et des orgies impossibles.

On raconte même, à ce sujet, qu'un jour il poussa l'audace jusqu'à se faire servir un grand festin dans un cimetière, et à le manger de très-bon appétit.

Seulement, au dessert, manquant de bougie, il alla prendre dans une église le cierge pascal pour éclairer sa table, et cette profanation attira sur lui — ont assuré les gens du temps — un prompt châtiment :

A peine se leva-t-il de table, qu'il tomba malade et mourut.

D'autres ont prétendu, au contraire, que ce *prompt châtiment* fut tout simplement une indigestion, et qu'on ne doit pas s'appliquer à chercher, dans cette mort subite, d'autre raison surnaturelle qu'une trop grande absorption de truffes et de champagne.

*
**

Nous sommes assez de cet avis.

Dans beaucoup d'occasions analogues, la providence a gardé et garde encore une trop entière neutralité, pour que nous la croyions capable d'être intervenue si violemment, à propos d'un bout de bougie, — qui n'était peut-être, en somme, à cette époque, que de la chandelle.

On assure d'autre part que cette petite histoire fut insérée dans tous les journaux du temps, aux frais des intéressés, et arrangée pour les besoins de la cause, à seule fin de démontrer au peuple que nul ne pouvait impunément porter la main sur les biens monastiques.

C'est l'histoire de l'étiquette *Poison violent*, sur la bouteille de curaçao fin.

Jocrisse n'ose pas goûter au curaçao...

Mais ça ne prouve pas qu'il soit honnête.

***

Sous Henri Ier, le royaume était dans un tel état de tranquillité, on se battait si peu, on se volait si peu, on s'égorgeait si peu, que le roi fut obligé d'établir une espèce de police de la guerre, qu'on appela *la trève du Seigneur*.

Cette trève était, à l'état de pillage et d'égorgement qui caractérisait cette époque, ce que les

Relâches pour répétitions générales

sont aux représentations de l'Ambigu.

On répétait chez soi le coup de poignard ou le nœud coulant qu'on devait jouer le lendemain.

Voilà toute l'affaire.

Nos lecteurs nous sauront peut-être gré de donner ici un court extrait de ce règlement.

***

TRÈVE DU SEIGNEUR

AN 1039

A{rt}. Ier. — Depuis le samedi, neuf heures, jusqu'au lundi, une heure, on ne cherchera querelle à personne, — excepté à sa femme.

Art. II. — Le citoyen qui aura reçu une gifle, au moment où sonnera la première heure de la trêve, devra attendre, pour la rendre, l'expiration de la susdite.

Art. III. — Surpris par l'heure de la trêve, les combattants devront s'arrêter net, dans la position qu'ils occuperont en ce moment, et ne plus bouger jusqu'au lundi à une heure.

Ils pourront se faire apporter à manger et des parapluies.

Art. IV. — Toute espèce d'hostilité, de quelque nature qu'elle soit, est formellement interdite pendant la *trêve du Seigneur*.

**

On ne devra :

Ni voler l'argenterie de son voisin ;

Ni appeler la femme de son ennemi *vieux masque ;*

Ni se faire réciproquement des calembours ;
Ni s'envoyer des billets de faveur pour l'Odéon ;
Ni se traiter d'abonné de la *Revue des Deux-Mondes;*
Ni se lire de poésies ;
Ni s'offrir des cigares à pétards...

Enfin, tout ce qui peut être désagréable ou causer un préjudice quelconque à un ennemi.

*
* *

Ainsi qu'on le voit, *la trêve du Seigneur* ne badinait pas.

Il serait à désirer que notre époque adoptât cette coutume, surtout contre les créanciers et les propriétaires.

Nous proposons, dès maintenant, la formule suivante :

*
* *

TRÊVE SACRÉE

Depuis le lundi matin jusqu'au dimanche suivant, à minuit, aucun créancier ne pourra présenter sa note à son débiteur, sous peine de deux ans de prison.

Aucun propriétaire ne pourra réclamer son terme le 8 ni le 15 des mois de janvier, avril, juillet et octobre.

Avant le 8 et le 15, il n'aura pas le droit de présenter sa quittance, le terme n'étant pas échu ; et, après ces deux jours, il y aura prescription pour la dette.

*
* *

Henri Ier nous est représenté comme belliqueux, brave, doux, humain et loyal ; il était fanatique du vermicelle au gras, avait le petit mot pour rire, se tenait assez proprement, et ne recevait pas la *Patrie*.

Il ne commit qu'une faute, ce fut d'avaler par erreur un collyre qu'il avait préparé pour se bassiner l'œil.

Il regretta amèrement cette méprise, et pour être plus sûr de ne pas la commettre de nouveau,... il en mourut le lendemain.

PHILIPPE Ier

AN 1062

Philippe, fils d'Henri Ier, monta sur le trône à l'âge de huit ans.

C'était un peu vieux pour têter, mais peut-être un peu jeune pour présider le conseil des ministres.

Baudouin V, régent, se chargea de l'éducation du

prince, et de l'empêcher de se moucher trop souvent sur la manche de sa jaquette.

Sous beaucoup de rapports, la nature avait favorisé

Philippe Iᵉʳ. Il était grand, adroit, intelligent et brave.

Mais, par malheur, il avait ce qu'on appelle dans le monde *un poil dans la main.*

C'est là un grand défaut pour un monarque.

Ainsi, par exemple, il arrivait quelquefois ceci :

*
* *

Un matin, au moment où l'on allait guillotiner un malheureux quelconque, son ministre venait lui soumettre un recours en grâce, et le roi répondait en s'étirant :

Je suis fatigué... exécutez-le ; nous verrons demain.

* * *

C'est sous le règne de Philippe Ier que les Normands, aidés des Français, s'emparèrent de l'Angleterre, sous les ordres de Guillaume le Conquérant.

On a beaucoup reproché à Philippe, — ou plutôt au régent Baudouin, qui tournait la broche du pouvoir à cette époque, — d'avoir prêté l'appui de nos armes aux Normands, qui étaient déjà pour nous des mitoyens excessivement gêneurs...

Quand Baudouin fut mort, Philippe s'aperçut bien de la boulette, mais c'était fait.

Il chercha néanmoins, autant que les circonstances le lui permirent, à semer quelques cheveux sur la félicité des Anglais.

* * *

Philippe Ier avait une manière à lui de comprendre le mariage.

Il épousa la princesse Berthe, avec laquelle il vécut en parfaite intelligence pendant huit ans, quoiqu'elle ne lui eût donné aucun rejeton.

Tout à coup, Berthe, en deux années, fit cadeau à son époux de deux superbes poupons.

Si Philippe fut content, l'histoire ne le dit pas; mais, à coup sûr, il ne le fit pas voir.

Il répudia net sa femme, et se fit annoncer à *marier* dans les *Petites-Affiches*.

* *
*

Une pareille conduite est tout à fait inexplicable.

On a vu des gens abandonner un champ dont le sol

était ingrat et stérile, mais le contraire dépasse toutes les combinaisons....

*
* *

Aussitôt qu'on sut, en Europe, que le roi de France

était garçon, — chaque papa couronné donna un coup de plumeau à sa fille.

Roger, comte de Sicile, qui était très-riche, envoya à Philippe la photographie de la sienne.

Philippe la trouva fort à son goût, et télégraphia à Roger :

« Bon vieux,

« Fille à toi suffisamment de *chien* dans l'œil; envoie-
« la avec trésors annoncés pour dot..

« PHILIPPE. »

Huit jours après, la Sicilienne et les trésors arrivaient à l'embarcadère du chemin de fer de Lyon.

La princesse prit un *fiacre,* chargea sa dot sur la voiture, et dit au cocher :

— A la course... Au palais!

*
* *

Mais ce n'était plus ça du tout....

Du tout, du tout... du tout!

Philippe avait réfléchi; il s'était coiffé d'une petite danseuse des Bouffes-Parisiens, et quand la princesse de Sicile arriva, il lui dit :

— Avez-vous pris un aller et retour?

— Non, sire... puisque je viens pour rester.

— Oh!... c'est une grave erreur... Je ne suis pas décidé... Je ne me marie pas... pour le moment. Faites-moi le plaisir de vous en retourner d'où vous venez.

Quelques historiens prétendent qu'il ajouta :

— Quant aux trésors que vous apportiez pour dot, je les

garde,... afin que vous n'ayez pas d'excédant de bagages en vous en allant.

Ce dernier fait est-il vrai?... Nous nous contenterons qu'il puisse l'être.

* * *

Sur ces entrefaites, une princesse, nommée Bertrade, qui était mariée — contre son gré — à Foulques, comte d'Anjou, — apprenant que Philippe était à placer, écrivit en secret à monsieur de Foy le billet suivant :

« Monsieur,

« Ce *qui frappe les yeux*,... c'est que je ne demande-

« rais pas mieux de *lâcher* monsieur de Foulques, mon
« mari, qui a la goutte et une tumeur au côté, pour con-
« voler avec Philippe, qui n'a pas de tumeur et qui a une
« couronne.

« Tâchez d'arranger ça,... et toute à vous.

« BERTRADE. »

Comment monsieur de Foy arrangea-t-il ça?... C'est ce qu'on ne saura qu'après sa mort, en épluchant ses livres.

Mais ce qui est certain, c'est que Philippe Ier prit sa canne et son chapeau, et s'en alla faire au comte de Foulques, dans sa province d'Anjou, une visite de politesse et d'amitié.

Le comte d'Anjou, qui y allait de franc jeu, reçut le roi à bras ouverts.

Arrivée à la gare de Lyon de la princesse de Sicile, fiancée à Philippe Ier.
(BAS-RELIEF DU TEMPS. — COLLECTION PARTICULIÈRE DE TOUCHATOUT.)

Il lui donna la chambre bleue, au premier, mit en perce un tonneau de l'année de la comète, fit refaire les matelas à son intention, tua un cochon, mit une nappe propre, etc., etc.; enfin, se mit en quatre pour fêter dignement son royal hôte.

On prétend même — que le soir, — il disait à Bertrade, sa femme :

— Je te trouve bien froide avec Philippe...; tu lui passes toujours le fromage d'un air désagréable.

*
* *

Un beau matin, le comte d'Anjou alla frapper à la porte

du roi, pour le convier à une pêche aux écrevisses. Philippe ne répondit pas.

Inquiet, le comte d'Anjou entre.

Personne...

Et sur la table de nuit, le billet suivant :

« Mon cher Foulques,

« Depuis huit jours, vous me fêtez et m'hébergez, que c'est comme un bouquet de fleurs!...

« Je vous devais une compensation...

« Je pars et vous enlève votre femme.

« Vous remarquerez que je n'ai pas emporté la pendule, et que, pendant mon séjour chez vous, je n'ai frotté aucune allumette sur le papier de la chambre bleue.

« Votre tout dévoué
« PHILIPPE. »

*
* *

Le comte d'Anjou, atterré, avala le contenu d'un flacon de rhum, et courut à la chambre de sa femme...

Vide!... et second billet, collé sur la glace avec quatre pains à cacheter :

« Pauvre cher homme,

« Quoique les apparences soient contre moi, je suis pure!... L'infâme m'enlève de force!... A peine ai-je le

temps de te dire que les clefs du buffet et de l'armoire à linge sont dans la poche de ma robe verte.

« Ta pâte de Regnault est sur la cheminée.

« A toi!...

« BERTRADE. »

*
* *

C'est sous le règne de Philippe Ier que prit naissance,

chez les Français, la toquade des trains de plaisir pour la Palestine, connus sous le nom de *Croisades*.

Voyant l'importance que les chrétiens attachaient à visiter les lieux saints qu'ils occupaient, les mahométans et les Turcs s'étaient tenu ce langage :

— C'est très-couru ; triplons le prix des places.

Et là-dessus ils s'étaient mis à rançonner les voyageurs et les visiteurs de la Palestine avec un véritable aplomb de pharmacien ou de restaurateur de banlieue.

Un gentilhomme picard, nommé Pierre l'Ermite, se dit un beau matin :

— Mes petits pères, puisque vous abusez du monopole, sachant très-bien qu'il nous est presque impossible d'aller visiter Jérusalem en Irlande, nous allons voir à faire baisser votre tarif...

Il loua le *Great-Eastern*, créa une immense société, sous le nom de

— COMPAGNIE DE LA BOUILLIE DE TURCS —

et un jour, Jérusalem, en se réveillant, vit flotter sur le toit de son hôtel de ville — le drrrrrrapeau tricolore !

*
* *

On raconte que cette expédition réunit au moins cinq millions de Français, et que le roi Philippe ne vit pas cette dépopulation d'un mauvais œil, ayant remarqué que les Croisades débarrassaient ses États d'une quantité immense de gens dangereux, tels que photographes, clarinettistes, professeurs de danse et fabricants de revues pour les petits théâtres.

*
* *

Les plus formidables soupes que les Croisés trempèrent aux mahométans, le furent par un seigneur du nom de Godefroy.

On l'en récompensa en l'appelant Godefroy de Bouillon.

*
* *

De cette époque date aussi l'usage des armoiries.

Tous ceux qui revenaient de la Palestine s'en payaient une tranche.

On faisait broder sur ses vêtements des petites machines, rappelant les actions héroïques que l'on... aurait pu accomplir.

Celui qui avait fait dérailler une locomotive ennemie, se faisait dessiner un petit tender sur son blason.

Celui qui avait pris un canon, portait sur ses armes le chapeau d'un artilleur.

Et ceux qui n'avaient rien fait du tout, achetaient

des armoiries d'occasion aux ventes du Mont-de-Piété.

*
* *

Philippe Ier, nous l'avons déjà dit, était très-paresseux ; il mourut dans sa soixantième année, de la contrariété qu'il éprouva un matin d'être obligé de sortir de son lit une demi-heure plus tôt que d'habitude, parce que l'on venait refaire ses matelas.

LOUIS VI

DIT LE GROS

Louis VI, que l'on surnomma dans sa jeunesse *l'Éveillé*, à cause de son caractère pétulant, fut plus tard appelé *le Gros*, à cause de son obésité.

Ce roi était d'une voracité énorme, et lorsqu'il dînait à trente-deux sous, il absorbait pour huit francs de pain.

Plusieurs restaurateurs du Palais-Royal lui faisaient une pension, pour qu'il portât sa pratique ailleurs.

La dépense de sa table s'accrut tellement, qu'il fut obligé de solliciter une rallonge à sa liste civile.

L'histoire cite certains jours où il mangea trente-deux heures de suite.

*
* *

Ce fut lui qui inventa le fameux *coup de tassement,* devenu si célèbre, et qui consistait à se laisser retomber

trois ou quatre fois sur sa chaise, au milieu du repas, pour *empiler le mastic,* et faire de la place.

*
* *

Louis VI et Bertrade, sa belle-mère, vécurent en assez

mauvaise intelligence, à propos, dit-on, de la forme des faux-cols du jeune monarque, sur laquelle ils n'étaient pas d'accord.

Bertrade essaya d'empoisonner Louis.

Louis tenta de poignarder Bertrade.

Ils en réchappèrent tous deux et finirent par se raccommoder.

S'il est permis à l'historien de dire, à ce sujet, son sentiment personnel, il n'aurait eu, pour son compte, aucune confiance en ce rétamage d'amitié.

Le moyen, s'il vous plaît, d'accepter un bock d'une femme qui vous a déjà une fois servi de l'arsenic?...

*
* *

Louis se cogna très-dur avec l'Angleterre.

C'est lui qui, dans le combat de Brenneville, au moment où un Anglais l'empoignait par la jambe, en s'écriant : le Roi est pris!... répondit en faisant d'un coup de sabre une tire-lire du crâne de son ennemi :

— Crapaud!... apprends que, même aux échecs, on ne prend jamais le roi!...

Cette réponse était splendide,... parce qu'elle était accompagnée d'un fort coup de tampon.

— Mais ôtez le coup de tampon, le roi était bel et bien

fourré au violon, sans aucun respect pour la règle du jeu d'échecs, qui n'avait rien à voir là-dedans.

*
* *

Louis VI qui, malgré tous ses efforts pour augmenter ses États, ne voyait augmenter que son embonpoint, résolut de se faire moine, à la suite d'un dérangement de corps, qu'il avait attrappé en combattant au siége de Saint-Briçon...

Il mourut peu de temps après, miné par le chagrin de voir s'effondrer, sous le poids de son corps, tous les fauteuils qu'on lui fabriquait.

De là ce mot, rapporté par Anquetil, et faisant allusion au funeste siége de Saint-Briçon :

« *Louis ne put supporter ce siége, mais aucun siége ne put supporter Louis.* »

Pendant les dernières années de son règne, le tailleur de Louis le Gros prenait mesure, pour la ceinture de ses pantalons, sur la rotonde de l'ancienne barrière de la Villette.

LOUIS VII

DIT LE JEUNE

1137

Louis VII fut surnommé *le Jeune;* on n'a jamais pu savoir au juste pourquoi.

Il est incontestable que ce monarque, qui mourut à l'âge de soixante et un ans, a dû être plus jeune que ça à un moment donné; mais cela arrive à tant de monde, qu'on ne s'explique pas bien l'opportunité de ce surnom, qu'il eût dû mettre au linge sale, aussitôt qu'il prit son premier gilet de flanelle.

Louis VII organisa une seconde croisade en Terre sainte, et voulut lui-même en faire partie; il laissa les

clefs de la caisse à Suger, abbé de Saint-Denis.

On dit que la France souffrit de l'absence de ce monarque, mais qu'il n'en fut pas de même de sa femme Éléonore de Guyenne, qu'il avait laissée à la maison.

Cette princesse, d'un caractère très-galant, sut si bien utiliser les loisirs que lui laissait son veuvage momentané, pour faire... autre chose que des confitures, que Louis VII, à son retour, voulut divorcer.

L'abbé Suger lui fit observer qu'en se séparant de sa femme, il serait obligé de lui rendre sa dot, et il l'engagea à patienter.

Mais alors, Suger,... suggère-moi une idée !... objecta Louis VII.

— Attendez, sire, attendez... On s'y fait !

— Tu as raison, répondit le roi ; quand la lessive est trop chère, il vaut mieux garder son honneur un peu sale...

Cependant, au bout de quelque temps, Louis VII répudia sa femme infidèle ; celle-ci, pas honteuse pour deux sous, donna sa main, deux mois après, au sieur Henri Plantagenet, duc d'Aquitaine, pas dégoûté pour six liards.

**

Louis VII le Jeune nous est représenté comme un prince fort dévot, très-doux, frugal, et simple dans ses habitudes.

Si l'histoire enregistre avec plaisir toutes ces qualités, Éléonore de Guyenne, sa femme, en tint trop peu compte, comme on l'a vu.

Du reste, cet exemple n'est rare, ni dans les temps anciens, ni dans les temps modernes.

Les maris débonnaires rendent les femmes acariâtres.

Et l'on fait plus de bonnes épouses avec un jonc de quinze sous, qu'avec trente années de douceur.

Avis aux célibataires! C'est le meilleur conseil que nous puissions leur donner.... après celui de ne pas se marier.

Louis VII mourut à soixante et un ans, d'une peur

que lui fit innocemment un de ses domestiques, en lui

annonçant, par erreur, que sa femme le demandait au café, en bas de chez lui.

PHILIPPE AUGUSTE

1180

Philippe II, fils unique de Louis VII, — son père, probablement, — naquit le 22 août 1165.

Si jamais un homme eut le droit d'être épaté, en se voyant venir au monde, ce fut lui; car, lorsqu'il vit le jour, il y avait vingt-huit ans que son père était marié, sans avoir eu d'enfants.

On prétend qu'à ce moment son premier cri fut :

— Eh bien!... dis donc, p'pa... à quoi penses-tu donc?...

*
* *

A quatorze ans, Philippe II fut couronné, du vivant de son père.

Quatorze ans !... *c'est la belle âge*... pour jouer au bâtonnet.

Louis VII, en commandant au chapelier la couronne de son fils, lui enjoignit de la tenir un peu large, et de

fourrer des numéros de l'*Officiel* dans la coiffe, sa tête devant grossir.

**
* **

Aussitôt que Philippe II se sentit un morceau de zinc doré sur la tête, il se mit à faire une vie des cinq cents diables, et retourna tout dans la maison.

Après la mort de son père, il se maria, sans le consentement de sa mère, qui, vexée du procédé, se retira dans un de ses châteaux.

Notre qualité d'historien nous fait un devoir de faire remarquer qu'on peut se payer le luxe de se montrer susceptible, lorsqu'on n'a qu'à choisir, dans des châteaux, celui où l'on désire aller faire la moue.

*
* *

Philippe II inaugura son règne par quelques mesures bien senties.

D'abord il lança un édit contre les juifs.

Par cet édit, les Juifs étaient expulsés du royaume, leurs biens confisqués, et leur débiteurs libérés, *à la charge de verser au trésor un cinquième de leurs obligations.*

*
* *

Nous espérons que le fini de cette combinaison financière n'échappera pas à nos lecteurs.

C'est, en effet, un trait admirable de génie...

Il ne manquait plus à Philippe II, pour être complet, que de passer en Belgique.

Voyez un peu :

Ces voleurs de juifs ne sont point aimés de la nation ; je les chasse ; la nation crie *bravo*.... Je retiens leurs biens pour les frais du culte, et je libère leurs débiteurs, moyennant un dividende de vingt pour cent,... qu'ils me payeront, — à moi !

Tout le monde est content, — jusqu'aux débiteurs qui gagnent 80 pour cent...

Les juifs, eux, ne sont peut-être pas dans l'enthousiasme... Mais bah ! des gens qui n'ont pas la moindre conscience !...

*
* *

Ah ! décidément, nos ancêtres avaient du bon ; et, s'il m'est permis de placer une observation qui m'est toute personnelle, la voici :

Je dois à mon propriétaire 1,100 francs, à mon tailleur 600, à mon bottier 300 ; total 2,000 francs.

Eh bien ! je supplie le gouvernement de renouveler l'édit contre les juifs, en faveur des propriétaires, des tailleurs et des bottiers de l'empire.

Qu'on les envoie tous à Cayenne, et qu'on me donne quittance.

La justice avant tout!

*
* *

Si quelques-uns de nos lecteurs, — un peu bégueules, — n'ont pas trouvé très-délicat le procédé dont usa Philippe II envers les juifs, hâtons-nous de leur dire que ce roi, qu'on a surnommé Auguste, répara plus tard cette action.

Pénétré de repentir de son injustice envers cette caste, et ayant besoin d'argent, il lui permit de rentrer en France,.... moyennant le payement de sommes énormes.

Qu'il est beau de voir un monarque pleurer sur ses erreurs.., et se faire 3,000 livres de rente avec ses remords!...

*
* *

Philippe II entreprit une nouvelle croisade, en compte à demi avec Richard Cœur-de-Lion (musique de Grétry), roi d'Angleterre.

En partant, les deux monarques se jurèrent, sur le plumet de leur schako, *bonne foi et amour*, en vertu du-

quel engagement ils ne firent que se chipoter pendant une trentaine d'années.

Tout compte fait, le règne de Philippe II ne fut pas stérile; il augmenta la France de plusieurs provinces, entre autres la Normandie, la Touraine, l'Anjou et la Bretagne.

Il encouragea la littérature, surtout les romans de chevalerie, sachant très-bien que ces ouvrages n'avaient pas le sens commun, mais qu'ils amusaient les cuisinières.

Philippe mourut à Mantes, à 58 ans, au moment où il préparait un plan pour confisquer de nouveau les biens des juifs et les leur revendre quinze jours après.

Il excellait dans ce genre d'opérations.

Quel homme cela aurait fait pour arranger les faillites!...

LOUIS VIII

Louis VIII, fils de Philippe-Auguste, a été surnommé *le Lion*; à cause de... — Ça n'a jamais été bien établi.

Il nous est représenté comme vaillant, mais voilà tout. Il eût été, du reste, d'une incapacité à manger du tapioca avec une fourchette,... si le tapioca et les fourchettes eussent été inventés.

Il eut un moment de joie dans sa vie, mais qui ne dura pas.

Élu roi d'Angleterre, en 1216, par les barons anglais,

il alla prendre possession de son nouvel appartement;

mais ayant trouvé à le louer plus cher, les Anglais lui donnèrent bientôt congé, et il revint en France.

* * *

Louis VIII régna trois ans, qu'il eût peut-être employés plus utilement à faire de la photographie ou à nettoyer des lampes modérateur.

Pourquoi faut-il que l'histoire nous offre à chaque page cet exemple décourageant — d'un roi actif et intelligent, comme l'était Philippe-Auguste, donnant le jour à un prince, bon tout au plus à copier des contrats de vente dans une étude de notaire ?

Soyons justes, pourtant !...

Louis VIII, honteux de sa nullité, voulut être un trait d'union entre deux monarchies célèbres.

Issu de Philippe-Auguste, il engendra Louis IX ou Saint-Louis.

LOUIS IX

AN 1226

A la mort de Louis VIII, son père, Louis IX n'avait que onze ans.

A qui allait appartenir la régence?

La nation se posa cette question; mais Blanche de Castille, mère de Louis IX, ne se la posa pas un seul instant.

— C'est moi! — s'écria-t-elle, — c'est moi que j'suis la reine!... la reine!... la reine! (*S'entendre avec le directeur de l'Alcazar pour avoir la musique.*)

Elle s'assit carrément sur le trône, et comme elle était très-belle, elle désarma tous ses ennemis par ses grâces et sa beauté.

Ceux qui voulurent résister à ses charmes, elle leur flanqua une dégelée.

⁂

Lorsque les mutins virent que de toutes façons ils étaient vaincus, ils enveloppèrent leur valeur dans un étui à clarinette, et la serrèrent dans le bas de leur armoire, en attendant une meilleure occasion.

La grande chronique de France raconte même, à ce sujet, que le comte de Champagne, qui était venu pour combattre, s'écria, en la voyant, dans le charabia du temps :

⁂

— « Sur ma foy, madame !... mon cœur, mes pipes culottées et ma provision d'Aï et de Moët sont à votre commandement. Ne m'est rien qui vous pust plaire et chatouiller vos désirs, que je ne fisse volontiers, et jamais contre vous n'iray... »

Phrase qu'il est de notre devoir de traduire, à l'usage des tambours de la garde nationale, par ces quelques mots qui peignent la situation :

— « Madame!... j'ai juré à mes alliés de leur prêter mon appui pour vous combattre, et crac! voilà que je deviens toqué de vos bandeaux bouffants... Mon devoir serait d'immoler mon amour à la patrie!... Mais comme ça s'est déjà fait dans l'antiquité et que je ne veux pas être accusé de copier le civisme des Spartiates, je sacrifie tout bonnement mon pays à mon amour; c'est plus neuf... et plus facile. »

* * *

Le comte de Champagne se fit donc tout dévoué à Blanche de Castille, qui eut le soin de tenir constamment à une température convenable la passion de son adorateur.

(25 degrés 8/10 au-dessus de zéro. = Vers à soie et conservation de l'espoir.)

Oh! les femmes!.... Et Michelet leur élève des temples!...

* * *

Louis IX était beau, grand, bien fait et très-sage; enfin ce qu'on appelle dans l'ébénisterie un bon sujet.

Lorsqu'il eut atteint sa dix-neuvième année, Blanche de Castille, sa mère, l'examina furtivement un matin, pendant qu'il était en train de faire sa raie, et se dit, après un moment de réflexion :

— Je vais le marier, ce moutard-là!...

Elle fit venir à la cour une jeune et jolie princesse, Marguerite de Provence, âgée de quatorze ans; — (le compositeur est instamment prié de ne pas mettre par erreur *quatre ans;*) — et la présenta à son fils.

Il baissa les yeux, tourna ses pouces, et répondit avec candeur :

— Oui, m'man...

* * *

On dit que ce mariage eut quelques-uns des mystères d'une union secrète.

Cet amour, — d'après Lacretelle, de l'Académie française, — *aucun des deux jeunes époux n'osait le proclamer ; et ils ne pouvaient se voir que lorsque la régente leur en accordait la permission.*

Du reste, les opinions sont partagées sur la nature de cette permission....

Était-elle verbale, ou bien représentée par des petits cartons illustrés, que la reine remettait, sous forme de contre-marque, à son fils, quand il avait été sage à table ?

Ce n'est pas nettement établi.

Blanche de Castille donnait-elle d'elle-même cette autorisation, ou bien Louis IX devait-il aller, levant ses deux doigts, comme au collége, dire à sa mère :

— M'man !... m' permett' d'aller voir Marguerite ?...
C'est encore un point obscur.

* ***
*

A sa majorité, Louis IX prit possession de la signature sociale ; mais sa mère n'en continua pas moins à gérer la maison...

Ici, nous nous voyons obligé de passer la main, — comme en toutes les circonstances du reste où la louange est seule permise ; la louange n'étant pas notre spécialité.

La vie et le règne de Louis IX ne furent qu'une suite

de belles actions, de dévouement, de courage et de résignation.

Où il n'y a rien, le diable perd ses droits.

Passons...

On ne peut pas nous forcer à trouver des varices sur une jambe de bois.

*
* *

Louis IX s'occupa activement de la justice.

Il supprima les combats judiciaires, si célèbres avant cette époque, et en vertu desquels un débiteur prouvait qu'il ne devait rien, quand il tuait son créancier.

Il défendit le duel, — ce que ne lui pardonnèrent jamais les journalistes.

Il abolit, autant qu'il était en son pouvoir, les supplices qui étaient en grande faveur. Sans doute il ne put les détruire tous, parce que leur usage était passé dans les mœurs; mais enfin il fit son possible.

L'Odéon est un de ceux qui lui résistèrent.

* * *

Quoique Louis IX fût d'une piété exemplaire, il ne resta pas toujours d'accord avec Rome, qui, à cette époque, n'était point encore arrivée à ce degré de mansuétude et de tolérance tant admiré aujourd'hui.

Les évêques et même de simples curés lançaient souvent sur leurs diocèses et sur leurs ouailles des foudres rayés et à aiguille, qui remplissaient les peuples d'une sainte — et lucrative — terreur.

Louis IX, qui aimait son peuple, lui enseigna à ne pas prendre trop au sérieux ces machinettes-là.

* * *

Ce monarque avait une petite manie : c'était de s'asseoir sous un chêne, au bois de Vincennes, pour rendre la justice à son peuple.

— Pourquoi pas au bois de Boulogne, près du lac?

Sans doute parce que la justice est incompatible avec les cascades.

— Et pourquoi sous un chêne !

Probablement, suivant Anquetil, pour être sûr de ne point rendre d'arrêts *sans glands*.

Mais quittons ce ton sérieux...

**
* **

Louis IX céda, lui aussi, au goût du moment, qui était la *Croisadomanie*.

Il organisa deux expéditions en Palestine.

La première ne lui réussit pas trop mal; mais la seconde fut ce qu'on appelle *une veste*. Il y gagna, en même

temps que beaucoup de gloire qui le rendit immortel, un fort dérangement de corps qui produisit sur lui l'effet opposé.

L'histoire n'a que des louanges à prodiguer à ce souverain honnête et convaincu, qui n'eut d'autre faiblesse que de sacrifier une trop forte partie de son bonheur conjugal aux ridicules exigences, — entachées d'un filet de jalousie, — de Blanche de Castille, sa mère.

Cette mère, par trop tendre, était d'une surveillance gênante pour les deux époux.

Louis IX mourut à cinquante-six ans, laissant, — en

dépit des précautions de sa mère, — un fils qui lui succéda.

PHILIPPE III

AN 1270

Philippe III, qui a été surnommé *le Hardi*, un peu à cause de la valeur qu'il déploya au siège de Tunis, et beaucoup parce qu'il mettait sa couronne sur l'oreille,

régna quinze années, qu'il employa uniformément à ne rien faire de remarquable.

Il entreprit plusieurs expéditions en Espagne, et n'en tira qu'un bénéfice très-restreint.... à part les fièvres qu'elles procurèrent à ses soldats.

* * *

En Sicile, il ne fut guère plus heureux.

Peu satisfaits des procédés des Français, qui, dit-on, en prenaient un peu à leur aise dans les maisons bourgeoises pour lesquelles on leur donnait des billets de logement, les Siciliens s'entendirent un dimanche, à l'effet d'en égorger le plus possible.

Ce massacre est connu sous le nom de *Vêpres Siciliennes,* parce que les Siciliens avaient désigné l'heure de cette cérémonie comme signal de la tuerie.

Les conjurés furent exacts comme un fournisseur qui

vient toucher sa facture, et, après les vêpres, toutes les vengeances étaient *accomplies.*

Nous prions ceux de nos lecteurs qui verraient lire

notre histoire par un abonné du *Pays*, d'appeler son attention sur ce mot et de le lui expliquer.

***

Philippe, qu'on a surnommé *le Hardi*, le fut assez pour introduire une réforme dans le système nobiliaire de son époque.

Il créa les lettres d'anoblissement, et donna la première à un simple fabricant de couverts en ruolz, nommé Raoul, pour avoir fait une soudure perdue à sa couronne, qu'il avait ébréchée en s'en servant pour casser du sucre.

Jusqu'à ce moment, la noblesse n'avait été attachée qu'à la naissance; aussi, tous les marquis de Carabas de l'époque avalèrent-ils leur tabatière, dans un mouvement de rage, en apprenant cette nouvelle mesure.

— Comment!... s'écrièrent-ils, faire ducs, comtes ou barons, des manants qui sont nés de quincailliers, d'ébénistes ou de rétameurs!... C'est une infamie!...

***

Philippe leur répondit avec grandeur :

— Vieilles perruques !... je pourrais vous coller, en vous répétant ce vers célèbre :

> Qui sert bien son pays n'a pas besoin d'aïeux!

Mais comme ce vers ne doit être fait que dans cinq cents ans, je ne veux pas le déflorer par une citation anticipée... Je vous dirai donc seulement :

— Lequel d'entre vous peut répondre qu'en remontant jusqu'au déluge, il ne trouverait pas dans la liste de ses ancêtres un ouvreur de portières... ou un marchand de vin?...

Les nobles empaillés, épatés par cet argument, fourrèrent en silence, dans la poche de leurs pantalons à pont, leurs blasons vermoulus, et se retirèrent dans le faubourg Saint-Germain, — bien décidés à ne jamais inviter à leurs jeudis et à leurs parties de loto les membres de la nouvelle noblesse.

*
* *

A part cette mesure, Philippe III, ainsi que nous l'avons déjà dit, n'eut qu'un règne très-incolore ; ce ne furent pas les occasions qui lui manquèrent, mais simplement le talent.

En revenant de l'Aragon, où il avait encore eu la fu-

neste inspiration de mener une armée, il mourut d'une fièvre maligne.

Ce fut tout ce qu'il y eut de malin dans son règne.

PHILIPPE IV LE BEL

AN 1285

Philippe IV, qui a été surnommé *le Bel*, peut-être à cause de sa ressemblance physique avec l'acteur du Châtelet qui porta ce nom, avait dix-sept ans lorsqu'il succéda à son père.

***

En jetant préalablement un coup d'œil à vol d'oiseau sur l'ensemble du règne de ce monarque, on est frappé des heureuses dispositions qu'il possédait pour les finances.

Faire entrer de l'argent dans les coffres de l'État était pour ce roi-banquier aussi facile qu'il serait aisé à mademoiselle Fargueil d'entrer dans le corset de Suzanne Lagier.

Il fit une étude spéciale de l'impôt, et on lui doit plusieurs ouvrages sur la *chantageomanie* et l'extraction des capitaux.

Nous aurons l'occasion d'examiner plus loin quelques-uns de ses petits... systèmes financiers.

***

Sauf qu'il ne lisait pas l'*Univers,* Philippe IV avait à peu près tous les vices.

Il était irritable, cruel, vindicatif, despote, orgueilleux, et insatiable de choucroûte.

Cependant, à l'exemple de Louis IX, son aïeul, il turlupina sensiblement le clergé, et mit bon nombre de bâtons dans es roues de la tyrannie religieuse qui ne demandait, à cette époque, qu'à envahir la France, et à absorber, au moyen de legs ou de donations, les terres du royaume.

Il pensa avec quelque raison, suivant Michelet, que la possession de 85,913 hectares de terrains n'est pas indispensable à un curé de campagne pour dire la messe.

∗
∗ ∗

Mais abordons le côté saillant du règne de Philippe IV.

Le 1ᵉʳ mai 1291, Philippe, qui se trouvait un peu gêné, parce qu'il avait renouvelé son mobilier la veille, se gratta le front, en se disant :

— Plus le sou !... Où diable pourrais-je bien prendre de l'argent

Puis, comme il n'était pas embarrassé pour si peu, il se répondit bien vite, en frappant de la main sur sa cuisse :

— Parbleu !... où il y en a...

Et il sonna son valet de chambre auquel il donna quelques ordres.

Le domestique sortit en clignant de l'œil.

Il avait compris.

Deux heures après, — au moyen du télégraphe électrique — tous les banquiers italiens établis en France, étaient fourrés à Mazas.

Là, Philippe leur dit tout bonnement

— Braves gens !... si vous ne me donnez pas immédiatement de *l'os*, on va vous briser ceux des pieds et des jambes à coup de merlin.

Les banquiers payèrent.

**

Il est triste de penser que, de nos jours, lorsqu'on a besoin de trente-cinq francs pour payer son terme, on est obligé de se livrer à des efforts d'imagination inouïs pour arriver à se les procurer, — une fois sur douze, — quand on voit Philippe IV remplir en vingt-quatre heures ses coffres-forts par un procédé si simple.

Décidément nous dégénérons.

Et pourtant Philippe n'en était encore qu'à l'enfance de l'art...

Un beau matin, un mardi, il va pour prendre de l'argent dans son coffre, afin de payer son bottier...

Plus rien !... que 4 francs 30 — en cachets de bains de la Samaritaine !...

Que faire ?...

Il lance un édit, par lequel il est ordonné à tous les habitants du royaume d'apporter à la Monnaie leur vaisselle d'argent, leurs ronds de serviettes et leurs tabatières, pour y échanger cette argenterie contre des espèces sonnantes.

Les citoyens arrivent avec leurs bibelots...

*
* *

Alors le directeur de la Monnaie mit dans une grande cuve l'argenterie de tous ces braves gens, et plaça le tout sur un feu ardent.

Quand le métal fut en fusion, Philippe le Bel, qui se tenait dans une pièce à côté, arriva, chargé d'une im-

mense hotte, dans laquelle se trouvaient sept ou huit mille kilogrammes de rognures de cuivre, achetées à un fabricant de queues de boutons, ainsi qu'à plusieurs ferrailleurs du faubourg Saint-Antoine, à raison de quinze sous la livre.

Il vida sa hotte dans la cuve à l'argenterie, et lorsque le tout fut mélangé, il en fit des lingots, avec lesquels le directeur de la Monnaie frappa des pièces de dix, vingt, quarante et cent sous!

*
* *

Au moyen de ce *bouillon coupé*, on remboursa aux citoyens le prix de leur vaisselle,... *poids pour poids*. A la fin de chaque journée, il restait à Philippe le Bel environ six mille francs de bénéfice sur la façon.

Alors, il disait au directeur de la Monnaie :

— Mon vieux !... nous allons partager le boni : voilà quarante-cinq sous pour toi ; je garde le reste.

La mèche fut éventée par un des sujets de Philippe, qui, ayant voulu évider une pièce de cinq francs, afin de la remplir de plomb, trouva dans cette pièce un des petits jetons d'étain qu'on attachait alors aux bouchons des flacons de vinaigre de Bully, et qui ne s'était pas fondu dans la cuve de la Monnaie.

Dès la découverte du subterfuge, la valeur des monnaies baissa de moitié; mais Philippe le Bel se garda bien de rembourser la différence.

Il se contenta de dire, en se grattant le front :

— Pincé!... Il faudra trouver autre chose.

*
* *

Sous le règne de Philippe IV arriva une disette. L'état de dèche chronique, dans lequel ce monarque, troué

dans le fond, se plaisait à entretenir la nation, rendit cette disette plus épouvantable encore.

La colère — et les boyaux du peuple — commencèrent à gronder.

Une nuit, en songe, le roi entendit une voix menaçante lui crier :

— Prends garde, Philippe !... la faim des peuples annonce souvent celle des rois.

Philippe, en se réveillant se dit :

— Ce calembour et ce conseil sont également bons : Avisons !...

Et... comme il faut toujours prendre par la douceur les gens qui n'ont pas mangé depuis quinze jours, il fit doubler les postes (pas les postes aux lettres), et défendit les rassemblements de plus de cinq personnes.

Ce n'était peut-être pas excessivement commode pour les familles de neuf membres, qui voulaient aller se promener le dimanche aux buttes Chaumont....

Mais s'il fallait que les gouvernements s'arrêtassent à

de si minimes détails, ils auraient un mal terrible à se conserver.

**

Philippe, toujours pressé par le besoin d'argent, eut recours plusieurs fois à l'altération des monnaies.

Le peuple se fâcha. On altérait sa *braise;* il le fut de vengeance.

Nous ne voulons pas clore ce règne sans dire un mot d'une mesure qui en fut le plus bel ornement.

Nous voulons parler de la loi somptuaire.

**

La loi, ou plutôt l'ordonnance somptuaire réglait, jusques dans leurs moindres détails, les catégories de luxe, appliquées à chaque classe de la société.

Ce règlement concernait spécialement le beau sexe qui, à cette époque, n'avait pas encore eu le bonheur d'être corrigé de ses travers mondains par la *Famille Benoiton* de Victorien Sardou.

Depuis la *Famille Benoiton,* — oh!... depuis la famille Benoiton, c'est bien différent... ça va tout seul... Les femmes n'emploient plus que quatre-vingt-neuf mètres d'étoffe pour une robe, et ont juré que la grandeur des boutons de leurs paletots ne dépasserait pas la dimension d'un plat à légumes.

*
* *

Or, **Philippe le Bel** voulut, lui aussi, mettre un frein à la fureur des flots... de dentelles et de huit-ressorts qui prenaient des proportions inquiétantes.

Il rendit donc son ordonnance somptuaire.

Pour en avoir une copie, nous avons renversé une pile de 1,500 volumes sur le dos d'un employé de la Bibliothèque, lequel employé, du reste, nous agaçait depuis

très-longtemps avec sa manière de nous répondre du nez, chaque fois que nous lui demandions un livre.

Bref, nous nous sommes procuré cette ordonnance; c'était l'essentiel.

En voici un fragment :

* * *

LOI SOMPTUAIRE

AN 1300 DE L'ÈRE CHRÉTIENNE OU 563 ANS AVANT LA CRÉATION DU

PETIT JOURNAL

ARTICLE Ier. — Les épouses des terrassiers, zingueurs, employés à 900 francs, boueux, cordonniers en vieux, et autres professions libérales, ne devront avoir ni calèche, ni groom, ni chasseur à plumes, ni maître-d'hôtel.

ART. II. — Les femmes qui n'ont pas le moyen d'acheter des vêtements, devront être couvertes d'habits et de robes suffisamment montantes... et descendantes.

Celles, au contraire, à qui leur position de fortune permet de se procurer tous les vêtements dont elles ont besoin, auront le droit de se décolleter...

ART. III. — Le maquillage est absolument interdit aux chiffonnières.

ART. IV. — Les bourgeoises, dont les revenus n'excèdent pas quinze cents livres, ne devront en aucun cas, sans autorisation spéciale :

Porter pour plus de 75 francs de faux cheveux ;

Se faire poser des dents dont le prix sera supérieur à 3 livres la pièce ;

Mettre des jupons blancs plus de deux fois par an ;

Porter des bottines dont les talons excéderaient 12 centimètres de hauteur.

ART. V. — Les femmes de commerçants ne devront aller au théâtres qu'une fois tous les cinq ans.

Néanmoins, le mari aura droit, — en tout temps, — d'infliger une tragédie à sa moitié, lorsqu'elle aura renversé la poivrière dans la crème à la vanille.

*
* *

Philippe IV, entre autres gentillesses, fit brûler quelques douzaines de chevaliers de l'ordre des Templiers, dont la puissance lui portait ombrage, et dont les immenses trésors surtout lui donnaient dans l'œil.

Ce roi mourut à quarante-six ans, les uns disent d'une maladie de langueur, les autres tué à la chasse par un sanglier.

Tout porte à croire que ces opinions sont également erronées.

Ce monarque, qui avait la manie de l'altération des monnaies, a dû mourir d'une blessure qu'il se sera faite

au pouce avec un instrument tranchant, en essayant de fendre une pièce de six liards par les bords, — pour s'en faire deux.

LOUIS X LE HUTIN

AN 1144

Louis X, fils de Philippe IV le Bel, fut plus tard surnommé *le Hutin*.

On ferait des millions d'oreillers hygiéniques avec les cheveux qu'ont perdus les savants à rechercher la cause de ce surnom.

Nous-mêmes avons fait de sérieuses recherches sur l'origine de ce sobriquet, et nous sommes forcés d'avouer qu'elle nous échappe absolument.

La seule particularité que nous ayons trouvée, se rapprochant de ce surnom, c'est que Louis X ne se servait jamais de casse-noisettes.

Si ce renseignement peut mettre les historiens sur la bonne voie, nous leur offrons de grand cœur.

**

Louis X ne fit rien de remarquable, si ce n'est de faire étrangler sa femme, Marguerite de Bourgogne, qui prétendait qu'un contrat de mariage, *c'est des bêtises*. Elle mit ce principe en action avec la collaboration d'un certain M. Philippe d'Aulnay, membre du Jockey-Club.

Marguerite de Bourgogne avait une sœur...

Philippe d'Aulnay avait un frère...

Alors, pendant qu'on y était, on mettait quatre couverts.

*
* *

On rapporta la chose à Louis X, — ce qui n'a rien d'étonnant ; — il la crut, — ce qui est beaucoup plus extraordinaire, — et la trouva mauvaise.

Il y a des gens bien pointilleux.

Il fit étrangler sa femme avec ses propres cheveux ; — les femmes d'aujourd'hui n'ont plus guère cela à craindre.

Philippe d'Aulnay et son frère passèrent en police correctionnelle, et furent condamnés à être écorchés vifs, après avoir été transformés en soprani de la chapelle Sixtine.

On les traîna ensuite — sur un pré nouvellement fauché.

De là est venue l'invention de la herse, dont se servent maintenant les paysans pour aplanir leurs champs.

Louis X fit pendre Enguerrand de Marigny, son mi-

nistre des finances, pour le punir d'avoir fait erreur d'addition dans son livre de blanchissage.

Ce prince hérita des dispositions de Philippe le Bel, son père, pour les combinaisons industrielles et financières.

Poussé par ses échéances, il vendit aux serfs leur affranchissement.

Mais comme il le vendait très-cher, et que beaucoup de serfs n'avaient pas en portefeuille assez de *Crédit foncier* pour racheter leur indépendance, Louis X fit une loi pour les y contraindre.

Nos maisons de blanc, qui... liquident, ont inventé la fameuse *vente forcée;* mais c'est à Louis le Hutin que revient de droit l'honneur de l'innovation de l'*achat forcé.*

Enfin, ce monarque n'eut qu'un règne très-incolore — et très-court du reste.

Il commença beaucoup de choses qu'il ne termina pas.

Il mourut même, laissant la reine enceinte.

PHILIPPE V LE LONG

AN 1316

A la mort de Louis X le Hutin, le trône revenait de droit à son enfant.

Mais comme cet enfant ne devait venir au monde que quatre mois et demi après, on jugea qu'il n'avait peut-être pas encore acquis assez d'expérience pour gouverner.

Pendant qu'on était en train de délibérer pour savoir qui l'on coifferait de la couronne dorée, Philippe V le Long, frère de Louis X, s'avança, et la mit sur sa tête, en disant :

— Elle me va... je la garde !

Quelques pairs et barons firent bien un peu la gri-

mace, mais Philippe V les regarda en face et leur dit d'un ton résolu :

— Qu'est-ce que c'est ?...

Cette contenance lui réussit.

*
* *

D'ailleurs il est à remarquer, — et c'est en écossant l'histoire qu'on peut s'en rendre compte, — il est à remarquer, disons-nous, que le meilleur moyen d'avoir quelque chose, c'est de le prendre.

Et, à cette époque-là principalement, c'était surtout en fait de couronne que la possession valait titre.

*
* *

Par son ordonnance du 12 mars 1317, Philippe le Long organisa la garde nationale.

Seulement...

Sous prétexte que de pauvres gens mettaient leur baïonnette au Mont-de-Piété, quand ils n'avaient rien à se fourrer dans le *fusil* — (style du temps : *manger*), on enjoignit à la garde citoyenne de déposer ses armes entre les mains du secrétaire de la mairie, qui était chargé de les rendre aux gardes nationaux, le jour où l'on avait besoin d'eux.

Philippe le Long pensait à tout.

Si le macadam eût été inventé, il eût fait dépaver Paris, — dans l'intérêt des chevaux d'omnibus.

Pendant ce règne, le hanneton des Croisades parut

un instant vouloir de nouveau compter ses écus.

Sous prétexte de s'organiser en armées, des tas de traînards parcoururent la France et pillèrent les provinces sur leur passage.

Comme c'est gentil de bousculer tous les meubles de chez soi pour aller ramasser une chaise qui est tombée chez le voisin !...

Ajoutons que quand ils avaient fait les quatre cents coups, tout remué, tout saccagé sur leur route, les trois quarts de ces croisés d'occasion oubliaient volontiers de s'embarquer pour la Palestine.

※

Une des plus belles pages du règne de Philippe le Long fut de faire massacrer tous les juifs et les lépreux du royaume, en donnant pour raison qu'ils avaient tenté d'empoisonner les fontaines publiques avec des vieux numéros du *Gaulois*.

Ce fait, qui rappelle assez bien la fable du bon La Fontaine, *le Loup et l'Agneau,* fût néanmoins expliqué par cette circonstance, que le roi encaissa 150,000 livres, en faisant vendre à l'Hôtel des commissaires-priseurs la garde-robe des juifs qu'il avait fait occire.

Ce prince mourut de chagrin d'avoir reçu de son épicier une pièce de 2 francs fausse, le 3 janvier 1332.

※

Il chercha à prolonger ses jours en appelant à son secours les médecins et la puissance des reliques.

Les reliques ne lui firent aucun mal, mais il ne put résister aux médecins.

Pour conjurer la mort, Philippe V essaya aussi d'un moyen qui dut lui faire saigner le cœur.

Repentant d'avoir soumis son peuple à de lourds impôts, il ordonna d'en suspendre la perception.

Il disait, à cette occasion, à son premier ministre :

— Mon pauvre peuple!... mon cher peuple!... ne l'accablons pas... Quand je serai guéri, nous ajouterons des centimes additionnels...

* *

Philippe V aimait les lettres.... surtout les lettres chargées.

Lui-même faisait des vers — et les faisait à rimes riches, parce qu'il n'y avait rien à débourser.

Enfin ce monarque avare fut surnommé le *Long* très-probablement parce qu'il passait pour n'être pas large.

—

CHARLES IV

DIT LE BEL

AN 1322

Lorsque Philippe V fut mort, on chercha dans tous les

tiroirs de ses meubles s'il n'avait pas laissé de fils pour lui succéder.

On n'en trouva aucun.

Alors, on remit à Charles IV, son frère — et plus

NOS ANCÊTRES

(D'APRÈS UNE AQUARELLE AUTHENTIQUE)

37ᵉ LIVR.

proche parent, — les clefs de la cave et de l'armoire au linge.

*
* *

Le premier soin de Charles IV fut de se séparer de

Blanche, sa femme, en donnant pour prétexte qu'ils étaient du même sang.

Cependant, on lui avait souvent entendu dire à son café :

Le torchon brûle à la maison... Ma femme et moi ne sommes pas cousins.

Blanche fut renfermée à Château-Gaillard, après avoir été convaincue d'adultère, et Charles IV épousa une princesse allemande, Marie de Luxembourg, dont on lui avait garanti la fidélité.

Charles IV suivit, quant aux questions financières, les errements de son papa Philippe le Bel.

Cependant il ne s'appropria pas, comme l'avaient fait ses prédécesseurs, les biens des juifs et des lépreux.

— Par exemple! s'écria-t-il un jour, dans un superbe mouvement d'indignation, comment, moi! je dévaliserais ces braves gens, qui n'ont plus rien du tout!... — Allons donc!...

Et sur ce, il confisqua les biens des Lombards, qu'il exila en même temps, pour n'être point assourdi du bruit de leurs réclamations...

Il serait mal de ne point rendre justice à Charles IV; il réforma les monnaies, fort altérées — ainsi que nos lecteurs ont pu le voir — sous les règnes précédents.

Ce monarque avait été amené à cette réforme par le raisonnement suivant :

« La monnaie de papa n'ayant plus aucune espèce de valeur, il me sera impossible de l'altérer quand le besoin s'en fera sentir; rendons-lui donc momentanément son titre; ça m'en fera un à l'admiration de mes sujets. »

En effet, le peuple s'écria :

— Quel brave homme de roi nous avons là!...

Et, six mois après, Charles IV leur repassait à nouveau des boutons de tunique aplatis pour des pièces de vingt francs.

*
* *

La reine Marie, sa seconde femme, vint à mourir.

Il ne sut pas profiter de son bonheur, et épousa en troisièmes noces Jeanne d'Évreux, sa cousine, circonstance qui fit jaser dans son quartier, car on ne manqua pas de dire :

— Tiens!... voilà qu'il se marie avec sa cousine, après

avoir répudié sa première femme, sous prétexte qu'elle était sa parente.

Le roi passa outre à ces cancans, et conserva même

sa pratique à l'épicier chez qui ils s'étaient propagés.

* * *

Charles IV eut, pendant un instant, une velléité de croisade; mais, ayant mis le nez à la fenêtre au moment de partir pour la Terre Sainte, il la referma vivement et ôta ses socques en disant :

— Brrr! ma foi non!... il fait trop mauvais!...

***

Un jour que nous aurons plus de temps, nous irons faire quelques recherches à la Bibliothèque, et très-certainement nous y découvrirons la preuve que le général Trochu de Sainte-Geneviève a du sang de Charles IV dans les veines.

Charles IV, quoiqu'il eût eu trois femmes, ne laissa pas d'héritier.

Il mourut du dépit de ne pouvoir trouver le moyen

de passer à ses sujets des pièces de cent sous en caoutchouc galvanisé.

En lui s'éteignit la branche directe des Capétiens, qui avait donné quatorze rois, — dont quatre faux-monnayeurs.

BRANCHE DES VALOIS

PHILIPPE VI DE VALOIS

AN 1328

Lorsque Charles IV mourut, Jeanne d'Évreux, sa femme, était enceinte de sept mois. Philippe de Valois fut nommé régent, ce qui fit faire un énorme nez à Édouard III, roi d'Angleterre, qui prétendait à ce titre.

Philippe attendit, avec une cruelle anxiété, la délivrance de la reine, qui était pour lui d'une grande importance...

En effet, si la reine accouchait d'un fils, Philippe n'était plus qu'un régent à appointements.

Si, au contraire, c'était une fille, il n'avait plus qu'à mettre une coiffe propre à la couronne, et à se la poser sur la tête.

*
* *

On prétend que pendant la grossesse de Jeanne d'É-

vreux, Philippe prescrivit à tous ses sujets de s'habiller

en femme, afin que les yeux de la reine ne pussent s'arrêter sur aucun costume masculin.

Ce stratagème, qui aurait pu dépasser le but et donner à la France un prince auvergnat, réussit cependant.

Le 1ᵉʳ avril 1328, Jeanne d'Évreux mit au monde une fille.

Philippe, en apprenant cette nouvelle, donna vingt sous au commissionnaire et s'écria dans un élan de joie:

— Ah! tant mieux!... je n'aurai pas besoin de l'étrangler...

* *
*

Ce fut à cette occasion que l'on décida pour jamais l'exclusion des femmes du trône.

On comprit que la direction des affaires publiques était incompatible avec le ravaudage des bas, les conserves de mirabelles et l'allaitement des enfants.

Plusieurs bas-bleus essayèrent de protester contre cette décision.

L'un d'eux, du nom d'Olympe Audouard, fit même paraître une brochure intitulée :

Guerre aux hommes !

Mais ce bruit s'éteignit vite, et le sexe à papillotes s'en retourna doucement à ses casseroles, sauf une demi-douzaine de phénomènes déclassés, pour lesquels la nature indécise avait fait, à leur naissance, trop... ou trop peu.

*
* *

Le règne de Philippe de Valois ne fut qu'une longue querelle entre ce roi et Édouard III, roi d'Angleterre, son rival.

Philippe eut longtemps l'avantage sur son ennemi, mais il subit un rude échec à Crécy, échec qui a donné son nom à une purée très-estimée aujourd'hui.

C'est sous ce règne que, pour la première fois, on fit usage de l'artillerie.

Les Anglais, à Le Quesnoy, se servirent du canon — pour nous faire pièce.

*
* *

Un épisode des démêlés de Philippe VI avec Édouard III mérite d'être signalé ici :

Édouard, qui était venu mettre le siége devant Tournay, voyant qu'il y perdait son temps, envoya — par lettre affranchie — à Philippe VI la proposition de vider leur querelle définitivement par un combat singulier.

Cette tentative était probablement adroite, vu qu'avant

de la faire au roi de France Édouard III s'était peut-être fait enseigner un coup de coquin par Gâtechair.

Mais Philippe éventa la mèche, et répondit à l'Anglais ces paroles empreintes de beaucoup de sens :

« Cher collègue !...

« Vous me proposez un duel... Est-ce que vous me prenez pour un journaliste, par hasard? Vous avez mis le pied sur mon territoire, et je ne me crois pas obligé de vous prier de m'indiquer l'heure qui vous convient le mieux pour vous en faire sortir.

« Pourquoi ne me demandez-vous pas tout de suite de jouer la France en quinze cents de bézigue?...

« Je ne pense pas que les règles de l'honneur enjoignent à un homme, attaqué par un filou, de prêter au pick-pocket un des deux pistolets qu'il a sur lui pour se défendre.

« Sur ce, cher collègue, comptez qu'au premier moment que je jugerai favorable, j'aurai l'honneur — sans vous prévenir — de vous tomber carrément sur le râble.

« Tout à vous,

« *Philippe de Valois.* »

*
* *

Nobles paroles!... qui suffirent à la gloire de Philippe VI, et arrachèrent à son rival, lorsqu'il en reçut communication, un reniflement de dépit et de rage.

Édouard s'écria, dit-on, en envoyant le bout de son pied dans l'œil du facteur :

— J'en suis pour ma botte de Nevers!...

Mais revenons aux événements.

*
* *

Trouvant que nous n'avions pas assez de la guerre pour détruire la population, l'Orient nous expédia *franco*, par l'entremise de l'Italie, une charmante petite chose, qui s'appelait

LA PESTE

La peste se contenta de moissonner *un tiers* seulement de la population, pensant avec raison que si elle détruisait tout le monde la première fois, elle ne trouverait peut-être plus personne la seconde.

Philippe, en cette circonstance, fit preuve d'une forte dose de jugement.

Un beau matin, en bourrant sa pipe, il se dit :

— D'où peut venir la peste?...

Et il se répondit :

— La peste doit être produite par les jurons des charretiers et des cochers de fiacre.

ÉDIT CONTRE LES BLASPHÈMES.

Il est absolument défendu de prononcer aucun juron ou jurement, fût-ce même *Nom d'un pétard!...*

Tout individu pris en flagrant délit de blasphème aura la tête tranchée.

En cas de récidive, il aura la langue coupée.

Le seul juron autorisé, — mais seulement en battant sa femme, — est

Mille millions de carognes!...

Et cela, pour aider et activer le moulinet du bambou réparateur.

L'exécution de cet édit détruisit un second tiers de la population.

Et Philippe ne voulut jamais comprendre que cette

loi eût été remplacée avantageusement par du chlore jeté dans les encoignures des rues.

*
* *

Philippe VI renouvela aussi la persécution contre les juifs, qu'il accusa d'avoir empoisonné les fontaines, en y jetant, la nuit, quelques feuillets des *Odeurs de Paris* de Louis Veuillot.

Désirant augmenter ses États, il se paya le Dauphiné, Montpellier et Laste.

Il régla, en billets à quatre-vingt-dix jours, le prix de ses petites acquisitions; mais à l'échéance il se trouva gêné et sur le point d'être protesté.

Alors, pour boucher ce trou, il résolut de mettre sa montre au Mont-de-Piété; mais il réfléchit que ça le gênerait quand il aurait des œufs à la coque à faire cuire, — et il trouva plus simple d'altérer de nouveau les monnaies.

*
* *

Il les altéra neuf fois seulement.

Son intention était d'aller jusqu'à quinze; mais à la

dixième, il s'aperçut que, s'il persistait, ses pièces de vingt francs n'allaient plus être que du pur aluminium.

La honte l'arrêta... et surtout la crainte que ça ne passât pas.

*
* *

A cinquante-huit ans, Philippe épousa, en secondes noces, la jeune et belle Blanche de Navarre.

Il paya de sa vie, au bout de quelques mois, cette témérité.

C'était mérité.

Il mourut le 12 août 1350, laissant deux fils et des dettes, — mais pas un seul impôt à inventer.

Il était très-ignorant, et avait concentré toutes ses études sur l'alliage des métaux.

Il était soupçonneux, cruel et avare.

Philippe mourut au moment où il se croyait sur le point de découvrir un procédé qui devait lui permettre de frapper des sous en carton bitumé.

JEAN LE BON

AN 1350

Jean, fils de Philippe de Valois, fut surnommé *le Bon*, probablement parce que son premier soin, en montant sur le trône, fut de faire couper la tête au comte d'Eu, connétable de France, pour pouvoir donner sa place à un de ses amis de collège, dit La Cerda.

Le règne de Jean le Bon ne fut qu'une immense VESTE pour la France.

Famine, guerres, embarras financiers, tous les fléaux assaillirent notre pauvre pays.

Il ne manqua à cette déplorable série que les cafés-concerts.

**

Jean passa une bonne partie de son règne prisonnier des Anglais, laissant dans les mains du dauphin Charles, son fils, la queue de la poêle de l'État.

Malheureusement, le fils, pas plus que le père, ne s'entendait à retourner les crêpes; il en flanqua les trois quarts dans le feu, et laissa brûler le reste.

Un beau matin, Jean le Bon, s'ennuyant de sa captivité, signa un traité avec les Anglais pour son rachat.

Il leur donnait, comme rançon, une bonne moitié de la France.

Modeste comme une violette, et surtout bien bon prince, — cet homme, qui estimait que sa liberté à lui compensait l'asservissement de tout un peuple !...

*
* *

Après quelques difficultés, Jean le Bon rentra en France ; mais ce n'était pas tout ; il fallait trouver de l'argent pour payer sa rançon.

Il établit des impôts de toutes sortes.

Il n'y a rien comme les impôts pour procurer de l'argent ; mais encore faut-il qu'on les paye.

Et c'est ce que le pays oublia de faire.

Ce que voyant, Jean le Bon eut une idée sublime de désintéressement.

Ses prédécesseurs avaient banni du royaume tous les juifs. Il voulut réparer cette injustice, et leur permit de rentrer en France... à raison de douze florins d'or par tête, plus un impôt annuel pendant leur séjour.

Comme indemnité, il leur permit l'usure, en limitant toutefois le taux de l'intérêt à huit pour cent.

Ah!... à propos, nous négligeons un détail :

— A huit pour cent... par semaine.

*
* *

Jean le Bon eut une idée de croisade; il alla trouver le pape et lui fit part de son projet.

— Vous avez raison, mon fils, lui dit celui-ci; quand comptez-vous partir?

— Dans deux ans, répondit Jean.

— A votre empressement, reprit le pape, je croyais que vous pensiez vous mettre en route après-demain.

— Mais, mon père, il me faut bien le temps de me faire faire un étui à chapeau.

Le voyage en Palestine n'eut pas lieu, comme on pense.

Il n'est rien de tel que de réfléchir longtemps avant

de s'exposer à un danger... et surtout de finir par y renoncer.

*
* *

Jean le Bon, trouvant enfin le sceptre trop lourd et ses appointements trop légers, prit la résolution de retourner se constituer prisonnier en Angleterre.

Là-bas, il était fêté, choyé, dorloté et parfaitement débarrassé du tracas des affaires.

On parle même d'une certaine comtesse de Salisbury, qui n'avait — dit-on — rien à lui refuser,... sauf toutefois ce qu'elle accordait au roi d'Angleterre.

*
* *

On ne saurait vraiment trop appeler l'attention des lecteurs sur la conduite noble et valeureuse de ce monarque qui, se trouvant placé à la tête d'une nation éprouvée un instant par les fléaux et les revers, trouve son pays *rasant*; et, dédaignant de lui prêter l'appui de son bras, préfère aller se chauffer les pieds chez ses ennemis, en se faisant entretenir grassement par eux de pain, de pale ale, de rosbif et... d'amours.

Jean le Bon mourut à Londres à l'âge de 45 ans, et son corps fut ramené en France.

Il fallut cette circonstance — sans doute — pour qu'il se décidât à rentrer dans sa patrie.

*
* *

Ce prince eût peut-être été un homme remarquable... dans la fumisterie.

C'était un déclassé.

C'est à lui que l'on attribue cette phrase célèbre :

— Si la bonne foi et la justice étaient bannies du cœur de l'homme, elles devraient se retrouver dans celui des rois.

Mais tout porte à croire qu'après avoir écrit cette belle maxime, — si toutefois elle est bien de lui, — ce prince aura ajouté en *aparté* :

— Des nèfles !...

CHARLES V LE SAGE

AN 1364

Charles V, qui a été surnommé *le Sage*, à cause de sa prudence et des énormes précautions qu'il prenait pour marcher par les temps de verglas, trouva, en montant

sur le trône, la France dans un état de gêne et de désordre que l'on désignait alors sous le nom de *panne carabinée*.

*
* *

Il s'occupa activement de faire mettre sa comptabilité

à jour; puis, aidé par le vaillant Du Guesclin, il reprit

aux Anglais presque toutes les places qu'ils occupaient chez nous.

Si les Anglais furent contents de cet événement, ils ne voulurent pas le laisser voir.

∗∗∗

Charles V mit tous ses soins à rétamer la lune, afin de faire disparaître les nombreux trous que ses prédécesseurs y avaient faits.

Il paya tous les fournisseurs de Jean le Bon, son père,

— jusqu'à son pédicure, — et laissa même à sa mort une encaisse de 17 millions.

Cette somme, à cette époque, était considérée comme un trésor, parce qu'une belle dinde de quinze livres ne se payait guère que vingt-deux sols.

Aujourd'hui, avec dix-sept millions, il y aurait tout juste de quoi monter jusqu'à l'entre-sol les constructions d'un hôtel de ville à la Fère-en-Tardenois.

Il est vrai de dire que les huîtres valent quatre sous la pièce, et que les maires de province se logent bien.

*
* *

C'est Charles V qui rendit l'ordonnance par laquelle la majorité des rois est fixée à quatorze ans.

Le difficile, — il faut en convenir, — n'était pas de déclarer les princes majeurs à quatorze ans :

Charles V eût tout aussi bien pu mettre huit ans et demi.

Le moins aisé était, — non pas de les faire majeurs, — mais de les faire mûrs.

Il est douteux que ce résultat ait été obtenu.

On peut toujours cueillir au mois de juin des poires d'automne ; seulement elles ne sont pas mangeables.

*
* *

On doit aussi à Charles V la construction de la forteresse de la Bastille.

Il est bien évident qu'il ne se serait pas donné tant de peine pour élever ce monument s'il se fût douté qu'on en ferait un jour du caillou pour le macadam des routes.

Charles V était d'une constitution très-faible; le poids

de son armure le fatiguait, — ainsi que les faux-cols et les chapeaux de soie à haute forme.

Il n'était à son aise qu'en caleçon et en manches de chemise.

C'est dans ce costume qu'il prit ses meilleures déterminations et voulut recevoir les ambassadeurs siamois.

*
* *

Il protégeait les lettres et les arts, à en faire jaunir

de dépit les cocodès de sa cour, dont la plus grande

gloire était de ne pas savoir écrire leur nom, et de faire une croix au bas des actes qu'ils avaient à signer.

On raconte qu'un de ses courtisans, murmurant, un jour, parce que Charles V avait donné la croix de la Légion d'honneur à un homme de lettres, ce monarque lui répondit :

« *Les clercs où a sapiance on ne peut trop honorer;*
« *et quand sapiance déboutée y sera, royaume dé-*
« *cherra.* »

Phrase que nous traduirons ainsi, pour ne pas laisser nos lecteurs dans l'embarras :

« *Une nation qui ne serait composée que de bonnetiers*

« ne tarderait pas à tomber dans l'idiotisme et les fers
« de ses voisins. »

Charles V réunit et fit placer, dans une des tours du Louvre, plus de neuf cent cinquante volumes.

Il allait chaque matin admirer cette collection et desséchait de ne pouvoir la compléter par un exemplaire de l'*Histoire de la Révolution de 1870-71*, de Claretie.

*
* *

Sous son règne, l'art de l'horlogerie fit de sensibles progrès.

Henri de Vic fit la première horloge qu'on ait vue en France; elle fut placée dans la tour du palais.

Le mécanisme en était très-ingénieux et très-simple, dit-on.

Un petit garçon, caché derrière le cadran, était chargé de tourner tout doucement le pivot des aiguilles.

Le roi, qui croyait à l'existence, dans cette horloge, de toute une série de roues et de ressorts, était émerveillé du résultat.

Il arrivait bien quelquefois que les passants remarquaient que les aiguilles restaient un moment immobiles, et faisaient ensuite un grand saut tout d'une course.

C'était le petit bonhomme qui avait eu besoin de se gratter.

* * *

Charles V mourut, en 1380, des suites d'un poison que le roi de Navarre lui avait fait avaler une vingtaine d'années auparavant.

La pharmacie a depuis fait de rudes progrès.

Aujourd'hui, trente grammes d'huile de ricin, pris à jeun, protestent en moins de six heures.

Prendre à vingt-cinq ans un poison qui devrait vous tuer raide à quatre-vingt-dix-huit !

Il y a des gens qui s'y abonneraient.

CHARLES VI

LE BIEN-AIMÉ

AN 1389

Charles VI, surnommé le Bien-Aimé, n'avait que douze ans lorsque son père mourut.

Ses quatre oncles, les ducs d'Anjou, de Berry, de Bourgogne et de Bourbon, profitant de son âge tendre, se précipitèrent sur la garde-robe du défunt avec un ensemble digne des plus grands éloges.

Ils finirent par s'entendre; la vaisselle, le linge et la régence restèrent au duc d'Anjou.

Son premier soin fut de fouiller dans la caisse, ce dont le peuple se fâcha.

Quel mauvais coucheur que ce peuple!

**

Les seigneurs du temps, qui tous devaient de fortes

sommes aux juifs, conçurent le projet d'utiliser cette sédition pour payer leurs dettes.

Ils ameutèrent la multitude contre ces malheureux, qu'on n'aimait pas déjà trop, et, profitant du pillage, ils reprirent tous leurs titres de créances.

Quelques historiens bégueules ont affecté de trouver cette action indélicate; il se rencontre toujours des gens pour faire du sentiment.

La vérité est que le moyen était ingénieux.

Et puis, après tout, les affaires sont les affaires.

Pourquoi les juifs avaient-ils fait faire des billets aux seigneurs qui leur avaient emprunté de l'argent?

Évidemment parce qu'ils n'avaient pas confiance en eux.

Or, cette défiance étant injurieuse pour les seigneurs, ils étaient bien fondés à en tirer vengeance.

*
* *

Le premier soin du duc d'Anjou, lorsqu'il fut appelé à la régence, fut de lever de nouveaux impôts, afin d'aller conquérir le royaume de Naples pour son compte personnel.

Plusieurs villes, Paris et Rouen entre autres, *la trouvèrent mauvaise,* et refusèrent de payer, sous le prétexte spécieux que la France ne devait pas faire les frais des fantaisies particulières du régent.

Le duc d'Anjou goûta cette raison tout juste assez pour faire écarteler et désaltérer avec de la poix fondue ceux qui l'avaient inventée.

Le peuple paya, mais il n'est pas établi d'une manière bien péremptoire qu'il fut content.

A peine âgé de quatorze ans, Charles VI fit piller Courtrai, et ordonna le massacre de toute la population de cette ville.

La valeur n'attend pas, etc., etc.

A seize ans et demi, Charles VI épousa Isabeau de

Bavière, princesse bavaroise, qui ne comprenait pas un mot de français et ne parlait que l'allemand.

Quoique Charles VI n'entendît pas ce dernier idiome, il eut douze enfants de sa femme.

Plusieurs historiens ont expliqué ce fait extraordinaire par la raison qu'Isabeau de Bavière, ne voulant

pas paraître embarrassée devant les seigneurs de sa cour, répondait invariablement : *Ya!* — à tout ce que ces derniers lui demandaient.

***

Charles VI conçut le projet d'une descente en Angleterre, et fit construire une magnifique ville en bois, qui se démontait, afin de n'être point obligé de chercher un hôtel en arrivant sur les côtes anglaises.

Cette ville avait 3,000 mètres de largeur, et quand elle était divisée, 72 grands vaisseaux suffisaient à peine à la transporter.

Plusieurs courtisans conseillaient bien au roi d'emporter aussi avec lui le parc de Saint-Cloud, la forêt de Fontainebleau et le lac d'Enghien, pour avoir toujours sous la main les plaisirs de la chasse et de la pêche à la ligne; mais Charles VI répondit :

— Quand on se met en voyage, il ne faut prendre avec soi que le strict nécessaire.

On ne mit donc dans les malles que la ville en bois,

qui, du reste, n'avait coûté qu'une centaine de millions,

et qui fut revendue plus tard soixante écus au duc de Bourgogne, alors brocanteur en matériaux de démolitions, rue Lafayette.

Il est bon d'ajouter, — à la décharge de Charles VI, — que ces préparatifs ne servirent à rien du tout, et qu'une fois que tout fut prêt pour le départ, il ne fut pas plus question de descendre en Angleterre, que d'aller s'emparer de l'Himalaya, pour le rapporter sur la place du Carrousel.

Quatre cents ans plus tard, Napoléon devait bouleverser le monde, en n'emportant de Paris qu'une valise de nuit.

— D'un côté, trois faux-cols de rechange, pour faire huit cents lieues, semées de neiges, de glaces et de batailles gigantesques...

— De l'autre, une ville en bois, avec salons, fumoirs, écuries et casinos, pour ne pas même traverser la Manche...

Que la postérité juge!... — pendant que nous faisons une cigarette.

*
* *

Charles VI n'était nullement ému de ces insuccès; il n'était occupé qu'à donner des bals et des fêtes splendides; ces nobles occupations suffisaient à remplir sa vie — et surtout à vider ses coffres.

Tout à coup!... au milieu des plaisirs de toute espèce que se donnait le roi, une grosse araignée noire vint un

matin se poser sur sa couronne, et se tint le discours suivant, pendant que Charles VI rédigeait le programme d'une soirée dansante :

— Sur quoi suis-je donc?... Tiens!... c'est un crâne. Toc... toc... Ah! la bonne affaire!... Il est vide... Je m'y loge !...

Alors Charles VI ressentit une petite démangeaison et assembla ses ministres....

*
* *

— Messieurs, leur dit-il, il faut en finir avec la Compagnie des Omnibus... A quoi devons-nous attribuer les inondations? A la lumière électrique, évidemment... Eh bien, messieurs, supprimons la claque dans les théâtres, et la cherté des subsistances disparaîtra, pour faire place aux toitures en carton-pierre, qui sont le dernier mot du progrès et de la décentralisation littéraire!...

Les ministres se regardèrent avec effroi...

Alors le roi se coucha à plat ventre sur la table du conseil, se mit à boire à même l'encrier, ôta ses bottes, vida sa tabatière dans sa main, et en jeta le contenu dans les yeux de ses conseillers, en leur criant :

— Une!... deux!... une!... deux!... Le droit... la force... Balancez vos dames!... As-tu vu la casquette, la casquette?...

⁂

Le conseil se retira, afin d'examiner, dans l'antichambre, si Charles VI n'avait pas quelque chose de dérangé.

La réponse fut à l'unanimité :

— Sur notre honneur et notre conscience, OUI, le roi a une araignée dans le plafond.

A partir de ce moment, Charles VI eut des intermittences de folie et de raison.

⁂

Dans ses moments de lucidité, il s'occupait activement... de chasser de son souvenir la pensée qu'il était marié.

De son côté, Isabeau de Bavière, trop occupée à distribuer aux seigneurs de la cour les travaux que le roi ne pouvait accomplir, n'avait guère le temps de venir lui rappeller son état civil.

De sorte que, la charité des dames d'honneur aidant,

Charles VI arrivait très-facilement à se croire garçon.

Ce fut l'abus qu'il fit de cette conviction qui rendit, — dit-on, — son mal incurable.

* * *

Quand il fut bien avéré que le roi perdait définitivement la carte, on inventa celles à jouer pour le distraire.

On s'aperçut bientôt que la dame de carreau et le valet de cœur devenait insuffisants pour l'amuser, et l'on imagina de lui présenter une jeune fille très-belle, nommée Odette de Champdivers, qui lui fit prendre goût à l'écarté.

Elle avait un truc tout particulier pour retourner l'as à tout coup, ce qui lui permit de prendre sur le roi un autre as, — nommé l'as-cendant.

Charles VI prit un plaisir extrême à jouer aux cartes avec Odette; il en eut même une fille, nommée Marguerite de Valois, qu'il reconnut et maria à un sire de Belleville, — avant l'annexion de la banlieue.

Il s'écriait souvent, en jouant, dans son délire :

— J'ai vaincu les Anglais !
Principalement quand Odette le laissait gagner.

*
* *

En 1397, le malheureux prince eut de nouveaux accès

de folie; on fit venir de Languedoc deux sorciers pour le soigner.

Pour récompenser leurs bons soins, le clergé les fit périr dans les supplices.

C'était la première fois qu'on voyait des médecins tués par un de leurs malades.

Ils ont depuis pris leur revanche.

*
* *

Charles mourut le 18 août 1422, laissant six enfants sur les douze que lui avait donnés Isabeau de Bavière, sa femme, et après avoir fait insérer dans les *Petites-Affiches* qu'il ne reconnaîtrait aucun des enfants qu'Isabeau pourrait mettre au monde, après deux ans de veuvage.

Ce prince avait la tête beaucoup trop faible pour qu'elle pût supporter le poids d'une simple couronne, et à plus forte raison les nombreux... agréments dont Isabeau se plaisait à la surcharger.

CHARLES VII

AN 1422

Si Charles VII put succéder à son père, ce ne fut pas certes de sa faute, car il eut un rival, Henri IV, roi d'Angleterre, qui ne demandait pas mieux que de prendre sa place.

Il fallut que ses partisans y missent beaucoup de bonne volonté, et lorsqu'il fut au pouvoir, il apporta autant de soin à ne rien faire pour le conserver qu'il en avait mis pour ne pas le conquérir.

Ce monarque était tellement indolent et mou, que plu-

sieurs historiens sérieux n'ont pu mieux le comparer qu'à deux sous de colle de pâte sur du papier.

⁂

Les Anglais profitèrent de cette circonstance pour ravager de nouveau la France, et notre pays ne serait probablement, à l'heure qu'il est, qu'un immense plum-pudding, sans l'intervention d'une jeune fille de Domremy, nommée Jeanne d'Arc, qui vint un matin secouer le roi par la manche, en lui disant d'un ton solennel :

— Eh bien !... à quoi penses-tu donc ?...

⁂

Jeanne d'Arc se procura alors une armure dans le magasin d'accessoires de la Porte-Saint-Martin, et conduisit Charles VII à Reims pour l'y faire sacrer.

Charles VII y alla en bâillant, et en se disant, à moitié endormi :

— Allons-y tout de même !... mais ça m'est bien égal.

Il trouva, dit-on, que la cérémonie du sacre durait un peu trop longtemps, et partit avant la fin pour tailler un *bac* dans une maison interlope de la rue de Lourcine, en murmurant :

— Sont-ils assez rasants, ces cocos-là !...

***

Jeanne d'Arc tomba bientôt au pouvoir des Anglais, à la suite d'un combat qu'elle avait perdu.

Elle n'avait perdu que ça... et un porte-monnaie de quinze sous.

C'est peu — pour une existence si bien remplie.

***

Charles se livra de plus belle aux graves occupations du bézigue, du culottage des pipes et de la fréquentation assidue de Mabille.

Cependant, une violente passion, qu'il éprouva pour

Agnès Sorel, réveilla en lui l'amour de la gloire.

Charles VII avait passé dix-sept années de son règne dans une sorte d'ivresse : l'amour lui rendit sa dignité et sa raison.

En un mot, Agnès Sorel, — comme l'a dit ou aurait pu le dire Anquetil, — fut la soupe à l'oignon de ce monarque.

*
* *

Charles VII régna encore vingt-deux ans, qu'il consacra avec énergie à réparer les malheurs qu'il avait causés à son pays.

Vers la fin de son règne, cependant, l'amour du perdreau truffé reprit le dessus, et il se vit abandonné de ses serviteurs.

Persuadé que son fils Louis voulait à tout prix se débarrasser de lui, il se laissa mourir de faim, dans la crainte qu'on ne l'empoisonnât.

On s'est depuis beaucoup moqué de Gribouille, se jetant à l'eau pour ne pas être trempé par une averse.

Nous tenons à constater, en passant, cette injustice de l'histoire.

*
* *

Avant de mettre les volets au règne de Charles VII, il est de notre devoir de signaler à nos lecteurs combien fut précieux pour la France, à cette époque, le sexe auquel nous devons Cora Pearl, sans en être plus fiers pour cela..

En moins de vingt ans, trois femmes surgirent, au moment où le besoin s'en faisait impérieusement sentir :

Odette !

Jeanne d'Arc !!

Agnès Sorel !!!

Nous devions cette réparation à ce sexe, qui a produit depuis la reine Pomaré, Rigolboche et Thérésa.

C'est dans l'agonie de Charles VII, mort d'inanition, que les journalistes de notre siècle peuvent trouver le plus facilement les *maux de la faim,* dont ils sont souvent si avides, — et quelquefois si à vide.

LOUIS XI

AN 1461

Louis XI, fils de Charles VII, avait, dès l'âge le plus tendre, des dispositions de douceur et de loyauté qui firent le plus bel ornement de son règne.

Pendant les dernières années de son père, on eut toutes les peines du monde à lui faire comprendre qu'il ne pourrait lui succéder que lorsque Charles VII ne serait plus sur le trône.

Il regardait sans cesse à sa montre, avec des mouvements d'impatience, et plusieurs historiens ont même prétendu qu'il avait tenté d'en faire avancer les aiguilles, en jetant un peu d'arsenic dans le verre d'eau sucrée de son papa.

Si le fait est vrai, il faut avouer que c'était un singulier procédé d'horlogerie.

Lorsqu'il apprit la mort de son père, il tira son mouchoir et l'inonda de larmes, en s'écriant, dans sa douleur :

— Enfin !... ce n'est pas dommage !...

Il fit son entrée à Paris dans un attirail plus que simple :

Son habit de bure, sortant des magasins de confection de la *Belle-Jardinière* et datant d'au moins six années,

— une barbe de quinze jours, — un chapeau crasseux, — des ongles sales et des cheveux mal peignés, — tout

cela produisit sur le peuple, habitué aux splendeurs royales, un effet désagréable, qui se traduisit par cette exclamation, empreinte de plus de franchise que d'enthousiasme :

— Oh ! là là !... quel pignouf !...

*
* *

Son premier soin fut de défaire immédiatement tout ce qu'avait fait son père...

Excepté les dettes...

Parce que les dettes ne se défont qu'en se payant.

Cette raison le décida à les respecter.

*
* *

A la suite d'un combat que lui avait livré, à Montlhéry, le comte de Charolais, pour l'*idem* de son frère, — combat qui fut désavantageux à Louis XI, — celui-ci se réfugia dans Paris, et pour conquérir les bonnes grâces des Parisiens, dont il avait besoin, il affecta à leur égard un grand libéralisme.

Il se mêla à la bourgeoisie, monta sur les impériales

d'omnibus, prit des canons sur le comptoir, et fit d'importantes réductions sur les impôts, dans l'intention de les doubler, — pas les réductions, — à la première occasion.

Il n'avait dans la tenue ni noblesse, ni aisance. Sa nature était basse et triviale, et il sut se composer une maison en rapport avec son tempérament.

⁂

Ses intimes se composaient de :

— Olivier le Dain — ou le Daim, — barbier souple et faux, qui savait obtenir de lui tout ce qu'il désirait, en ayant soin de le lui demander au moment où il le rasait. Louis XI avait une telle frayeur qu'il lui coupât la barbe jusqu'aux épaules, qu'il cédait à toutes ses requêtes.

— Tristan l'Hermite, bourreau en chef, emploi qui n'était pas une sinécure.

— Enfin, le cardinal la Balue, instigateur assermenté des petites canailleries de Louis XI, qui eut un jour la funeste inspiration de vouloir tromper le roi, et qui fut, pour ce fait, enfermé pendant douze ans seulement dans une cage de fer de huit pieds carrés, ne recevant pour

toute nourriture que de l'eau de vaisselle et des rognures de fer-blanc.

*
* *

On prétend que la Balue écrivit à Louis XI pour lui demander s'il ne serait pas possible de lui accorder, — par le système des compensations, — une captivité moins longue et une cage qui le fût davantage; — le roi n'entra pas dans la combinaison.

Un détail assez curieux est que la Balue était l'inventeur de la cage en question.

Nul doute que Louis XI n'eût fait essayer la guillotine sur la nuque de son inventeur, si cette charmante *machine à découdre* eût été conçue sous son règne.

Ce roi savait encourager le génie.

Louis XI était cruel, avare et malpropre; mais il avait les qualités de ses défauts; il était astucieux, fourbe et menteur...

Il faut bien qu'un roi ait quelque chose!

Cependant, une fois, trop confiant dans les ficelles qui constituaient son répertoire, il se fit rouler très-carrément.

Tout en suscitant secrètement des ennemis au duc de Bourgogne, il avait eu le toupet d'aller à Péronne lui faire une petite visite de politesse.

Le duc de Bourgogne fut informé du fait et le fit jeter au violon.

Cette aventure vexa profondément Louis XI, et il en fut encore plus humilié lorsqu'à son retour à Paris il apprit qu'on le *blaguait* généralement de sa déconvenue, principalement dans le *Tintamarre* de ce temps-là.

* *

Plusieurs bourgeois caustiques avaient même poussé la malignité jusqu'à dresser leurs perroquets à crier bien fort, quand le roi passait :

— Péronne !... Péronne !...

On comprend qu'il n'est pas régalant pour un monarque de s'entendre gouailler par des perroquets.

Aussi ordonna-t-il à ses ministres de les faire étrangler.

Les perroquets trouvèrent la mesure amère.

***

Sous le règne de Louis XI, on voit encore une femme sauver son pays.

Il paraît qu'en ce temps-là, sauver son pays était aussi familier au beau sexe, qu'il lui est impossible aujourd'hui de recoudre des boutons à nos chemises.

Cette femme fut Jeanne Hachette : elle délivra Beauvais, assiégé par le duc de Bourgogne.

Les héroïnes devaient fatalement s'appeler Jeanne et ajouter à ce nom celui d'une arme quelconque.

JEANNE D'ARC. — JEANNE HACHETTE.

Si nous voyons un jour une de nos dames courir à la frontière, indubitablement elle aura pour nom :

JEANNE MITRAILLEUSE OU JEANNE CHASSEPOT.

C'est le seul point de ressemblance que nous sommes décemment en droit d'exiger entre elle et Jeanne d'Arc.

Tout le monde ne peut pas être d'Orléans.

On a déjà bien de la peine à être de Nanterre.

*
* *

Louis XI eut pour système de saper la féodalité, mais le peuple ne lui dut pour cela aucune reconnaissance ; il le faisait, parce qu'il entrait dans son caractère de diminuer tout ce qui tendait à grandir auprès de lui.

Il avait un fils, nommé Charles, qu'il s'appliquait à tenir dans l'ignorance la plus crasse, afin de n'avoir point à redouter plus tard sa concurrence.

Il s'était, à ce propos, fait le raisonnement suivant :

— Le plus cher de mes vœux ayant toujours été de me débarrasser de mon père, il pourrait bien se faire que mon fils eût un jour les mêmes idées à mon égard; laissons donc croupir son intelligence; tant qu'il ne saura pas épeler, il lui sera très-difficile de me diffamer par des lettres anonymes.

Il ne lui fit apprendre que ces cinq mots : *Qui nescit dissimulare nescit regnare,* ce qui signifie : *Celui qui dit ce qu'il pense ne sera jamais bon qu'à allumer des réverbères.*

Chaque jour, Charles était obligé de réciter cette phrase 618 fois; on dit même que Louis XI demanda à Offenbach de la mettre en musique.

Un jour, le roi fut pris tout à coup d'un sommeil léthargique. A son réveil, son premier soin fut de s'informer du nom de ceux de ses seigneurs qui l'avaient cru mort, et de les destituer.

C'était justice. Comment diable avaient-ils pu s'imaginer qu'un roi pût mourir?

Cependant cette maladie influa beaucoup sur l'esprit de Louis XI; la crainte de la mort le rendit de jour en jour de plus mauvaise humeur.

Il semblait craindre de ne pas avoir assez de temps devant lui pour faire pendre son bon peuple, et avalait les bouchées doubles.

*
* *

A cette venette énorme se joignit une superstition religieuse, qui dénotait bien le calme de l'âme de ce monarque.

Il faisait brûler des cierges, accomplissait des pèlerinages, dormait avec des chaussettes, portait toujours une pièce de vingt sous trouée dans une de ses poches, attachait son binocle avec de la corde de pendu, et, chaque matin, vaguait dans les rues retirées, marchant le long des murs, jusqu'à ce qu'une de ses semelles de bottes se posât à terre en ne rendant aucun son.

Alors, il rentrait au palais à cloche-pied, persuadé

que, selon le proverbe, cela lui porterait bonheur.

*
* *

La maladie de Louis XI avait aussi changé complétement ses habitudes.

Lui, qui jusqu'alors avait porté ses chapeaux cinq ans, s'était fait habiller à vingt francs par mois par son concierge, et ne mettait jamais de pommade, devint tout à coup le roi de la fashion. Il changea jusqu'à deux fois par mois de faux-col, se commanda un panama, et fit l'emplette d'un cure-oreille.

En un mot, Louis XI se cramponnait à la vie.

*
* *

Quoique ce roi ne fût pas très-sociable, on doit néanmoins rendre justice à ses qualités.

Et on le doit d'autant plus, que ce n'est pas long à faire.

Il porta de terribles coups à la noblesse, délivrant ainsi son pays d'un régime cruel, qui ne lui rapportait rien, et le remplaçant par un autre, plus cruel encore, c'est vrai, mais dont il retirait seul tout le profit.

LOUIS XI

POTENCE EN BOIS SCULPTÉ DU QUINZIÈME SIÈCLE (MUSÉE DE CLUNY)

Nous y avons ajouté la silhouette d'Olivier le Daim au moment où il touche la récompense de ses nobles travaux.

45ᵉ LIVR.

Il inventa la poste aux lettres, moins pour faciliter les affaires des commerçants de la rue Saint-Denis, que dans

le but de jeter, de temps à autre, un coup d'œil sur les secrets de ses sujets.

Enfin il fit périr sur l'échafaud plus de 4,000 personnes, crime qui n'eut qu'une excuse : c'est que dans ces 4,000 personnes, on comptait 38 propriétaires, 47 concierges et 78 rédacteurs de journaux de modes.

***

Louis XI avait été marié deux fois.

On voit par là qu'il était aussi cruel pour lui que pour les autres.

Sa première femme fut Marguerite d'Écosse.

La seconde fut Charlotte de Savoie.

Le nom de cette dernière a donné lieu à bien des discussions scientifiques.

Des auteurs ont prétendu que, si cette reine s'appelait Charlotte, elle devait être de Russie, puisqu'on dit une Charlotte russe.

D'autres ont dit, au contraire, que si elle était de Savoie, elle ne pouvait être Charlotte, puisqu'il n'y a que des gâteaux ou des biscuits de Savoie.

Cette question est effectivement très-grave, et nous appelons de tous nos vœux le jour où la pâtisserie et l'histoire seront enfin tombées d'accord à ce sujet.

Louis XI mourut le 30 août 1483, à l'âge de soixante ans, regrettant beaucoup la vie... la sienne d'abord, et ensuite celle de ses sujets qu'il n'avait pas eu le temps de faire étrangler.

CHARLES VIII

AN 1483

Charles VIII, fils de Louis XI, monta sur le trône à l'âge de treize ans.

C'était peut-être un peu jeune, mais il y avait une compensation : c'est que ce prince, ayant été tenu dans un état complet d'ignorance par son père, et ne sachant seulement pas épeler ba-be-bi-bo-bu, le pays pouvait être à peu près assuré qu'il ne s'était pas faussé le jugement par la lecture des romans de Ponson du Terrail.

**

Pendant une huitaine d'années, Charles VIII ne s'occupa pas plus de gouverner la France que s'il eût été marchand de contre-marques dans une tribu sauvage de la Nouvelle-Zélande.

Le sire et la dame de Beaujeu se chargeaient de tout, depuis la perception des impôts jusqu'au raccommodage de son linge.

Enfin, en 1491, il se dit un matin :

— Tiens ! mais... c'est moi *que je suis le roi*, au fait !....

Et il donna ses huit jours au couple de Beaujeu.

* * *

Si la première action d'un monarque peut être considérée comme un pronostic, Charles VIII ne devait faire

que des bêtises toute sa vie; car il ne se fut pas plus tôt
emparé du pouvoir qu'il se maria.

En commençant, il fit ce qu'on appelle *une fin*.

Non-sens énorme.

Il épousa Anne de Bretagne, qui était déjà mariée,
mais par procuration, à Maximilien, roi des Romains.

On prétend que Maximilien tança vertement son fondé
de pouvoir, pour avoir laissé s'accomplir ce mariage;
mais le fondé de pouvoir lui répondit avec une certaine
logique :

— Vous m'aviez chargé de vos intérêts; j'ai donc dû
agir pour vous, comme je l'eusse fait pour moi-même.
Or, le but constant d'un mari étant de se débarrasser de
sa femme, j'ai cru de mon devoir de laisser la vôtre vous
planter là.

* *

Maximilien fut d'autant mieux convaincu par ce raisonnement, qu'il n'avait protesté que pour la forme.

Cependant il jugea convenable d'avoir l'air de se
mettre en colère.

Il menaça Charles VIII de lui casser les reins.

Charles VIII préféra transiger; c'était là que Maximilien l'attendait.

Il se fit rendre à l'amiable, par le roi, l'Artois et la Franche-Comté.

On raconte même que Maximilien, voyant Charles VIII, si coulant et si disposé à lui rendre toutes sortes de choses, se serait dit, avec une certaine terreur :

— Sapristi !... s'il allait vouloir me rendre ma femme aussi !... Ah ! mais non, par exemple !

*
* *

Charles VIII était laid et difforme, mais complétement idiot.

Sa toquade était d'être comparé à Charlemagne, dont on lui avait raconté les exploits.

Il organisait des joutes, des tournois et des combats, dont il aimait à être le héros.

Mais quand il s'agissait d'avoir la guerre avec l'Angleterre ou avec l'Espagne, il préférait payer ou donner ses provinces.

Il fondit ainsi, au creuset de sa poltronnerie, les conquêtes de son père, entre autres la Franche-Comté, l'Artois, le Roussillon et la Cerdagne.

Très-brave dans les joutes, en luttant avec des lances

en caoutchouc contre des courtisans bien élevés, il n'y avait plus personne au moment des taloches sérieuses.

Ce n'est pas Raynard qui a créé le type de Chabanais, c'est Charles VIII.

*
* *

Une fois, pourtant, il alla faire la guerre au roi de Naples et obtint sur lui quelques succès; mais ils ne furent pas de longue durée.

Trop bien avec les Napolitaines, ses soldats ne purent

s'accorder avec les Napolitains, et Charles VIII fut obligé de rentrer en France.

Ce sont toujours les femmes qui embrouillent les affaires.

De retour chez lui, Charles reprit ses occupations, qui consistaient spécialement à dormir toute la journée et à passer ses nuits à la Maison-d'Or.

Sa santé ne tarda pas à s'altérer... quoiqu'il bût beaucoup.

*
* *

Un jour, il annonça à son peuple... et surtout à sa femme, qu'en vue d'une nouvelle expédition qu'il projetait, il allait faire un pèlerinage de quelques jours à Saint-Martin-de-Tours pour s'attirer les faveurs célestes.

Ce programme fut suivi à la lettre, à cette nuance près : — Le pèlerinage de trois jours dura quatre mois ; le Saint-Martin-de-Tours était un petit boudoir capitonné en soie rose, et en fait de faveurs célestes, il se contenta de celles d'une dame d'honneur de la reine, qui était allée à Tours, son pays natal, pour y acheter des pruneaux.

Ce qui explique, du reste, ses mœurs un peu relâchées.

Nos lecteurs feront sans doute la réflexion que le pro-

cédé de Charles VIII est le pont aux ânes des combinaisons conjugales.

En effet, qu'un mari dise aujourd'hui à sa femme :

— Bibiche !... désirant tenter, la semaine prochaine, à la Bourse, une grosse opération sur les *mines autrichiennes de Blanc d'Espagne*, je vais faire brûler un cierge à Saint-Martin-de-Tours pour m'attirer les bénédictions du ciel.

Nul doute que la femme ne réponde :

— Ah! tu sais, Polyte....... on ne me la fait pas,

celle-là... en fait de Tours, je ne crois qu'à celui que tu veux me jouer...

Mais, d'un autre côté, nos lecteurs voudront bien observer que Charles VIII montait ce coup à sa femme en 1496, et qu'à cette époque on n'avait pas encore — ce qu'on appelle — *débiné le truc.*

* * *

En 1497 on crut remarquer chez le roi un retour vers des idées saines et morales.

Faut-il le dire carrément, au risque d'être accusé de brutalité?

Eh bien! c'est avec le plus profond regret que nous

refusons absolument de nous laisser jobarder par ces espèces de conversions forcées.

Le quinzième siècle a pu *couper dans le pont,* — suivant une expression du temps; — c'est son affaire.

Mais nous, à qui le quinzième siècle n'a jamais fait aucune politesse, nous ne pouvons être obligés de prendre la suite de ses infirmités.

*
* *

Charles VIII, usé et ruiné au physique et au moral, comme une paire de draps qui a fait ses quinze ans, n'a rien trouvé de mieux que de s'en aller *toussoter* ses dernières années dans son château d'Amboise; — c'est ce qu'il y a de plus vrai dans l'affaire.

Il a enfilé, en titubant, le sentier de la vertu, le jour où le vice lui a dit :

— Ah! mon pauvre vieux!.... Quelle fichue mine!... Faut t'en aller!... Je ne loge pas les invalides...

Du repentir à ce degré-là... tout le monde peut en avoir ; seulement.... la nuance, c'est que neuf cent quatre-vingt-dix-neuf repentants sur mille n'ont que l'hôpital pour château d'Amboise.

Charles VIII mourut le 7 avril 1498, à la suite d'un coup qu'il s'était donné à la tête en voulant passer sous

une voûte pour aller assister à une partie de paume, que ses courtisans jouaient dans les fossés du château d'Amboise.

La pierre de la voûte, qu'il avait heurtée avec son front, n'éprouva, de ce choc, qu'une légère avarie.

Comme on a pu le voir, le règne de Charles VIII fut à peu près aussi glorieux pour la France que si le trône eût été occupé, pendant quinze ans, par un des pensionnaires de la veuve Tussaud.

Il donna tous ses soins aux lettres... qu'il faisait écrire

à ses maîtresses, et contribua à l'agrandissement du territoire... de ses voisins.

Une série de quatre monarques de ce calibre, et la France tenait à l'aise dans la place Dauphine.

Le plus grand éloge que l'on puisse faire à Charles VIII est de n'avoir pas laissé d'enfants.

Avec lui finit la première branche des Valois.

Ce à quoi nous ne voyons aucun inconvénient.

*
* *

Pendant ce règne, Christophe Colomb, navigateur gé-

nois, découvrit l'Amérique, à laquelle on donna le nom

d'un autre, pour le récompenser et l'encourager à chercher de nouveaux mondes.

Vasco de Gama, canotier portugais, doubla le cap de Bonne-Espérance et trouva la route des Indes, où il fit la conquête d'une reine jaune, nommée Sélika, qu'il abandonna sans pitié, au moment où elle s'asphyxiait

sous un *saucissonnier à l'ail* de la localité, appelé vulgairement mancenilier. (Voir, pour plus amples détails, l'*Africaine,* de MM. Scribe et Meyerbeer.)

DEUXIÈME BRANCHE
DES VALOIS

LOUIS XII

PÈRE DU PEUPLE

AN 1498

Louis XII avait eu, pendant sa jeunesse, quelques velléités de suivre les traces de son prédécesseur Charles VIII, en consacrant la plus grande partie de son temps à courir les bastringues. Cependant il se ravisa assez tôt, et lorsque Charles VIII mourut, il se trouva en état de prendre la suite de la maison.

Comme il avait eu beaucoup d'ennemis, étant duc d'Orléans, ses courtisans lui conseillaient de profiter de sa nouvelle position pour les ennuyer.

Il répondit simplement :

— Le roi de France ne venge pas les injures du duc d'Orléans.

* * *

Cette réponse est sublime; mais on se trouve saisi d'un grand froid dans le dos, lorsqu'on réfléchit aux procédés employés par l'histoire pour retaper les mots des grands hommes.

Quand on se remet en mémoire la façon dont on a cru devoir arranger la réponse de Cambronne, on arrive fatalement à se demander si Louis XII n'a pas répondu tout simplement à ses courtisans :

— Zut! j'ai bien autre chose à faire!...

* * *

Contrairement à son prédécesseur Charles VIII, qui avait pendu la crémaillère de son règne en se mariant,

Louis XII inaugura le sien en divorçant avec Jeanne de

France, fille de Louis XI, qu'on lui avait fait épouser, contre son gré, une vingtaine d'années auparavant.

Sur quoi Louis XII basa-t-il sa demande en séparation?

Probablement pas sur l'incompatibilité d'humeur.

Quand on a vécu vingt ans ensemble, il est assez scabreux de venir dire à un tribunal :

— Je ne pourrai jamais me faire au tempérament de ma femme.

Bref, le pape Alexandre VI autorisa le divorce, et Louis XII épousa immédiatement Anne de Bretagne, pour laquelle il se consumait d'amour depuis une pareille période de vingt années.

Quelle époque de constance à aiguille!...

Les amoureux tournaient tranquillement leurs pouces

pendant vingt ans, en attendant le moment propice!...

Ah! c'est pour le coup que nous avons baissé...

Quand on pense que, de nos jours, un petit voyage de six semaines dérange tant de choses!

**
* *

Louis XII fit plusieurs expéditions en Italie; il obtint même quelques succès dans le Milanais et le royaume de Naples; mais, comme ses prédécesseurs, il fut obligé de revenir bientôt à sa soupe aux choux, reconnaissant à son tour la vérité de ce principe, qu'il est plus facile

d'entrer dix fois quelque part, où l'on ne veut pas de vous, — que d'y rester une.

En effet, rien n'est indigeste comme la cuisine d'un voisin, quand on veut la manger sans son invitation.

⁂

A part ces petits déboires, Louis XII mit tous ses soins à assurer le bonheur de son peuple.

Il diminua les impôts le plus qu'il put, et s'occupa d'organiser la magistrature.

Il réduisit les frais de procédure, réforme à laquelle nous devons que, de nos jours, un huissier ne peut guère faire plus de deux cents francs de frais à un débiteur pour le payement d'un effet de cinquante francs.

Louis XII régla aussi la durée des procès et le nombre des instances.

Il fit bien, car sans cela nous verrions encore les affaires litigieuses se léguer de père en fils, en même temps que l'armoire au linge de la famille, et ne se terminer qu'après avoir épuisé sept ou huit juridictions, qui n'ont pas de plus grand bonheur que de décider en sens inverse les questions qui leur sont soumises.

Au moment où nous mettons sous presse, quelqu'un vient obligeamment nous prévenir que cela se passe encore ainsi aujourd'hui, et l'on nous cite même quelques exemples à l'appui.

Nous répondons tout simplement que c'est impossible,

et qu'on doit se tromper, puisque Louis XII a supprimé cet abus.

*
* *

Ce roi, nous l'avons dit, levait le moins possible d'impôts sur ses sujets, et conséquemment faisait peu de cadeaux à ses courtisans.

Ceux-ci ne trouvaient pas toujours le procédé de leur goût, et quelques-uns allèrent même jusqu'à le railler de

son avarice dans les vaudevilles qu'ils faisaient jouer — en payant — sur de petits théâtres.

Louis XII dit à ce sujet :

— J'aime mieux faire rire mes courtisans de mon avarice, que de faire pleurer mon peuple de mes profusions.

**

Encore une belle phrase.

Mais, hélas!...

Les phrases des rois et les photographies, il y en a si peu sans retouches!...

Comme on le pressait de punir les comédiens :

— Non, répondit-il, laissez-les faire... ils peuvent nous apprendre des vérités utiles.

C'était encore très-bien dit.

Mais, depuis le temps où les monarques avaient le bon esprit de poser eux-mêmes pour leur caricature, il a passé bien des noyés sous le pont au Change.

Aujourd'hui, les *vérités utiles* que peuvent débiter les comédiens et l'invention du crayon rouge se font quelquefois une drôle de mine!...

**

Veuf à cinquante-trois ans, Louis XII épousa, en

troisièmes noces, la jeune et belle princesse anglaise Marie.

Ce ne fut pas là sa meilleure inspiration.

Sa jeune femme aimait les fêtes et les plaisirs; il voulut lui prouver qu'il était encore vert, — probablement dans la crainte de devenir jaune, — et il réforma complétement son genre d'existence pour le mettre au diapason normal de celui de sa femme.

La réforme d'un diapason peut être sans inconvénient, lorsqu'il ne s'agit que de le hausser ou de le baisser, de 0,611° de vibration, ce qui explique, du reste, que l'Europe n'ait pas été bouleversée par l'opération qu'on a fait subir à cet outil il y a quelques années.

Mais, entre le diapason de Louis XII et celui de la

jeune reine, il y avait nombre de vibrations, c'est-à-dire

pas mal d'années, et il fallait que l'un des deux cessât fatalement de donner le *la*. Ce fut celui de Louis XII.

*
* *

Obligé de faire huit repas par jour, parce que la reine Marie avait un appétit d'enfer; forcé de se coucher tous

les jours à une heure du matin, pour conduire Madame au bal; entraîné encore à beaucoup d'autres concessions, pour faire oublier sa patte d'oie et ses mèches argentées, Louis XII ne put résister à cette gymnastique, et

fut, au bout de six semaines de ce régime, attaqué d'une dyssenterie, qui l'enleva le 1ᵉʳ janvier 1515, avant qu'il pût donner des étrennes à son concierge.

Nous nous sommes, à dessein, appesanti sur les effets produits sur un roi de cinquante-trois ans par une compagne de dix-huit, afin d'indiquer aux vieux célibataires qui nous liront un moyen de suicide qui, pour n'être pas tout à fait aussi prompt que l'arsenic, n'en est pas moins sûr.

Louis XII aimait les sciences et faisait parfaitement

des calembours en petit comité, lorsqu'il était certain de

ne pas être entendu par Anne de Bretagne, sa seconde femme, dont il redoutait la rigidité.

FRANÇOIS Ier

AN 1515

François Ier, qui avait épousé la fille de Louis XII, monta sur le trône à la mort de ce dernier.

En fouillant avec soin les registres de l'état civil, on finit par découvrir qu'il devait avoir dans les veines quelques millilitres de sang royal, et qu'il descendait de Charles V.

Mais, le plus clair, c'est qu'il avait épousé la fille du roi.

Comme cela se pratique dans la mercerie, on passa une couche de badigeon sur l'enseigne de la maison, que l'on établit en ces termes :

MAISON LOUIS XII

FRANÇOIS Iᵉʳ

Gendre et Successeur

François Iᵉʳ était très-bel homme, très-instruit, spiri-

tuel, et d'une bravoure à s'en aller seul à l'Odéon.

Il avait enfin toutes les qualités qui peuvent faire la fortune d'un homme, mais qui, réunies dans un roi, mettent tout simplement le pays sur la paille, quand le souverain qui les possède n'a pas avec cela d'amour pour son peuple.

*
* *

A l'exemple de ses devanciers, François Ier tourna ses vues sur l'Italie, et, comme eux aussi, il fut obligé de la laisser là, après quelques succès qui ne résistèrent point à la lessive.

Il est une chose digne de remarque, c'est qu'en fait de conquêtes bon teint, il n'est guère que celle que les souverains font dans leurs États.

Et nous n'hésitons point à déclarer que si jamais nous devenions roi, nous nous considérerions comme beaucoup plus heureux d'avoir conquis sur la déesse IGNORANCE trente-huit pour cent de nos sujets, que d'en avoir fait autant d'invalides, pour le plaisir de donner à notre pays un champ d'artichauts dans l'île de Cuba.

*
* *

Après la bataille de Marignan, qu'il gagna sur les

Suisses, François Ier voulut être armé chevalier par Bayard, un de ses généraux.

Nous ne demandons pas mieux que de trouver saisissant cet acte de déférence ; mais on est tellement échaudé avec les mises en scène!...

Bayard eût certainement dégoûté pour longtemps François Ier de la manie de jouer à l'humilité, s'il lui eût répondu :

— Je ne me refuse pas à vous faire chevalier; mais encore faut-il que je prenne des renseignements sur votre moralité.

Prisonnier de Charles-Quint, François Ier, pour obtenir sa liberté, fut obligé de signer plusieurs billets, qu'il était, du reste, bien décidé à ne pas payer à l'échéance.

Ce principe de morale faisait peut-être alors partie du code de la chevalerie. Bayard a oublié de s'expliquer sur ce point.

*
* *

C'est sous le règne de François Ier que commença la querelle des protestants et des catholiques.

Luther, le premier, protesta contre les prétentions de Léon X, qui avait ouvert un grand magasin d'indulgences au-dessous du cours, afin de se faire de l'argent pour bâtir la superbe église de Saint-Pierre de Rome et entretenir des zouaves pontificaux.

Encouragés par son exemple, beaucoup de gens essayèrent de *lutter,* ce qui leur procura l'occasion d'être brûlés publiquement par les ordres de François Ier.

Ce roi fit aussitôt exterminer les habitants de vingt-deux villages, qui s'étaient faits protestants, et brûla leurs maisons.

Le tout en vertu des règlements de la chevalerie — probablement.

Toujours guidé par ses principes chevaleresques, François 1ᵉʳ établit en France les tribunaux de l'Inquisition, prit souvent plaisir à aller voir couler du plomb fondu dans la bouche des gens qu'il avait livrés au bour-

reau, proscrivit l'imprimerie, qui avait un instant cédé à la tentation de ne point chanter ses louanges, créa des lois pour protéger les femmes adultères contre la mauvaise humeur de leurs maris, fit de sa cour le Longchamps de la prostitution et de la débauche, et s'efforça de donner. lui-même l'exemple des mœurs les plus — ou les moins... etc., etc.

*
* *

Chevalier et noble jusqu'au bout de son cure-dents, François Ier alternait les faveurs de la duchesse d'Étampes

et de la comtesse de Chateaubriant avec les caresses embaumées à l'eau de vaisselle de maritornes inavouables...

***

Enfin, après une vie dont la gloire eût rempli l'existence d'un membre du Jockey-Club, mais qui n'ajouta pas grand'chose à celle de la France, François Ier mourut à Rambouillet, le 31 mars 1547, entre les bras du docteur Giraudeau.

Il emporta, — à défaut des regrets de son peuple, — un souvenir de la belle Ferronnière, sa célèbre maîtresse,

qui lui fut dévouée au point de partager avec lui tout ce qu'elle avait à offrir.

François Ier souffrit pendant neuf ans de cette affection, puis en mourut.

Ses derniers mots, dénaturés par beaucoup d'historiens, furent :

« Souvent femme avarie ; bien fol est qui s'y fic. »

*
* *

Après avoir jeté quelques onces de poudre à gratter dans les draps que la postérité a taillés à François Ier, il serait injuste de passer sous silence les choses louables qu'accomplit ce roi de superbe encolure.

*
* *

François Ier protégea les lettres et les arts ; il commença le Louvre et fit presque son ami de Benvenuto Cellini, sculpteur fameux et très-bel homme, qu'il affectionnait surtout à cause de sa coupe et de celle qu'il avait ciselée pour lui.

Il bâtit Fontainebleau et fonda le collége de France.

Enfin, très-amateur de vers, il en composa lui-même

de très-jolis, qu'il fit donner en prime aux abonnés de la

Revue des Deux-Mondes,.... dans l'intention de la tuer.

HENRI II

AN 1547

Henri II, fils de François Ier, monta sur le trône à l'âge de vingt-neuf ans.

Il trouva en assez bon état l'armoire au linge de la nation.

Aucune guerre sur les bras, de l'argent dans les coffres, et pas beaucoup de dettes criardes.

*
* *

Alors, un beau matin, il eut une indigestion de tranquillité, et s'écria, en bâillant comme un neveu qui lit de force la *Gazette de France* pour ne pas être déshérité par sa tante :

— Ça ne peut pas durer... ce calme me tue !...

Et il déclara la guerre aux Anglais.

Ce coup de tête lui réussit; il y gagna Boulogne, — dont le Bois est assez connu; mais ce n'est pas le même.

***

Bientôt il eut aussi l'occasion de s'empoigner avec Charles-Quint, qui n'avait pas toujours été d'accord avec son père, et il le frotta assez rudement.

On raconte qu'à la bataille de Renty, Henri II chercha partout Charles-Quint, dans l'intention bien arrêtée d'en faire quatre ou cinq morceaux plus ou moins égaux;

mais l'empereur d'Allemagne ne jugea pas à propos de s'exposer à cette opération chirurgicale.

Enfin, un peu plus tard, Henri II enleva aux Anglais la ville de Calais, qu'ils possédaient depuis plus de deux siècles...

Ce qui prouve, une fois de plus, que si, en fait de meubles, possession vaut titre, ce principe n'est pas absolument applicable aux ports de mer.

***

Henri II est représenté comme doux et humain, mais devenant cependant sévère, et même cruel, lorsqu'il était influencé par ses favoris ou sa maîtresse.

Effet bizarre!... quand ce monarque avait le malheur de se laisser attendrir, il devenait dur.

***

Il avait épousé Catherine de Médicis.

Cette union fut heureuse... pour Diane de Poitiers, une amie de la maison.

Catherine de Médicis trouva le moyen d'engourdir ses chagrins domestiques, en se livrant à l'étude de la cui-

sine à l'arsenic, dont elle devait contribuer plus tard à développer les progrès.

*
* *

Henri II, comme son père, était fort, adroit, et l'un des plus beaux hommes de son royaume.

Sa principale toquade était de se faire tirer sa photographie.

Il fut tué le 20 juin 1559, en faisant, à la fête de l'île

Saint-Denis, une partie de bague sur des chevaux de bois, avec le comte de Montgommery.

Fait sans précédent, et qui n'est jamais arrivé depuis dans aucune foire, le cheval du roi et celui du comte, qui tournaient dans le même sens, vinrent se heurter de front avec violence, et la lance du comte de Montgommery, en se rompant, pénétra dans l'œil du roi, qui succomba à cette blessure.

※
* *

C'est depuis cet accident qu'on a prescrit de séparer les chevaux de bois par de petites voitures, à l'usage des enfants très-jeunes...

Mesure d'une haute prudence et qui expliquera aux fils de nos lecteurs pourquoi, dans ces établissements, on ne voit jamais les chevaux de file.

FRANÇOIS II

AN 1552

François II, fils de Henri II, n'avait pas encore seize ans lorsqu'il succéda à son père ; il était déjà marié à la reine d'Écosse, Marie Stuart.

C'était sa femme qui lui faisait ses tartines à table, et qui le grondait quand il salissait la nappe.

***

Ce roi-bébé était d'une mauvaise santé et n'avait aucune force dans les bras ni dans le caractère.

Le duc de Guise et le cardinal de Lorraine, ses oncles, utilisèrent ses heureuses dispositions... en se saisissant du gouvernement.

⁎

Le prince de Condé se mit alors à la tête d'une vaste conspiration, connue sous le nom de conjuration d'Amboise, — qui avait pour but de délivrer le roi de la domination des Guises... pour le soumettre à la sienne.

Les Guises ne virent aucune nécessité d'opérer cette mutation, et firent condamner à mort le prince de Condé.

⁎

La terrible sentence allait être mise à exécution, lorsque François II mourut.

En apprenant cette nouvelle, le prince de Condé dit, après réflexion :

— J'aime autant ça.

La *Conjuration d'Amboise* n'eut jamais d'utilité bien constatée ; le seul résultat qu'elle produisit fut d'inspirer

un drame à M. Bouilhet, et un peu moins d'aversion au public pour le théâtre de l'Odéon, où cette pièce fut jouée.

* * *

François II mourut à dix-huit ans, d'un mal d'oreille qui lui était venu après une audition du *Tanhauser*.

Il succomba, au moment où Ambroise Paré, son chi-

rurgien, essayait de lui poser un tympan artificiel en aluminium.

Quelques historiens ont pensé qu'il avait été empoisonné.

On ne risque pas grand'chose à partager cet avis ; ça n'engage à rien.

*
* *

Ce qui est bien certain, c'est que François II aurait pu choisir pour médecin un praticien dont le bistouri n'eût pas vécu autant dans l'intimité de sa mère Catherine, brave femme au fond peut-être, mais négligeant par trop la tapisserie et les travaux de couture pour les compotes de strychnine et les conserves au vert de gris.

On a déjà bien assez de mal à échapper aux docteurs qui n'ont pas de mauvaises intentions.

*
* *

Bien à tort, quelques annalistes grincheux ont reproché à François II de n'avoir aucune énergie. C'est injuste.

Ce jeune roi avait la colonne vertébrale un peu affaiblie par la croissance.

Mais si on lui avait fait fendre du bois tous les matins, au lieu de lui faire signer des décrets d'expropriation, les forces lui seraient venues très-probablement.

CHARLES IX

AN 1560

Charles IX, ainsi nommé parce qu'il s'appelait réellement *Maximilien*, succéda — avec plaisir — à son frère François II.

Tout jeune encore, ce prince avait donné les plus

belles espérances; il réunissait toutes les qualités désirables et était d'une précocité rare.

On prétend même qu'à huit ans il avait rédigé un travail très-complet ayant pour titre :

LES BLASÉS DE L'AMOUR
CONSEILS A MON ONCLE

Cette intelligence remarquable ne plongeait pas dans

l'enchantement Catherine de Médicis, sa mère, qui, craignant de le voir échapper à sa domination, répétait sans cesse, comme le font du reste toutes les bonnes mères :

— Dieu !... que j'aurais aimé un fils idiot !...

* *

Ne désespérant pas d'amener Charles IX à l'état désiré, elle lui donna pour précepteur un brave chenapan, nommé Gondi, qui, de fils de meunier, était devenu maréchal de France, en ramassant son bâton dans une ruelle d'alcôve.

On comprend qu'entre de pareilles mains le jeune roi ne tarda pas à passer avec succès son baccalauréat ès vices.

Cependant Charles IX ne perdait pas de vue qu'il était roi...

En vain Catherine essaya-t-elle de le détourner de se faire sacrer, en lui disant que cette cérémonie serait pour lui bien longue et bien ennuyeuse.

Il répondit à sa mère :

— Tu es bien bonne, maman... mais je te vois venir...

Et il fut sacré.

※
※ ※

Sous son règne, les querelles de religion devinrent d'une violence extrême, et, grâce à Catherine de Médicis, qui n'avait pas sa pareille pour distiller la mort aux rats et attiser les discordes, on se massacra, de part et d'autre, avec cet acharnement complet dont sont seuls capables les gens qui agissent au nom d'un « Dieu d'amour et de bonté. »

Un jour, dans une de ces rixes, qu'il voulut apaiser par sa présence, parce qu'elle lui fendait l'âme, le roi reçut une pierre calviniste qui lui fendit la joue.

Depuis ce temps, il laissa croître sa barbe et sa haine, pour cacher et venger sa balafre.

*
* *

'A la même époque, les Anglais furent chassés du Havre, qu'ils occupaient on ne sait pas trop pourquoi.

En vain prétendirent-ils que le Havre était la limite naturelle de l'Irlande; ils se virent obligés d'en chercher une autre.

Cet aphorisme géographique n'obtint pas tout le succès que méritait son originalité.

Entre autres mesures de haute importance que prit Charles IX, on remarque la fixation du commencement de l'année au 1ᵉʳ janvier. Avant lui, l'année commençait à Pâques.

Ce changement décima la population, parce que bon nombre de gens, ayant contracté l'habitude de se mettre en coutil pour faire leurs visites d'étrennes à Pâques, continuèrent à prendre leurs vêtements d'été le 1ᵉʳ janvier, et attrapèrent des fluxions de poitrine.

*
* *

Charles IX eut trois passions dominantes :

La chasse ;

Le cor ;

Et Marie Touchet, fille d'un parfumeur d'Orléans.

Quand le temps était par trop mauvais, il faisait lâcher des lapins dans ses appartements, et courait après eux, en jouant faux sur sa trompe l'air du *Roi Dagobert*.

« *Point contents n'estoient les voisins du dessous* », dit Brantôme.

**

Il était généreux, mais donnait peu aux artistes et aux

poëtes, quoiqu'il les aimât beaucoup. — *Parce que,* — disait-il, *les poëtes sont comme les chevaux : il faut les nourrir et non les engraisser.*

La comparaison n'était peut-être pas trop flatteuse pour les poëtes, — ni pour les chevaux non plus, — mais elle était empreinte d'un certain cachet philosophique.

L'idée qu'il faut laisser les poëtes sur leur faim a fait son chemin.

Charles IX faisait des vers, — assez réussis, assure-t-on ; — mais la chronique ne dit pas que, s'appliquant à lui-même sa théorie sur l'estomac des poëtes, il soupât de deux œufs sur le plat, pour ne pas exposer sa muse à prendre du ventre.

*
* *

Sa maîtresse, Marie Touchet, dont nous avons parlé, lui avait été présentée dans une chasse à courre.

Ce qui prouve que le proverbe : *Il ne faut pas courir deux lièvres à la fois* — ne s'applique pas aux biches.

Charles IX percevait de lourds impôts que Marie TOUCHAIT.

Cependant la raison d'État exigeait que Charles IX se mariât.

Quant à lui, il n'en éprouvait nullement le besoin.

Mais on lui fit comprendre que rien ne vaut le pot-au-feu de la famille.

Alors il se rendit à ces sages avis, et répondit :

— Va pour la soupe et le bœuf !... Seulement, j'irai manger des truffes en ville.

D'instinct, Charles IX devinait notre époque.

**

On le fiança par ambassade à Élisabeth d'Autriche...

Et on le maria par procuration.

Ce fut Gondi, — le digne professeur du roi, — qui fut chargé d'aller recevoir la main d'Élisabeth.

On raconte que Marie Touchet, en voyant le portrait de la future épouse de son amant, dit avec ironie :

— L'Allemande ne me fait pas peur.

O éternelle vanité, immense présomption !... qui porte le musc à railler la violette.

— Tu sens bon, — semble dire l'âcre odeur au chaste parfum, — moi je sens fort : A moi le monde !...

*
* *

Charles IX alla au-devant de sa nouvelle épouse, et la reçut, à bras ouverts, disent les uns, — à Mézières, soutiennent les autres.

Catherine de Médicis avait ordonné, pour cette cérémonie, des préparatifs magnifiques ; et les seigneurs allemands, qui accompagnaient la princesse Élisabeth, s'écrièrent, à la vue de tous les trésors déployés à leurs yeux :

— Tarteifle !... la pelle royaume !... la ziberpe royaume !... elle être inébuisable !...

Ces braves gens s'imaginaient sans doute, sur cet échantillon, que le moindre chiffonnier de France était du Jockey-Club et faisait son travail en habit noir, avec un crochet d'or monté sur palissandre.

Et ils ne se rendaient pas compte que la nation ne leur semblait inépuisable que parce qu'on l'avait épuisée.

Charles IX, lui, paraissait enchanté de son épouse, qu'il disait la plus belle, la plus vertueuse, la plus adorable du monde entier.

Il en était même tellement persuadé, qu'il passait

vingt-neuf jours par mois, — surtout en février, — auprès de Marie Touchet, sa maîtresse, — pour ne pas abîmer sa femme.

Tout comme les cordonniers, qui ne mettent leur

belle redingote que les jours de fête, afin de la ménager.

**

Ainsi que nous l'avons déjà dit, la chasse était une des plus grandes passions de Charles IX. Cette manie l'avait habitué à voir couler le sang, si bien qu'il n'avait pas de plus grand plaisir que d'abattre, sur son chemin, d'un

seul coup de son couteau de chasse, la tête des chiens et des ânes qu'il rencontrait.

Cette toquade lui valut d'être refusé comme membre de la Société protectrice des animaux.

Ce roi tenait le milieu entre Pépin le Bref, son devancier, qui partageait un lion en deux avec son coupe-papier, — et les garçons bouchers de l'abattoir du Roule.

* *

Une des pages les plus importantes de ce roi-équarrisseur fut le massacre des Huguenots, qu'il ordonna pendant la nuit de la Saint-Barthélemy.

De la fenêtre de sa chambre, dit-on, il exerçait son coup d'œil, en arquebusant lui-même son peuple...

Action qui peut paraître un peu indélicate au premier abord, mais que l'on s'explique aisément, en réfléchissant que le tir national de Vincennes n'était pas encore installé, et qu'il fallait bien que Charles IX se fît la main, devant chasser les jours suivants.

*
* *

Ainsi s'expliquent les écarts les plus condamnables des grands, lorsqu'on veut se donner la peine de les considérer sans passion, et en tenant compte des circonstances.

*
* *

A la suite de la Saint-Barthélemy, un changement notable s'opéra dans le caractère de Charles IX.

Il devint malingre, réduisit les dépenses de sa maison, et diminua les impôts.

Sa santé altérée, — par les remords, disent les uns, — par ses conférences prolongées avec Marie Touchet, assurent les autres, — et par l'abus qu'il fit du cor de chasse, affirment les derniers, — ne lui permit plus de chasser dans les domaines de l'État.

Alors, pour ne point en perdre complétement l'habitude, il chassa tous ses ministres.

Bref, il mourut à vingt-quatre ans, et son corps fut transporté à Saint-Denis, accompagné par un cortége nombreux.

*
* *

Une circonstance très-édifiante se produisit à ses funérailles.

Les seigneurs qui le conduisaient à sa dernière demeure s'étant pris de querelle dans la plaine Saint-

Denis, à propos de l'ordre dans lequel ils devaient suivre le convoi, se dispersèrent, et le corps de Charles IX arriva à la cathédrale, suivi seulement de cinq gentilshommes.

On ne saurait trop admirer un tel sentiment des convenances de la part de gens allant à un enterrement.

Il ne leur manquait plus que de suivre le char funèbre en jouant au bilboquet ou en chantant *la Femme à barbe.*

***

Ainsi se termina le règne glorieux de Charles IX, qui, entre autres travaux utiles à son peuple, laissa... un *Traité complet de la chasse royale,* imprimé par Villeroi, en 1625.

HENRI III

AN 1574

Henri III régnait en Pologne lorsque Charles IX, son frère, mourut.

Il *lâcha* très-carrément les Polonais pour venir recueillir la succession de son frère, et prit l'express pour

Paris, — en passant toutefois par Venise, où il s'arrêta pendant trois mois pour voir les fêtes du carnaval.

Pas très-pressé de s'installer dans ses nouveaux meubles, le monarque!...

Il est vrai que, pour ce qu'il y venait faire, il n'avait pas besoin de se dépêcher.

***

Henri III, en montant sur le trône, s'occupa avec activité d'organiser... les orgies les mieux réussies.

Il avait quatre favoris, appelés *mignons,* qui l'aidaient à arranger les affaires de l'État, en mangeant des perdreaux truffés et en buvant du moët.

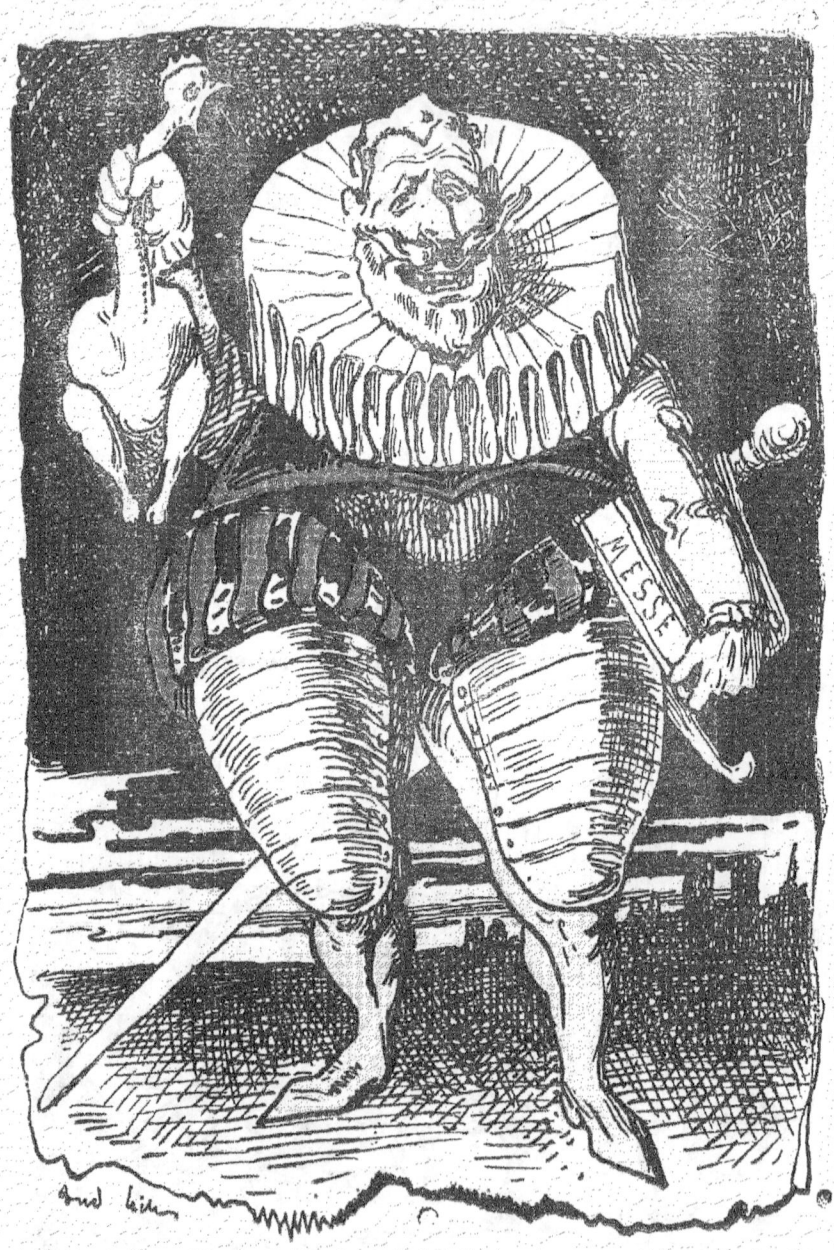

HENRI IV

TAPISSERIE DE HAUTE LICE (GOBELINS)

L'artiste, un joyeux huguenot du temps, n'a oublié ni la poule au pot ni le livre de messe qui valut Paris au paroissien ci-dessus.

Henri III affichait une grande dévotion, et se montrait, dans les cérémonies, revêtu du costume de pénitent.

Mais le peuple ne fut pas longtemps dupe de ces exhibitions, ayant remarqué souvent à ce costume des taches

de café, où des ailes de volaille sortant des poches, pendant la procession.

* *

Un autre détail, qui nuisit aussi beaucoup à la mise en

scène de Henri III, fut qu'on le surprit plusieurs fois tenant son livre de prières à l'envers.

Serré de près par le duc de Guise, qui était très-populaire et menaçait de lui faire donner congé par la France, Henri III fit appeler à Blois son rival, sous prétexte de réconciliation.

Ils déjeunent ensemble : Henri assure le duc de

Guise de toute son affection, et, pour qu'il n'ait pas

d'indigestion,... il le fait occire à la porte de la salle à manger.

C'était un principe d'hygiène comme un autre.

On a jugé à propos de le remplacer depuis par la liqueur de la Grande-Chartreuse.

Le progrès !...

*
* *

Cependant, le pays commençait à avoir assez de ce prince et de ses *mignons*.

On le déclara déchu du trône.

Il alla trouver le roi de Navarre pour lui demander un coup de main, et ils partirent ensemble, dans l'intention de prendre les Parisiens par la douceur, en leur prouvant, au moyen d'un bombardement en règle, qu'ils avaient grand tort de ne pas conserver un roi qui avait le plus beau coup de fourchette de son royaume.

*
* *

Les Parisiens, têtus comme les mules, refusèrent de

se soumettre à cette raison. Sur le point de se rendre à

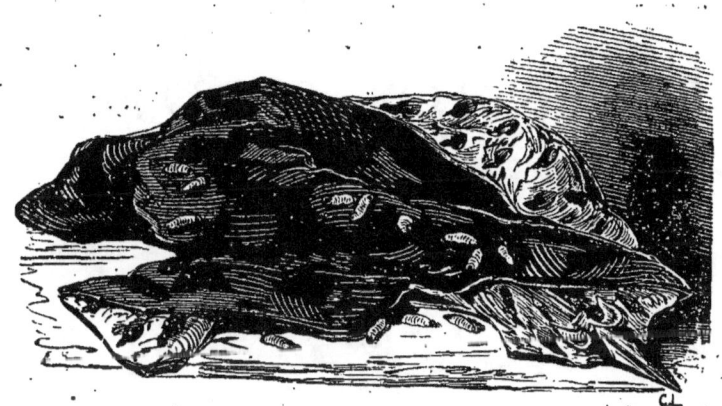

Paris, Henri III fut délivré de ses douleurs névralgiques par l'assassin Jacques Clément.

En lui s'éteignit la branche des Valois, laquelle, à part Louis XII surnommé le *Père du peuple*, avait donné à la France dix rois, dont l'utilité est restée un problème aussi difficile à résoudre, que celui d'établir la contenance d'un jardin potager par le nombre de chaussettes de son propriétaire.

BRANCHE
DES BOURBONS
DE 1589 A 1830

(C'est long!...)

❦

HENRI IV

COMME on l'a vu dans le chapitre précédent, Henri IV, qui n'était alors que roi de Navarre, c'est-à-dire un tout petit roi de onzième ordre, avait offert ses ser-

vices à Henri III pour l'aider à reprendre sa bonne ville de Paris, qui venait de refuser de *voter pour Vautrain*.

En ce temps-là, *voter pour Vautrain* était une locution usuelle et familière, synonyme de :

Mettre de l'eau dans son vin ;... — Tendre le dos ;... — S'aplatir ;... — Mettre les pouces ; etc., etc....

* *

Ce dicton avait cela de particulier, qu'il puisait son origine dans un fait qui ne devait se passer que beaucoup plus tard.

Voici la légende :

En l'année 1872, Paris se trouvait en délicatesse avec Versailles, qui lui avait chipé son Assemblée nationale pour le punir d'avoir, pendant un siége cruel, mangé, sans se plaindre, de la sciure de sapin cuite au four.

Paris eut un député à élire. Il avait le choix entre deux candidats : un radical et un modéré. On fit croire à Paris qu'en nommant le modéré, il ramènerait par la douceur l'Assemblée de Versailles au palais Bourbon, et Paris *vota pour Vautrain*.

Mais, hélas !... cruel déception !...

« Par la gar' Montparnasse,
« Mironton
« Tonton,
« Mirontaine,
« Par la gar' Montparnasse
« L'Assemblé' ne r'vint pas. »

De là l'origine de cette locution : *voter pour Vautrain*, qui était devenue si en vogue sous le règne de Henri III quand on voulait parler de concessions imbéciles qui ne rapportent à ceux qui les font qu'un supplément, bien mérité, de coups de pied au cul.

*
* *

Henri III ayant été tué d'un coup de poignard à côté

du roi de Navarre; — ce qui prouve, en passant, qu'on devrait bien inventer des couteaux à deux coups, — ce dernier se trouva être l'héritier naturel de la couronne de France.

On croit généralement, d'ailleurs, que c'est pour cela qu'il était venu.

* *

Ses droits au trône n'étaient pas contestés ; seulement, les catholiques ne voulaient pas entendre parler de lui, parce qu'il était calviniste et qu'il avait, à la préfecture de police du Vatican, un dossier qui commençait par une excommunication si terrible, que le pape s'était foulé le poignet en la confectionnant.

* *

Il était toujours devant les murs de Paris, attendant qu'on lui ouvrît les portes.

Mais, pas le moindre Ducatel n'apparaissait sur les remparts.

Alors il essaya du grand moyen, qui déjà lui avait réussi une fois : il promit de se faire catholique.

Les Parisiens, tout bêtes qu'ils sont, ont cependant des

jours où ils ne *votent pas pour Vautrain*. Ils se souvinrent que, lors de la Saint-Barthélemy, le roi de Navarre avait usé, pour sauver sa tête, du truc à l'abjuration, et qu'aussitôt hors de danger il s'était empressé de se servir de sa parole d'honneur pour remplacer un de ses fonds de culotte qui était percé.

Ils laissèrent Henri de Navarre continuer tranquillement le siége de Paris, pendant que la ligue proclamait

pour roi le cardinal de Bourbon, oncle de Henri IV, faisait rendre la justice en son nom et imprimer les timbres-poste à son effigie.

**

Henri fut obligé de lever le siége de Paris.

Il eût préféré lever quelques impôts ; car il ne lui restait plus que cent cinquante francs pour payer six mois de solde arriérés à son armée, qui faisait une lippe !...

Tenez... notre illustrateur breveté va vous montrer la frimousse que faisaient à cette époque-là les beaux militaires qui ne voulaient mourir que pour une cause qui les fît vivre.

*
* *

Henri entra avec son armée dans la Normandie pour s'y fortifier.

Quelle veine pour la Normandie !...

Il livra plusieurs combats au duc de Mayenne, fut vainqueur, revint deux ou trois fois mettre le siége devant Paris, et fut toujours obligé de le lever pour la même raison : le *quibus* qui manquait pour payer son armée.

C'est pendant l'un de ces blocus que Henri, — à ce que racontent avec attendrissement certains historiens qui ont la détente lacrymale un peu douce, — fit passer des vivres à cette malheureuse population qu'il voulait faire mourir de faim.

Si c'était vrai, ce serait d'un bien bon cœur pour un roi ; ce qui prouve surabondamment que ce n'est pas vrai.

Mais ce serait en même temps si bête que l'on est presque conduit à considérer la chose comme possible.

* * *

Il aurait même, à ce propos, dit à ses officiers :

« *J'aimerais quasi mieux n'avoir point de Paris que de l'avoir tout ruiné par la mort de tant de personnes.* »

Quoique la forme naïve de cette phrase lui donne un cachet d'authenticité, nous préférons croire qu'elle est apocryphe, ou tout au moins qu'elle a été fortement retouchée par les historiographes qui émargeaient au budget du bon roi.

Si nous en croyons nos renseignements particuliers, Henri de Navarre aurait simplement laissé échapper de son cœur ce cri de tendresse qui est beaucoup plus vraisemblable dans la bouche d'un roi.

— Que diable voulez-vous que je fasse d'une ville où il n'y aura plus personne pour payer des contributions!...

***

De 1589, année où était mort Henri III, jusqu'en 1593, ce fut la même chanson.

La ligue d'un côté, les protestants de l'autre, Mayenne, Henri,... les Anglais qui arrivaient aider Henri,... les Espagnols qui accouraient aider Mayenne!... les batailles, les siéges, les assauts, les famines!... la France était bien heureuse.

Tout ce monde-là se piochait, s'entremêlait, remuait tout, dérangeait tout; les étrangers comme s'ils étaient chez eux, les Français comme s'ils n'y étaient pas.

Nota. — Tout cela se passait sur le dos du peuple qui n'était pourtant intéressé dans la question que sur le point de savoir s'il serait criblé de charges par un roi ou par un autre.

Nous ne nous appesantissons pas sur cette situation que

nous retrouverons souvent identique pendant le cours de ce travail, même avant d'arriver à l'Assemblée potagère de Versailles-les-Pontons.

**

Enfin, Henri de Navarre, voyant qu'il ne viendrait pas à bout de la résistance des catholiques, eut, pour la

troisième fois, recours au grand moyen, et annonça sa conversion solennelle qui allait tout arranger.

Si l'on veut avoir une idée de l'allégresse de la France à cette nouvelle, que l'on se figure un honnête homme qui, après avoir fait cinq quarts d'heure d'omnibus forcé, entre un cuirassier ivre, une grosse nourrice et un voisin de devant qui lit le *Constitutionnel* tout haut, les voit descendre tous les trois à la fois.

**

Henri fit son abjuration solennelle à Saint-Denis, le 15 juillet 1593. La rédaction de la formule n'alla pas comme sur des roulettes.

Les évêques voulaient que Henri s'aplatît complétement dans le macadam en signant une confession de foi par laquelle il reconnaissait croire, entre autres choses, qu'une indulgence du pape collée pendant deux heures sur une douleur de reins était plus efficace qu'un rigollot.

Henri s'y refusa. Il voulait bien être un peu canaille, mais il ne voulait pas être tout à fait bête.

Bref, il s'entêta, et les évêques transigèrent comme de vulgaires marchands de parapluies.

**

L'abjuration de Henri IV a été diversement jugée par les historiens qui l'ont racontée.

Les uns l'ont approuvée, les autres la condamnent.

Nous croyons, nous, qu'il n'y a pas lieu d'attacher à ce fait une aussi grande importance.

Henri IV voulait régner; on lui imposa la condition de passer des bras d'une religion dans ceux d'une autre. Il y passa... quoi de plus naturel? Un homme qui veut

monter sur un trône!... on le ferait se promener pendant trois ans sur le boulevard avec des anneaux dans le nez, un habit vert-pomme à boutons en écaille d'huître, une culotte en vieux tuyaux de poêle et un bonnet à poil frais tondu.

*
* *

C'est de fondation ; et, malgré tout ce qu'a pu dire le comte de Chambord de son inaltérable drapeau blanc, essayez de lui proposer le trône de France à la seule condition de le faire teindre en marron, vous verrez comme il se trouvera tout de suite dans le fond d'un tiroir une vieille absolution, à laquelle il ne pensait plus, pour l'étendre sur son parjure en guise de baume opodeldoch.

*
* *

Aussitôt entré à Paris, Henri IV s'occupa des réformes intérieures de son royaume; il nomma Sully surintendant des finances. Sully était un brave homme, qui supprima bien quelques abus par-ci par-là; mais ces réformes se faisaient bien lentement; il ne voulait pas donner tout d'un coup dans l'Internationale.

C'est une bonne chose qu'un ministre des finances honnête, même sous une royauté; seulement, ça ne va pas assez vite.

Il faudrait que la durée de la vie humaine fût au moins de 538 ans pour qu'avec ce système de réforme petite vitesse un homme du peuple pût s'apercevoir de ce que l'on a fait pour lui.

* *
*

Henri IV donna quelque essor à l'industrie, embellit Paris, termina le Louvre, acheva le Pont-Neuf, bâtit la rue Dauphine, etc., etc.

Les historiens qui se contentent de peu sont dans une

joie folle chaque fois qu'ils tombent sur un roi qui a fait poser quelques becs de gaz de plus qu'un autre.

Nous, qui avons une maladie de foie, nous ne trouvons pas cela aussi délirant, et nous nous disons que si les monarques s'amusaient à dépaver les rues et à faire des trous dans les trottoirs, il ne leur manquerait plus que ça pour être tout à fait aimables.

* *

Nous accorderons donc à Henri IV qu'il a fait, avec notre argent, beaucoup de belles choses... que l'on aurait certainement faites sans lui.

Tout ce que nous pouvons faire pour sa mémoire, c'est d'être persuadé que cela nous aurait coûté moins cher.

* *

Le 15 avril 1598, Henri IV signa le célèbre *édit de Nantes*, qui mit fin aux mauvais procédés dont les catholiques inondaient les protestants, en les jetant tous les soirs dans le canal Saint-Martin, pour leur prouver que le meilleur chocolat était le chocolat de l'immaculée conception.

Grâce à l'édit de Nantes, les protestants purent désormais jouir, comme les catholiques, de tous leurs droits politiques. Il est vrai que les droits politiques à cette époque-là n'étaient pas épais; le plus gros consistait à

être pendu quand on n'était pas de l'avis du bailli; mais c'est égal, pour le principe, les protestants furent satisfaits.

*
* *

Henri commençait à nettoyer la situation; cependant

il lui restait encore à faire rentrer dans le devoir un tas de petits seigneurs qui se taillaient dans la France de petits gouvernements à eux tout seuls.

Henri en vint à bout, moitié par force, moitié par ruse ; et la France cessa presque de ressembler à un orchestre dans lequel chaque musicien prétend jouer, en même temps que les autres, l'air qui lui plaît le mieux.

*
* *

Après avoir mis un peu d'ordre dans ses affaires, Henri IV se prépara à l'exécution d'un plan formidable qu'il avait conçu.

Il s'agissait rien moins que de constituer l'Europe en une seule république chrétienne, et de lui assurer une paix éternelle. A cet effet, il s'apprêtait à la bouleverser de fond en comble par la guerre.

Le projet était beau ; c'était le fameux système des États-Unis d'Europe que rêvent les républicains ; seulement il ne supprimait pas les rois ; c'était vouloir que les peuples s'entendissent, en leur laissant justement la seule chose qui les empêchera toujours d'être d'accord.

* *
*

Néanmoins ses préparatifs étaient déjà très-avancés; il s'était assuré des alliances nombreuses, afin d'être soutenu dans son entreprise, et un peu aussi pour montrer à M. de Grammont la manière de s'y prendre quand on veut réussir.

Sully, à force d'économies sur ses pourpoints, lui avait amassé cinquante millions pour faire face aux premières

dépenses de la guerre et pour humilier le maréchal Lebœuf.

Enfin, tout était prêt; on avait des armes à en revendre à Palikao; des munitions, des approvisionnements; on avait des intendants qui ne passaient pas leur temps à jouer au billard; des officiers d'état-major qui n'avaient pas étudié la géographie en conduisant le cotillon aux Tuileries; des généraux qui n'oubliaient pas leur artillerie, etc.

Henri IV se préparait à passer le Rhin, quand le moine Ravaillac, le 14 mai 1610, l'assassina dans son carrosse.

*
* *

La vie de ce monarque, un des meilleurs peut-être de la série, avait été un exemple d'austérité et de vertus.

Il avait d'abord épousé Marguerite de Valois, et l'avait répudiée pour prendre Marie de Médicis, qui lui donna beaucoup de sujets de mécontentement, entre autres, plusieurs paires de gifles à l'occasion de ses infidélités.

*
* *

Indépendamment de Gabrielle d'Estrées et de Henriette d'Entragues, ses maîtresses attitrées, Henri IV fit une énorme consommation de sous-maîtresses. Son excuse, c'est qu'il n'en avait jamais moins de huit à la fois.

Maintenant, il faut dire aussi à sa décharge qu'il avait la pudeur de les entretenir dans la maison conjugale, et de les faire manger toutes à la même table que sa femme.

**

Plusieurs fois même, ceci est textuel, ses maîtresses et sa femme se trouvèrent enceintes en même temps, si

bien qu'au palais c'était souvent une affaire de tous les diables pour distinguer le vrai dauphin d'avec les faux, quand les nourrices les avaient mêlés.

On fut obligé de leur attacher des numéros, comme aux paletots que l'on dépose dans les vestiaires.

Rien ne nous ôtera de l'idée qu'il a dû y avoir des erreurs ; et c'est pourquoi le droit divin nous donne des envies si furieuses de nous asseoir dessus.

* *
*

Henri IV fonda une académie de chirurgie, où les spécialistes apprenaient à couper les bras et les jambes, en même temps qu'il rendait des édits pour que l'on coupât le cou aux braconniers et aux duellistes.

La gangrène et les maux de tête diminuèrent ainsi sensiblement dans son royaume.

* *
*

Il s'en fallut de bien peu de chose que l'Europe fût mise à feu et à sang par Henri IV, à propos d'une demoiselle Charlotte de Montmorency, dont il était devenu éperdument amoureux à l'âge de cinquante-cinq ans.

Pour posséder cette jeune fille, Henri avait usé d'un moyen assez original : il l'avait fait épouser par un autre.

Cet autre était son commis, le prince de Condé, espèce de gentilhomme crevé, qu'il savait bon à être mis à toute sauce, surtout à la maître d'hôtel.

*
* *

Une fois marié, le prince de Condé se ravisa, et fit passer sa femme en Belgique pour la soustraire aux emportements du roi, qui, probablement, avait lésiné sur les appointements.

Furieux, le fougueux Béarnais somma les Belges de

rendre à Henri ce qui appartenait à Condé, sous peine de voir arriver chez eux quatre cent mille soldats français armés jusqu'aux dents.

Les événements ne lui donnèrent pas le temps de mettre ce patriotique projet à exécution, sans quoi le monde aurait eu une nouvelle édition de cette intéressante comédie, qui se renouvelle sous tous les monarques, et ne diffère de celles du Gymnase que parce qu'au lieu de finir par un mariage elle se termine toujours par cent trente mille enterrements.

***

Avant de ficeler le règne de Henri IV, pour ne plus nous en occuper, il nous resterait à jeter un coup d'œil sur les bienfaits que la France en a recueillis; mais, par malheur, on n'a pas encore inventé de microscope assez puissant pour voir ces choses-là.

Ce qu'il y avait de meilleur dans Henri IV, c'était Sully. Le malheur pour la France, c'est qu'on n'ait pas pu lui servir Sully à part.

***

On doit à Henri IV cette belle parole : « *Je veux que le paysan ait une poule au pot chaque dimanche.* » Mais, en réalité, il s'occupait beaucoup moins de donner des poules à ses sujets le dimanche, que de se procurer des cocottes pendant toute la semaine.

Henri IV mourut laissant un fils.

On ne peut jamais être tranquille.

LOUIS XIII

AN 1610

Louis XIII avait neuf ans lorsqu'il monta sur le trône ; sa mère, Marie de Médicis, s'empara de la régence en collaboration avec son favori Concini.

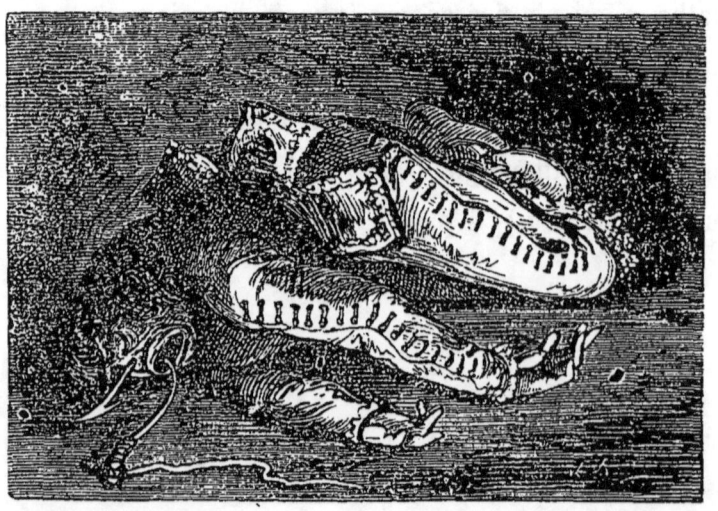

Concini était le mari d'une certaine Léonore Galigaï, femme de chambre de la reine, que certains historiens ont représentée comme *bonne à tout faire* de Marie de Médicis.

Aidée de son Ruy-Blas à arêtes, la reine-mère profita de la minorité de son fils pour faire danser les écus qu'avait amassés Sully.

*
* *

Bientôt, à bout d'expédients, elle convoqua les états généraux pour qu'ils réorganisassent le pays en dislocation; mais s'apercevant que cette assemblée, composée de Gavardies, n'était bonne à rien, elle la congédia sans se soucier du pacte de Bordeaux.

*
* *

Concini était abhorré des seigneurs de la cour, non pas à cause de ses vices, ils avaient tous les mêmes, mais parce qu'il savait en tirer un meilleur parti qu'eux.

Sa mort fut résolue et ils l'assassinèrent; très-peu pour venger la morale, mais beaucoup pour prendre sa place.

Quelque temps auparavant, Concini avait reçu le titre de maréchal d'Ancre.

C'était encore un moyen d'affirmer sa vocation maritime.

＊

A ce ministre en succéda un autre : M. de Luynes, qui

avait subjugué Louis XIII par son talent à élever des oiseaux.

De Luynes, qui s'entendait si bien à dresser des serins, devait prendre très-vite un grand ascendant sur le jeune roi. Louis XIII, tout entier à sa passion pour le billard, laissa son favori conduire les affaires de la France, et le fit connétable sans que ce dernier ait jamais su ce que c'était qu'une conversion à droite.

*
* *

Enfin Richelieu succéda à tous ces petits bonshommes, dont le principal talent était de donner à leur jeune ramolli de roi des... conseils qu'ils n'auraient pu se permettre de donner à un simple particulier sans s'exposer à cinq ans de prison en police correctionnelle.

*
* *

Richelieu ne valait pas cher non plus; mais, il avait de la poigne. Il sut remettre à leur place les gens qui voulaient prendre la sienne et faire respecter les lois quand il n'avait pas intérêt à ce qu'elles fussent violées.

On raconte à ce sujet que, malgré l'édit contre les duels, le comte de Montmorency-Bouteville s'étant battu en plein jour à la place Royale, Richelieu le fit décapiter pour l'empêcher à l'avenir de n'en faire qu'à sa tête.

Richelieu s'occupa de réorganiser la France, et abolit les charges de connétable et de grand amiral, et se fit nommer surintendant de la marine et du commerce; ça

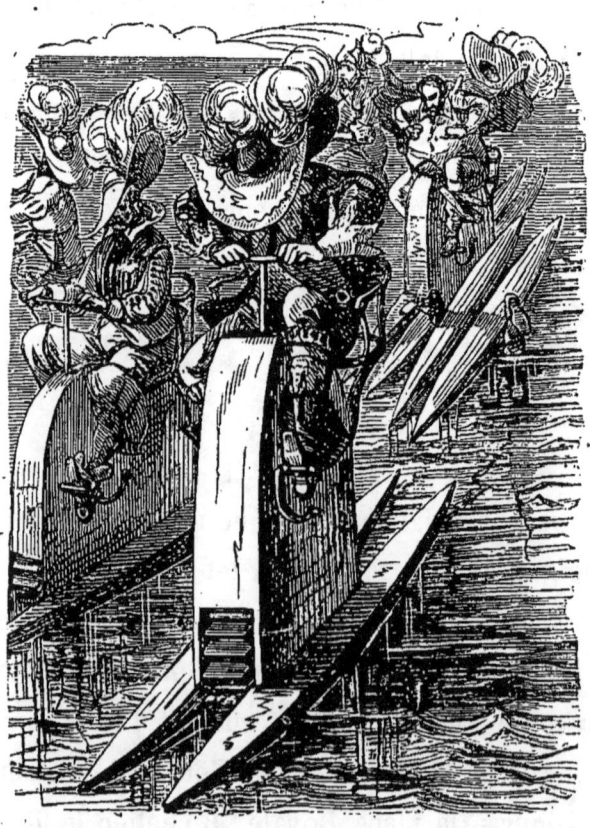

ne coûtait pas plus cher à la France et ça rapportait davantage au ministre.

Deux cents ans plus tard, on aurait appelé ça un *virement*.

**

A différentes reprises, Richelieu battit les Huguenots qui tentaient à tout moment de s'émanciper.

Le beau duc de Buckingham, qu'il s'était mis à *dos*, débarqua dans l'île de *Ré;* mais Richelieu *mit* en fuite ce *fat* en lui disant : Quittez ce *sol là si* vous ne voulez pas qu'il y ait *lutte*.

L'alinéa qui précède est inepte ; c'est une concession aux lecteurs du *Pays*. (Pardon !...)

**

Cependant les succès de Richelieu avaient excité la jalousie des autres petits crevés de la cour; et ils furent sur le point d'obtenir sa disgrâce; mais lui, plus malin encore que Louis XIII n'était bête, trouvait toujours le moyen de faire décapiter le mercredi soir les gens qui avaient formé le plan de le renverser le jeudi matin.

C'était une nature très-bien organisée; plus il avait

le cerveau bourré d'ennuis, plus les autres perdaient la tête.

* *

C'est sous Richelieu que commença la fameuse guerre de trente ans que Henri IV avait rêvé d'entreprendre pour consommer l'abaissement de la maison d'Autriche.

L'abaissement de la maison d'Autriche était à ce moment-là un cliché, comme c'est aujourd'hui : l'équilibre européen.

Le peuple se demandait bien de temps en temps quel intérêt il pouvait avoir à ce que la maison d'Autriche fût tant abaissée que ça ; mais comme c'était trop difficile à lui expliquer, les journaux étant encore suspendus, il allait toujours se faire tuer en attendant et en disant : je comprendrai plus tard.

**

Richelieu, à part ses défauts, était un homme à qui il ne manquait pas beaucoup de vices.

Il déploya un immense talent dans les affaires publiques; mais il en employa les neuf dixièmes à conserver sa place.

Il châtia souvent la noblesse, c'est vrai; mais seulement celle qui le gênait.

Il perfectionna l'armée et en fit une institution monarchique, afin qu'il fût plus facile de l'utiliser pour faire des 2 décembre.

En un mot il s'attacha à centraliser le service de la mise à sac du royaume et délivra la France d'un tas de gredins pour les remplacer par un seul voleur.

**

Richelieu mourut en 1642, désignant Mazarin pour le remplacer.

Quand Louis XIII vit que Richelieu était mort, il comprit que le meilleur parti qu'il avait à prendre était d'en faire autant tout de suite s'il ne voulait pas que ni

la France ni Anne d'Autriche, sa femme, s'aperçussent qu'il n'était capable de rien tout seul.

*
**

L'idée était bonne; cinq mois après il la mit à exécution, et quitta la vie à l'âge de quarante-trois ans, laissant deux fils, dont l'un fut Louis XIV.

Ses derniers moments furent empoisonnés par le cruel regret d'avoir survécu à Richelieu.

Si l'on en croit certains historiens, qui semblent persuadés que Richelieu et la reine ne se contentaient pas des séances de jour du conseil des ministres, Louis XIII répétait sans cesse avec de gros soupirs :

— Si au moins j'étais mort le premier, j'aurais eu la suprême consolation, en mourant, de laisser leur père à mes enfants.

*
* *

C'est sous le règne de Louis XIII que Richelieu fonda l'Académie française.

Seulement, on ne peut pas trop lui en vouloir; il ne pouvait guère prévoir qu'on y recevrait plus tard Émile Ollivier et le duc d'Aumale.

*
* *

Tout compte fait, le règne de Louis XIII fut uniquement le règne de Richelieu, et ce roi eut une rude chance d'avoir ce ministre.

Car, sans Richelieu, Louis XIII en se présentant devant l'histoire n'eût jamais su que faire de ses mains.

*
* *

Louis XIII fut surnommé LE JUSTE au moment de

sa naissance, parce qu'il était né sous le signe de la Balance.

Du moins, c'est Bouillet qui le dit.

Il pousse même la politesse jusqu'à ne pas faire remarquer qu'étant né sous le signe de la *Balance*, on pouvait tout aussi bien le surnommer LE FLÉAU, sans que le calembour cessât d'y être.

Jusqu'en 1789, on fit en France une procession annuelle dite : *procession du vœu de Louis XIII*.

Ce vœu avait été formé par le roi en 1637, lorsqu'il apprit avec une joie indicible la grossesse inespérée de la reine, qui jusqu'alors s'était conduite à son égard comme un journal qui n'a pas de traité avec la Société des gens de lettres.

* * *

Louis XIII en apprenant cette bonne nouvelle, laquelle avait l'avantage d'avoir fait des heureux avant lui, mit son royaume sous la protection de la Vierge, qui ne s'attendait pas à être mêlée là-dedans, et s'engagea à faire tous les ans une procession en son honneur.

La Vierge eut le bon goût de ne pas dire au juste ce qu'elle en pensait. Anne d'Autriche aussi.

* * *

Louis XIII, quoique faible de caractère et de tempérament, n'était pas l'ennemi d'une douce cruauté.

On doit pourtant lui rendre cette justice, qu'il se montra l'ennemi de la détention préventive : témoin l'arrestation, le jugement et l'exécution de son plus qu'intime

ami Cinq-Mars, qui eurent lieu en moins de huit heures, enterrement compris.

Nous croyons inopportun d'insister sur ce fait, qui ne pourrait qu'augmenter les regrets des femmes dont les maris sont sur les pontons depuis un an en attendant des juges.

*
* *

Louis XIII, malgré tout, passe aux yeux de certains

historiens pour un roi puissant; mais quand l'on disait cela devant sa femme, elle en riait comme une folle et prétendait que ce n'était pas vrai.

En tous cas, il lutinait les dames de la cour avec une ardeur qui ne laissait pas que de les effrayer au début.

Seulement, ainsi que l'a dit — ou si elle ne l'a pas dit, c'est qu'elle l'a oublié — la marquise de Rambouillet dans ses mémoires : « Les dames que tripotoit le roy » dans les embrasures des fenêtres, finissoient par s'ac- » coutumer à ce jeu peu dangereux, et se laissoient com- » plaisamment mettre en joue sans frayeur, sachant que » le révolver n'estoit pas chargé. »

*
* *

Louis XIII était philanthrope; il aimait les hommes; seulement, d'un caractère original, quand ses amis lui plaisaient, il leur tournait le dos.

*
* *

Il portait ses moustaches retroussées, et ses favoris tantôt d'une façon, tantôt de l'autre.

Plus souvent de l'autre.

Enfin, il paraît hors de doute, de l'aveu même de plusieurs dames d'honneur de la cour, que les forces de ce roi n'étaient pas à la hauteur de son courage.

Seulement ce fait a été expliqué tout à l'avantage de Louis XIII.

Depuis l'âge de quinze ans, il s'était épuisé par des

travaux surhumains dont on n'a su le but que plus tard ; il était à la recherche de ce singulier problème social :

SE MOUCHER AVEC SES DOIGTS ET ARRIVER, PAR LA FORCE DE L'IMAGINATION, A SE PERSUADER QUE L'ON A LE NEZ DANS UN FOULARD DES INDES.

*
* *

Il consacra vingt-cinq années de sa vie à l'étude de cette question. Nuit et jour il faisait des expériences.

Le cerveau le plus robuste n'y eût pas résisté.

***

Il ne nous reste donc plus qu'à verser un pleur sur les infortunes de ce roi, qui ne dut le plus grand malheur dont puisse être frappé un homme, qu'au noble entêtement de vouloir bien souvent à lui seul travailler pour deux.

LOUIS XIV.

AN 1643

Quand le mari de sa mère mourut, Louis XIV n'avait que cinq ans. Anne d'Autriche s'en débarrassa avec une tartine de confitures.

Louis XIII, avant sa mort, avait réglé par son testament l'administration du royaume pendant la minorité de son fils.

Il n'avait qu'une confiance très-restreinte en sa femme, et pensait bien que ne s'étant pas beaucoup gênée de son vivant, elle ne se gênerait guère plus après sa mort.

Il avait donc voulu contre-balancer l'autorité de la reine-mère en désignant comme conseillers de la couronne le duc d'Orléans, le prince de Condé et Mazarin.

Anne d'Autriche, que cette combinaison n'arrangeait pas, se dit avec une certaine logique :

— Un testament, c'est comme un saladier ; ça se casse.

Et elle fit casser le testament de son mari.

*
* *

Cependant elle ne tarda pas à s'apercevoir que la prospérité des affaires du pays n'augmentait pas en raison directe du nombre de parties fines et de pas de

cancan auxquels elle se livrait avec ses... amis, et elle se décida à remettre les rênes du pouvoir à Mazarin...

avec tous les accessoires dont elle pouvait disposer en sa faveur.

Ce dernier ne se le fit pas dire deux fois, et se mit à la besogne en créant une masse de nouveaux impôts, et en préparant pour le pays une longue suite de guerres extérieures dont le but, comme toujours, était de faire tuer le plus de peuple possible, pour lui éviter la peine de chercher les moyens de vivre.

* *

Le cardinal Mazarin était d'ailleurs un homme très-recommandable. Si l'on en croit le cardinal de Retz, il s'était préparé à la carrière ecclésiastique en achetant une charge de capitaine d'infanterie, grade dont il fut cassé à cause de quelques... virements qualifiés.

* *

Pendant les quatre premières années de la régence d'Anne d'Autriche, le pays, occupé des hommes de guerre qui se battaient au dehors, pensait peu aux hommes de rien qui s'amusaient au dedans.

Cependant le petit Louis XIV et le trou que sa mère faisait à la lune grandissaient à vue d'œil ; il fallait prendre un parti.

Mazarin ne balança pas ; il doubla les impôts et les postes de sergents de ville.

*
* *

Le parlement murmura. Anne d'Autriche ordonna l'arrestation de Broussel, un vieux brave conseiller qui

avait osé s'indigner en voyant la reine si grasse et le peuple si maigre.

Le peuple se fâcha et fit des barricades ; ça commençait à se gâter.

Mais Anne d'Autriche et Mazarin eurent une telle venette que le conseiller Broussel fut immédiatement relâché.

L'émeute se calma; mais de ce moment-là on put voir que la royauté avait du plomb dans l'aile.

*
* *

Du jour où le droit divin transigeait avec les pavés en tas, il pouvait préparer ses malles : ce n'était plus qu'une question de temps.

*
* *

Les souverains qui font des concessions vont infailliblement à leur perte.

Mais comme notre devoir est de leur donner un petit encouragement, nous nous faisons un plaisir de constater que ceux qui n'en font pas y vont tout de même.

*
* *

Mazarin sentait bien que sa qualité d'étranger ne lui

attirait pas les sympathies du peuple, qui se demandait avec un certain bon sens :

« Quel intérêt peut avoir un Italien à ce que la France soit heureuse ? »

Et qui se répondait invariablement :

— Parbleu !... un intérêt à 22 pour cent.

Le peuple était dans le vrai, on s'en aperçut après sa mort en cassant la tirelire de Mazarin.

* * *

Le dernier règne avait créé d'énormes embarras financiers à la France. Il fallait, ou réduire les dépenses du budget ou augmenter ses recettes.

Mazarin n'hésita pas : il augmenta les recettes en doublant les impôts sans s'inquiéter si, tels qu'ils étaient, ils ne produisaient pas déjà sur les contribuables l'effet d'un poids de quarante posé sur le dos d'une fourmi.

* * *

Un semblable système financier demandait un ministre fait exprès.

Mazarin déterra un certain Italien nommé Émeri, et, après s'être assuré qu'il avait été condamné précédemment pour banqueroute frauduleuse, il le fit surintendant.

Cet Émeri, dont le sens moral était bouché à l'idem, se montra digne de la confiance de Mazarin. En moins de temps qu'il n'en faut pour le dire, il fit affluer l'or dans les caisses de l'État par les moyens suivants :

Il contracta des emprunts à 25 0/0, comme un simple

petit crevé décavé qui se fait prêter de l'argent par son concierge.

Il créa des emplois publics dont le besoin ne se faisait pas sentir; puis, il les vendit; imitant en cela ces industriels trop connus, qui offrent des appointements de 1,800 francs à tous les gens pouvant leur déposer un

cautionnement de 5,000 francs, et passent en Belgique avec le magot, après avoir payé, sur le capital, les gages du premier mois.

Il retint aux rentiers un quart de leurs revenus et aux fonctionnaires quelques douzièmes de leurs émoluments.

Ces derniers n'étaient pas contents ; mais il ne leur était interdit que de le laisser voir.

Enfin, en 1646, la prospérité publique devint telle, qu'il y eut à la fois dans les prisons du royaume

23,000 personnes qui, après avoir reçu de leur percepteur le papier blanc, le papier rose, le papier vert et le papier bleu qui se succèdent d'une façon si agaçante en cette circonstance, n'avaient pas pu trouver de quoi payer leurs contributions.

Il est vrai que ce nombre de 25,000 fut bien vite réduit à 18,000; cinq mille des prisonniers étant morts, dans les premiers jours de leur détention, du chagrin de ne rien avoir à manger.

**

En 1648, après la première journée des barricades dont nous avons parlé plus haut, Anne d'Autriche avait pris le parti de se réfugier avec son fils à Saint-Germain.

Paris commençait à avoir cette réputation de mauvais sujet, qui devait, 224 ans plus tard, le priver de la joie d'abriter dans ses murs l'assemblée potagère de Versailles.

**

En quittant Paris, la reine-mère avait rallié des troupes autour d'elle et elle attaqua la capitale.

Décidément nous ne sommes que des recommenceurs.

**

Après plusieurs combats, la reine consentit à diminuer un peu les impôts et revint à Paris.

Une fois rentrée, elle s'occupa, suivant l'engagement

qu'elle en avait pris, d'alléger les charges de ses sujets et confia ce soin à Mazarin.

Tout ce que le ministre trouva de plus topique fut de faire disparaître l'impôt sur les croisées et de le remplacer par une taxe double sur les fenêtres.

***

Le peuple ne trouva pas la mesure assez radicale; il refit des barricades et força la reine à exiler Mazarin.

Cette séparation cruelle porta un tel coup à Anne d'Autriche, qu'elle en prit le lit...

.... en dégoût.

***

Mazarin voyant qu'il n'était pas en bonne odeur à Paris se retira à Cologne, près de Jean-Marie Farina.

Il continua néanmoins à s'occuper des affaires de l'État, et envoyait des dépêches à la reine tous les jours pour bien lui recommander de ne pas lever l'état de siége.

***

Pendant ce temps, Condé, qui avait d'abord servi la

cour et ne savait pas au juste ce qu'il voulait, s'était mis à la tête de la Fronde contre Mazarin.

Il fut battu par Turenne, qui lui-même, après avoir servi la Fronde, défendait maintenant la cour.

Si ces bonshommes-là n'avaient pas fait tant de mal à

la France, ils auraient été assez amusants avec leurs façons de changer de drapeau comme de chaussettes.

*
* *

Quand Condé fut vaincu, la reine et Mazarin revinrent à Paris, et reprirent leurs petites occupations journalières.... et autres.

Ils y ramenèrent avec eux Louis XIV, qui avait alors

quatorze ans, et rentrait à Paris juste à l'âge où le petit Vélocipède IV devait plus tard en sortir.

Il y demeura depuis près de soixante ans. Nous espérons bien que, pour accentuer ce contraste, le petit Vélocipède IV nous fera le plaisir de rester aussi longtemps dehors que Louis XIV est resté dedans.

*
* *

Pendant les troubles de la Fronde, le parlement de Paris avait continué de prendre parti pour les Parisiens, et de trouver mauvais que la cour mangeât en une semaine ce que la France gagnait avec beaucoup de peine en une année.

Aussi, comme on peut bien le penser, Mazarin, la reine et son fils ne portaient que très-peu sur leur cœur des médaillons contenant des mèches de cheveux des membres de ce parlement.

Louis XIV voulut donner à ces députés une preuve de son respect. Un beau jour, il entra dans la salle des séances le chapeau sur la tête, la cravache à la main, et demanda la parole en ces termes :

— Vous êtes tous de vieux croûtons !... Si vous vous amusez encore à vérifier les additions du budget... je vous flanque par les fenêtres... L'ÉTAT C'EST MOI !...

Le royal enfant, comme on peut le voir, promettait beaucoup. Il tint davantage.

Il n'est pas sans intérêt de rappeler ici une circon-

stance qui a dû pousser à cet acte d'autorité précoce ce collégien travaillé par la croissance.

Grâce à Anne d'Autriche, qui veillait sur lui avec toute la sollicitude d'une mère qui a hâte de pourrir son enfant, Louis XIV venait de faire la veille ses premières armes galantes avec la duchesse de Beauvais, femme de chambre de la reine.

Anne d'Autriche avait dit à madame de Beauvais :

— Louis m'inquiète !... Voilà qu'il a quatorze ans, et on ne lui connaît pas de relations; vous devriez bien, sous prétexte de lui envoyer chercher un pot de confitures, lui donner vers deux heures du matin la clef de l'appartement de mes filles d'honneur.

Mais la duchesse de Beauvais avait simplifié la chose.

Et le lendemain matin, le petit Louis XIV parcourait d'un air vainqueur les galeries du Louvre en fredonnant ce couplet de *Joconde* :

> J'ai longtemps parcouru le monde,
> Et l'on m'a vu de toute part
> Courtiser la brune et la blonde,
> Aimer, soupirer au hasard !...

*
* *

On s'explique sans peine que le jeune monarque, après un événement qui lui avait ouvert des horizons tout nouveaux — du moins pour lui — pût ressentir les premières atteintes de cette commotion qui porte tous les lycéens à s'écrier un beau matin :

— Je suis un homme !...

Quand le lycéen est tout simplement le fils d'un marchand de papiers peints de la rue Neuve-des-Petits-Champs, et que sa duchesse de Beauvais n'est que la cuisinière de sa mère, cette révolution s'accomplit sans que la France en éprouve aucun bouleversement.

Le lundi matin, en rentrant au collége, le petit bonhomme met son képi sur le coin de l'oreille, sourit d'un

air crâne, et à la première récréation va dans le coin *des grands* émettre ses principes sur la vertu des femmes.

Tout se borne là.

※

Mais quand le lycéen est le fils d'une reine et — tout bâtard qu'il est — se croit fils d'un roi; quand depuis son enfance il a vu un tas de laquais de haute volée s'aplatir devant lui pour lui ramasser ses billes et proclamer que sa manière de se fourrer les doigts dans le nez est la plus noble que l'on ait vue depuis Charlemagne;

Quand il voit des vieillards, qui seraient ses aïeux, lui baiser ses bottes, et guetter le moment où il peut avoir une démangeaison à la fesse pour se gratter tous à la même place;

Quand il voit tout cela, il est bien facile de comprendre que ce bambin, au lendemain de son premier succès d'alcôve, pénètre avec arrogance dans une assemblée d'hommes s'occupant des affaires de leur pays et leur dise :

— De quel droit me résisteriez-vous plus que la femme de chambre de ma mère?... L'État c'est moi!...

※

On est forcé de reconnaître que, depuis cette époque,

les usages parlementaires se sont singulièrement modifiés.

Quand l'on pense que deux siècles après avoir contemplé un roi de quatorze ans entrant au parlement comme dans une écurie et posant presque ses bottes

dans le verre d'eau sucrée du président, l'on voit M. Thiers ne pas pouvoir monter à la tribune sans en demander la permission à M. Grévy, on en arrive naturellement à se dire :

— O mon Dieu !... le noble entêtement de la *Gazette*

de France, qui fait de la réclame à Louis XIV depuis 233 ans, était digne d'un meilleur sort !...

*
* *

Depuis son affaire des bottes jusqu'à l'époque de sa majorité, Louis XIV fit peu parler de lui.

D'ailleurs Mazarin et la reine, voyant approcher avec un certain effroi le moment où le jeune roi allait nécessairement éprouver le besoin de tondre ses sujets lui-même, faisaient l'impossible pour le tenir dans un état d'ignorance crasse des affaires du pays.

Grâce à leurs précautions, son instruction politique devint assez complète pour qu'il pût, au besoin, faire un excellent conducteur d'omnibus.

*
* *

On raconte qu'à vingt et un ans passés, il croyait encore que le service des égouts était du ressort du ministre de la marine, et qu'il demandait sérieusement à Mazarin si la peine de mort emportait de droit la privation des droits civiques pour le condamné !...

Du reste, pendant cette période, Mazarin tâchait de procurer au jeune roi de salutaires diversions.

Il l'abonna à la *Vie Parisienne*, dont il coloriait les dessins lui-même pour mieux en faire saisir l'austérité à Louis XIV.

Grâce aux bons soins du cardinal, le jeune monarque avait, avant sa majorité, posé déjà des bases solides à ce

catalogue amoureux auquel il travailla toute sa vie, et dont le volume et la variété n'ont pu être égalés depuis que par l'almanach Bottin.

Nous consacrerons plus loin un chapitre spécial à ce catalogue, que notre ami G. Lafosse voudra bien illustrer spécialement, en s'inspirant de ces sentiments de haute vertu que fait toujours naître dans l'âme l'aspect d'un bon père de famille qui entretient vingt-cinq danseuses dans la maison conjugale.

***

En 1658, Louis XIV accorda le privilége de donner des représentations théâtrales à Molière, un auteur qui faisait *Tartuffe* et s'exposait à des désagréments à une époque où il lui était si facile de faire *Rabagas*, et d'en tirer honte, honneur et profit.

***

En 1659, Louis XIV, qui était depuis longtemps en guerre avec le roi d'Espagne, conclut un singulier traité de paix avec un ennemi : Il épousa sa fille Marie-Thérèse d'Autriche, à laquelle il apporta en dot, le jour de son mariage, onze concubines, sans compter les espérances.

***

Nous ne pouvons nous retenir de trouver assez réussi ce mélimélo, qui fait que la fille d'un roi d'ESPAGNE

LOUIS XIV

LE GRAND ROI, EN NÉGLIGÉ, ASTIQUANT SON SOLEIL

(D'après un tableau inachevé de Mlle Nélie Jacquemart)

s'appelle Marie-Thérèse d'AUTRICHE et devient reine de FRANCE.

Il nous confirme dans cette opinion, déjà très-invétérée, que les rois, dont le plus grand soin est de fabriquer des lois très-sévères contre l'*Internationale* des travailleurs quand ils ne les trouvent pas toutes fabriquées par des Républiques qui les ont précédés, se font un devoir scrupuleux de se confectionner pour eux tout seuls une petite *Internationale* de salon.

Il y a en Europe deux Internationales très-distinctes : l'une, composée de chenapans, d'assassins, de malfaiteurs, qui s'associent dans le criminel dessein de travailler comme des nègres pendant toute leur vie, à raison de trois francs cinq par jour, quel que soit le nombre de leurs enfants.

Voici un échantillon de ces gredins :

L'autre, composée exclusivement de braves gens couronnés, qui n'ont d'autre ambition que de commander à tout le monde, de porter des casquettes en or ciselé et de faire tuer, tous les cinq ans, trois cent mille de leurs sujets pour laver l'injure qu'un de leurs frères (un soir qu'il était ivre) a faite à la nation en traitant leur femme de *vieille toupie*.

Voici un spécimen de ces honnêtes citoyens :

Il n'y a pas à en démordre : les deux douzaines de têtes couronnées qui se partagent l'Europe, ont constitué une vraie *Internationale* de la haute pègre, dans laquelle ils ont fait entrer leurs frères, oncles, tantes, cousins et cousines.

Leur *Internationale* a tous les caractères de l'autre; et à cette nuance près que celle des Travailleurs a pour but de vivre en travaillant, tandis que celle des rois a pour programme de vivre en faisant travailler les autres : c'est exactement la même chose.

Depuis Pharamond, les colonnes de journaux regorgent de nouvelles taillées sur les patrons suivants :

« Le roi d'ici vient de fiancer son fils âgé de quinze
» mois avec la fille de l'empereur d'à côté, âgée de cinq
» semaines.

» L'empereur d'Allemagne et l'empereur d'Autriche
» ont dîné ensemble la semaine dernière. L'empereur

» d'Allemagne était habillé en colonel autrichien et
» l'empereur d'Autriche en hussard prussien.

« Le czar vient de faire cadeau au petit-fils de l'em-
» pereur d'Allemagne d'un régiment d'infanterie russe,
» dont le futur successeur de Guillaume sera le colonel.»

Nous croyons avoir suffisamment démontré que l'*Internationale* des souverains n'étouffe pas beaucoup plus de patriotisme que celle des travailleurs.

Ces bonshommes fraternisent entre eux sur le dos de leurs peuples, comme leurs peuples essaient de fraterniser entre eux sous leurs griffes.

Ils s'offrent mutuellement des régiments comme on s'offre une tournée de mêlé-cassis sur le comptoir.

— Il fait bien chaud !... Tiens, je te paye un de mes régiments de dragons jaunes.

— Laisse-moi t'offrir un de mes escadrons de cuirassiers bleus.

***

Ils vont se faire des visites, déguisés en colonels étrangers ; et on ne leur crie pas : *à la chienlit!*... quoiqu'on fusille le simple soldat qui déserte.

Ils marient leurs enfants entre eux, ils croisent leurs races, ils s'arrangent de façon à avoir un fils, un neveu, une filleule sur les marches de chaque trône voisin...

Ils s'enchevêtrent tant qu'ils peuvent.

Ils serrent les coudes.

Et ils ont raison; ils sentent que ça remue en dessous.

On ne peut donc nier qu'il y ait deux Internationales en Europe : la leur et l'autre.

Maintenant, notre devoir d'historien nous force à ajouter que nous croyons fermement qu'il n'y a de place que pour une.

— .....???

— Ah !... quant à ça... c'est notre affaire.

*
* *

Ce fut sous le règne de Louis XIV, vers 1668, que

le voyageur Thévenot importa le café en France.

Le commerce de la chicorée et des haricots grillés n'attendait que cette occasion pour prendre son essor.

* * *

La légende prétend que l'on ne sut pas tout de suite tirer du café tout le parti possible.

On ne se servit des premiers grains qui arrivèrent en France que pour marquer les numéros sortants sur les cartons en jouant au loto dans les petites maisons bourgeoises.

Peu à peu en les mâchonnant, on s'aperçut qu'ils avaient du goût, et on eut l'idée d'en faire des infusions.

On sait le reste.

La passion du café s'est tellement propagée que l'on cite beaucoup de gens qui aimeraient mieux se priver de manger que de renoncer à leur demi-tasse, sous le prétexte que ça les fait digérer.

* * *

En 1661, Mazarin se sentit malade et fit venir un confesseur qu'il pria de lui régulariser son passe-port pour l'éternité.

Celui-ci lui fit comprendre qu'il ne pouvait lui donner l'absolution qu'à la condition qu'il restituerait le montant de tous les *virements* opérés par lui pendant son séjour aux affaires.

Mazarin fit une grimace épouvantable et répondit :

— Si je savais ne pas en revenir, je consentirais volontiers à me dessaisir de tout ce qui ne pourra plus me servir; mais voyez donc un peu, mon père!... si, après avoir rendu tout, il allait m'arriver le malheur d'avoir le bonheur d'en réchapper... Dans quelle situation je me trouverais !...

* * *

Le confesseur de Mazarin, touché de cette marque éclatante d'un repentir sincère, chercha le moyen de tout concilier.

Il se rappela à propos qu'il est avec le ciel des accommodements et trouva la combinaison suivante :

Le cardinal ferait un testament par lequel il léguerait tous ses biens à Louis XIV, son maître. Celui-ci, à qui on aurait fait le mot à l'avance, prendrait le testament, et d'un geste plein de grandeur allumerait immédiatement sa pipe avec. On rapporterait de suite à Mazarin le morceau du papier qui ne serait pas brûlé, et de cette façon il serait en règle avec le ciel, — qui se trouvait roulé comme un chapeau d'Auvergnat, — tout en n'ayant dépensé que dix sous pour une feuille de papier timbré.

* * *

Tout en admirant, comme c'est notre devoir de chrétien, l'adorable expédient imaginé par le confesseur de

Mazarin, nous ne pouvons nous retenir de faire cette réflexion impie : que les hommes qui enseignent aux autres que Dieu est partout et voit tout, agissent quelquefois

comme s'ils étaient persuadés, au contraire, que l'on peut lui vider son sucrier derrière le dos, sans être vu, pendant qu'il est en train de se faire la barbe.

De deux choses l'une :

Ou Dieu ne voit pas tout, et alors on peut entrer au ciel après avoir fait les quatre cent dix-neuf coups sur la terre si on a eu la précaution de fermer ses persiennes et de boucher ses cheminées ;

Ou il voit tout, et alors le Mazarin nous fait l'effet d'avoir là une absolution sur laquelle le commissionnaire du Mont-de-Piété le plus abonné à *la Patrie* ne prêterait pas seulement vingt-cinq centimes.

* *

Bref, cette combinaison plut à Mazarin, qui rédigea séance tenante le testament suivant :

« Moi, MAZARIN, ministre, aussi sain de corps et d'es-
» prit qu'un homme qui meurt en décomposition après
» avoir lu toute sa vie *l'Univers*, je donne tous mes biens
» au roi Louis XIV, mon maître.

» Je compte qu'il n'acceptera pas ce testament, et j'es-
» père que cela n'empêchera pas le Tout-Puissant d'ac-
» cepter ce sacrifice.

» MAZARIN. »

* *

On porta ce pli au roi, qui, très-occupé probablement, mit deux jours à le renvoyer à Mazarin.

Le cardinal était sur des épines, et répétait sans cesse dans son délire :

— Sapristi !... s'il allait le garder mon testament, elle serait mauvaise !...

Enfin la donation revint et Mazarin put rendre son âme à Dieu, muni d'une absolution qui ne lui avait pas coûté cher, c'est vrai, mais qui, nous le craignons bien pour lui, n'était que de la camelotte.

Nous croyons qu'il en est des absolutions comme les meubles; on n'en a toujours que pour son argent.

*
* *

Pendant que se consume le morceau de sucre que tout historien qui se respecte doit brûler après avoir raconté

la mort de Mazarin, nous jetterons un rapide coup d'œil sur le caractère et les actes de ce ministre austère et intègre qui mit la lune dans un tel état que, par des soirées très-claires, on voyait la nuit au travers.

*
* *

Mazarin ne s'occupa pas plus du commerce et de l'agriculture de la France que s'il eût reçu ses appointements de la Prusse.

Il laissa dépérir la marine, entretint nos côtes en un si pitoyable état que les Anglais s'en tordirent les leurs de rire.

*
* *

A sa mort, la France devait 430 millions; mais la fortune particulière du cardinal s'élevait à plus de 100 millions.

Il était venu à Paris avec de la paille dans ses sabots, et quittait la vie avec du foin dans ses bottes.

*
* *

Dans la grandeur, Mazarin n'oublia pas sa famille.

Il fit son frère cardinal et son neveu duc de Nivernais, le tout aux frais du budget, cela va sans dire.

Il avait en outre cinq nièces : les Mancini, qu'il casa toutes dans d'assez bonnes conditions à l'aide d'un procédé uniforme qui consistait à les envoyer, l'une après

l'autre, à trois heures du matin, réveiller Louis XIV pour lui demander s'il ne voulait pas qu'on lui remontât un peu son oreiller.

*

Touché de tant de prévenance, le roi, — d'abord un peu confus, — ne tardait pas à prendre le dessus; et il était rare que six semaines après la nièce du cardinal ne fût pas mariée par Louis XIV à quelque riche seigneur de la cour.

Le futur recevait une forte dotation, une place superbe et des honneurs de toutes sortes. En un mot, on lui faisait une position tellement éblouissante qu'il était obligé de fermer les yeux pour ne pas la voir.

Dieu, par une faveur toute spéciale, bénissait généralement dans les sept mois ces sortes d'unions, en envoyant au jeune ménage un enfant rose et blond que la nourrice déclarait être tout le portrait de son père. Elle avait raison.

*
* *

Nos lecteurs s'étonneront peut-être que l'on trouvât si facilement des jeunes seigneurs disposés à accepter des fiancées de la main du roi avec autant de sérénité que si elles leur eussent été proposées par le conseil municipal de Nanterre.

Ils oublient que dans ces vastes aquariums d'eau salée que l'on appelle cours royales, on n'a qu'à jeter le filet pour se procurer un choix abondant de cette variété d'êtres vivants dont la spécialité est de ne rien voir du tout pourvu qu'on *éclaire*.

*
* *

Voilà ce que fut ce ministre, auquel plusieurs historiens, gobeurs par tempérament, ont cru devoir faire un bout de réclame.

Sans talent, sans probité, sans morale, il ne s'occupa que de poser des tuyaux clandestins sous le budget et d'en faire arriver le robinet dans ses coffres.

Sans valeur personnelle, Mazarin eût pu dire, parodiant le mot d'Archimède :

— Donnez-moi le canapé d'une reine comme point d'appui et je soulèverai le royaume.

Sans le canapé d'Anne d'Autriche, Mazarin n'eût rien

soulevé du tout..... que le cœur des gens qui ne vendent pas leurs nièces.

C'était une franche canaille ; respectons sa mémoire.

***

Quand Mazarin fut mort, le moment fatal prévu par Anne d'Autriche arriva.

Un beau matin de l'an 1661, Louis XIV, qui avait alors vingt-trois ans, lui signifia qu'il allait gouverner lui-même.

Il prétendit que c'était assommant pour un grand garçon comme lui d'être obligé d'aller tous les samedis soir demander douze francs à sa mère pour s'amuser le dimanche.

Le roi et l'argument étaient majeurs.

Anne d'Autriche s'inclina.

***

La reine mère et les courtisans crurent un instant que Louis XIV se rebuterait vite du gouvernement, retournerait à ses plaisirs et leur abandonnerait le soin de continuer à se faire trois cent mille livres de rentes en élevant des... impôts.

Il n'en fut rien.

Louis XIV parut vouloir s'occuper sérieusement des affaires de l'État.

Il se mit à l'ouvrage; et à peine avait-il commencé, que la France put entrevoir le moment où elle allait entrer jusqu'au cou dans cette longue suite de guerres rui-

neuses, d'impôts écrasants, de jambes de bois et de nez d'argent, qui firent pendant quarante ans le plus bel ornement de ce grand règne doré sur tranches et pourri en dedans.

***

Nous croyons devoir prévenir dès à présent nos lecteurs que nous sommes bien décidés à ne pas écrire l'histoire de ces interminables boucheries qui, toutes, ont les mêmes causes, le même but et le même résultat.

Nous ne disconvenons pas qu'il n'y a rien de meilleur pour conserver une monarchie que ces grandes machines où deux cent mille individus qui ont tout à y perdre se tuent sans savoir pourquoi, sous les yeux de trois ou quatre ostrogoths qui ont tout à y gagner et les regardent faire de loin.

Mais nous nous sommes, avant tout, imposé la tâche d'écrire l'histoire de la France en ce qu'elle a d'intéressant pour ceux qui y demeurent, c'est-à-dire l'histoire de son administration, de ses progrès, de ses mœurs et surtout des vertus antiques de ceux qui ont présidé à ses destinées, en commettant plus de saletés qu'on n'en pourrait faire entrer dans un code pénal, eût-il l'encolure du grand dictionnaire de Pierre Larousse.

*
* *

Nous croyons moins utile de nous occuper des souverains avec lesquels Louis XIV fut mal que des catins avec lesquelles il fut bien.

Notre véritable vocation étant de ne pas aimer les rois, mais d'en dégoûter les autres, nous tâchons de les prendre sur le vif et dans les moments de leur existence où ils ne peuvent pas se dérober à notre examen en se faisant couvrir de gloire par leurs maréchaux.

*
* *

Pour remplacer Mazarin, Louis XIV prit Colbert, ministre laborieux et honnête, qui remit — relativement — la France en bon état.

Pendant que Louis XIV gaspillait les fonds publics, Colbert réglait et économisait.

Colbert remplissait dans ce ménage le rôle de la femme

laborieuse qui raccommode le linge après sa journée,

pendant que son ivrogne dépense sa paye au cabaret avec des femmes de mauvaise vie.

On nous fait remarquer que cette comparaison n'est flatteuse que pour Colbert; mais nous pensons que Louis XIV peut s'en consoler, puisqu'on lui a élevé une statue sur la place des Victoires.

Même qu'une belle fontaine à la place nous plairait énormément mieux.

*
* *

Colbert, nous l'avons dit, fut un bon ministre.

Il se fit remarquer par sa douceur envers les contribuables qui étaient en retard pour le payement de leurs douzièmes.

Il pensait, — contrairement à Louis XIV, son maître, — que si les impôts du peuple étaient très-lourds, cela venait surtout de ce que les femmes du roi étaient très-légères; et il usait autant que possible d'indulgence.

*
* *

On a reproché à Colbert d'avoir institué la douane. Colbert était protectionniste.

S'il s'est trompé, on peut dire pour sa défense qu'il n'avait pas pu reconnaître les inconvénients d'un système qu'il était le premier à appliquer.

C'est une bonne excuse.

Au jugement dernier, messieurs Thiers et Pouyer-Quertier seront forcés d'en trouver une autre.

*
* *

Colbert envoya une colonie à Cayenne.

Il a fait école. Peu de gouvernements, depuis, ont négligé ce soin.

✱✱✱

Ce fut lui qui planta les Tuileries et supplanta le clergé dans plusieurs des immunités dont ce dernier jouissait.

Si le pape fut content, il se fit un cas de conscience de ne pas trop le laisser voir.

✱✱✱

Entre autres embellissements de Paris, on doit à Colbert, — et certainement, si cela se pouvait, nous ne demanderions pas mieux que de les lui rendre, — la porte Saint-Denis et la porte Saint-Martin; ces deux arcs triomphants qui semblent placés où ils sont tout exprès pour faciliter aux passants le moyen de se faire écraser par les omnibus.

✱✱✱

Nous n'aurons pas la cruauté de clore la liste des vertus de Colbert sans rappeler qu'il fut le principal instigateur de la disgrâce du surintendant Fouquet en l'accusant et le convainquant de malversation.

La vérité nous oblige à constater que Fouquet avait dû opérer pas mal de *virements* pendant sa gestion, puisqu'il avait acquis une fortune de dix-huit millions.

Mais la même vérité nous fait un devoir de dire aussi

que la fortune privée de Colbert lui-même s'élevait après sa mort à un chiffre respectable de dix millions.

Ce qui fait que, sans manquer de respect à l'un ni à l'autre de ces deux ministres, il est, jusqu'à un certain point, permis de se demander si Colbert, accusant son collègue de concussion, ne renouvelait pas un peu sans s'en douter l'histoire de l'ambulance qui se... moque de l'hôpital.

**

En 1666, Anne d'Autriche mourut.

Pendant les dernières années de sa vie, elle était devenue très-dévote et d'une austérité de mœurs que nous ne pouvons mieux comparer qu'à la sobriété des gens qui ont une gastrite.

**

Plusieurs personnes ont prétendu qu'elle était morte des suites de privations qu'elle s'était imposées pendant le carême.

Si cela peut faire plaisir à Louis Veuillot, nous voulons bien faire semblant de le croire.

Mais, aussitôt qu'il ne sera plus là, rien ne nous empêchera de dire entre nous qu'il est aussi facile d'attribuer la mort d'Anne d'Autriche aux fatigues du carême, qu'il serait aisé de dire qu'un homme qui s'est tué par un libertinage de quinze années meurt des suites d'une continence forcée de huit jours.

* *

Triste retour des choses d'ici-bas, Anne d'Autriche qui de son vivant avait été, pour tant de gens, de si

bonne composition, mourut en pleine décomposition, rongée par des cancers et la gangrène.

On raconte que pendant ses derniers jours, son corps s'en allait en lambeaux.

Quand elle quittait une chaise pour s'asseoir sur une autre, elle laissait une partie d'elle-même sur la première.

On était obligé de la ficeler.

A ceux qui nous reprocheraient d'insister brutalement sur des détails dont on pourrait à la rigueur se passer pour manger son pain, nous répondrons que la façon dont meurent les rois et les reines est du plus haut intérêt pour l'histoire.

La mort d'Anne d'Autriche succombant à des excès de travaux, dont le but n'était pas positivement la prospérité de la France, nous apparaît comme une revanche de celle de François Iᵉʳ, mourant d'une Ferronnière ancienne et invétérée.

*
* *

Nous n'énumérerons pas ici tous les bienfaits que répandit autour d'elle cette reine qui ne travaillait pas le jour au bonheur de son peuple et consacrait ses nuits à celui de ses ministres.

Et nous terminerons en signalant une particularité de son caractère :

Elle avait une profonde antipathie pour les roses, qu'elle ne pouvait pas même voir en peinture.

Si l'on en croit certains historiens, ce ne fut pourtant

pas la raison qui empêcha le conseil municipal de Nanterre de lui en offrir une.

*
* *

C'est sous le règne de Louis XIV, en 1667, que se place l'invention de la police.

Le premier préfet fut M. de la Reynie, dont le talent ne peut être comparé à celui de son successeur Piétri ; ce n'était pas le même genre.

Le casse-tête, d'ailleurs, n'était pas inventé.

*
* *

M. de la Reynie exerça ces fonctions jusqu'à la mort; jusqu'à celle, surtout, des gens qu'il faisait mourir.

C'est à lui que l'on doit, outre l'installation des réverbères, le premier imprimeur pendu à Paris pour un libelle dont on n'avait pu retrouver l'auteur.

*
* *

Nos lecteurs trouveront peut-être ce procédé un peu... *état de siége.*

Qu'ils veuillent bien se reporter à deux cents ans en arrière, et ils verront que si les imprimeurs n'étaient pas pendus au quinzième siècle, c'est par la seule raison qu'il n'y en avait pas encore.

Maintenant, s'ils trouvent trop fatigant de se reporter

à deux cents ans en arrière, ils peuvent se reporter à deux cents ans... en avant.

Et ils y verront — en 1872 — les imprimeurs condamnés tous les jours à de longs mois de cachot et à d'innom-

brables francs d'amende pour avoir prêté leurs presses à des journalistes mal vus.

*
* *

Il est vrai que, plus fort que nous, M. de la Reynie fit pendre, en même temps que l'imprimeur du libelle en question, le relieur qui en avait cousu les cahiers.

C'est là une disposition que nos législateurs ont omis

d'insérer dans la loi; car il est bien évident que le relieur est tout aussi coupable que l'imprimeur.

Nous espérons que, s'inspirant d'un aussi noble exemple, les gens chargés de faire les prochaines lois contre la presse ne négligeront pas de rendre responsables, le brocheur, le porteur, le marchand de papier, le concierge et la compagnie qui a assuré l'imprimerie contre l'incendie.

*
**

Quant au concierge, cela va pour ainsi dire de droit; et il nous tarde de voir le nôtre recevoir le papier suivant :

« L'an mil huit cent soixante-douze, le ... à la requête
» du procureur impérial de la République, j'ai,... *Polycarpe-Anatole Bourguinard*, huissier, donné assigna-
» tion à madame la concierge de *l'Éclipse*, parlant à sa
» portière, ainsi déclaré; à comparaître le .... à l'au-
» dience de la 8ᵉ chambre correctionnelle, sous la pré-
» vention d'avoir tiré le cordon au sieur ***, rédacteur
» dudit journal, et de lui avoir ainsi facilité les moyens
» d'apporter et de faire paraître dans *l'Éclipse* un ar-
» ticle qui.... que... etc... etc... »

On nous fera sans doute observer qu'avec un pareil

système, les journaux finiront par ne plus trouver ni imprimeurs ni concierges.

Nous répondrons à cela, pour clore l'incident, sans froisser le gouvernement, que c'est probablement là qu'a voulu en venir M..... de la Reynie.

*
* *

A la même époque, et toujours par les soins du lieutenant de police, l'auteur d'un pamphlet contre l'archevêque de Reims fut enfermé dans une cage de fer au mont Saint-Michel.

On ne lui avait pas donné de juges ; mais il voyait tous les jours le barreau de sa cage.

Plusieurs autres écrivains furent enfermés à la Bastille et y attendirent, pendant des années, leur jugement qui ne venait jamais.

La presse était bien heureuse !... Il ne lui manquait absolument que la censure des dessins.

A ce moment, voyant que l'on ne traquait pas les caricatures, Gill forma un instant le projet de venir au monde.

Il ajourna, pensant, non sans quelque sagesse, que la censure des dessins naîtrait en même temps que les dessins ; que pour se faire refuser cinq clichés sur quatre par M. de la Reynie, ce n'était pas la peine, et qu'il serait toujours temps de retrouver cette occasion-là plus tard sous la République.

*
* *

Ainsi qu'on le voit, on pouvait aussi bien en ce temps-là qu'en... d'autres, être enfermé des mois entiers sans juges.

La seule différence, c'est que l'on ne vous en promettait pas.

∗ ∗ ∗

C'est à cette époque que remonte la création du

cabinet noir, ainsi appelé parce que les lettres y passaient au bleu.

Nous n'insisterons pas sur cette honorable institution, dont l'un des moindres désagréments était de faire distribuer aux citoyens leurs invitations à dîner et leurs rendez-vous d'amour trois jours trop tard.

Du cachet des lettres aux lettres de cachet, la transition est presque aussi facile que de passer de l'état d'actionnaire à celui d'imbécile.

Nous en profitons sans pudeur.

*
* *

Il appartenait à ce grand règne, qui supprimait sans façon les lettres des gens et les gens de lettres, de substituer aux formalités judiciaires une manière beaucoup plus rapide et plus commode.

Les lettres de cachet faisaient parfaitement l'affaire; on s'en servit.

On s'en servit même si bien, que sous le ministère du cardinal de Fleury 80,000 furent lancées.

*
* *

Nous n'avons pas la prétention d'apprendre à nos lecteurs ce que c'était qu'une lettre de cachet.

Pour ceux cependant qui ne lisent que la *Gazette de France,* laquelle en parle le moins souvent possible, quelques détails ne seront pas superflus.

Tout d'abord nous lui offrons, par l'intermédiaire de notre collaborateur L. Lafosse, un spécimen de cet aimable engin, au moyen duquel les grands seigneurs se

débarrassaient aussi facilement de leurs créanciers et des maris de leurs maîtresses que nous nous débarrassons aujourd'hui d'un gêneur en le menaçant de lui donner un billet de faveur pour le Vaudeville.

*
* *

Voici le modèle d'une lettre de cachet que Louis XIV avait signée en blanc à un de ses courtisans pour le remercier de lui avoir présenté sa femme et d'avoir oublié de la remmener :

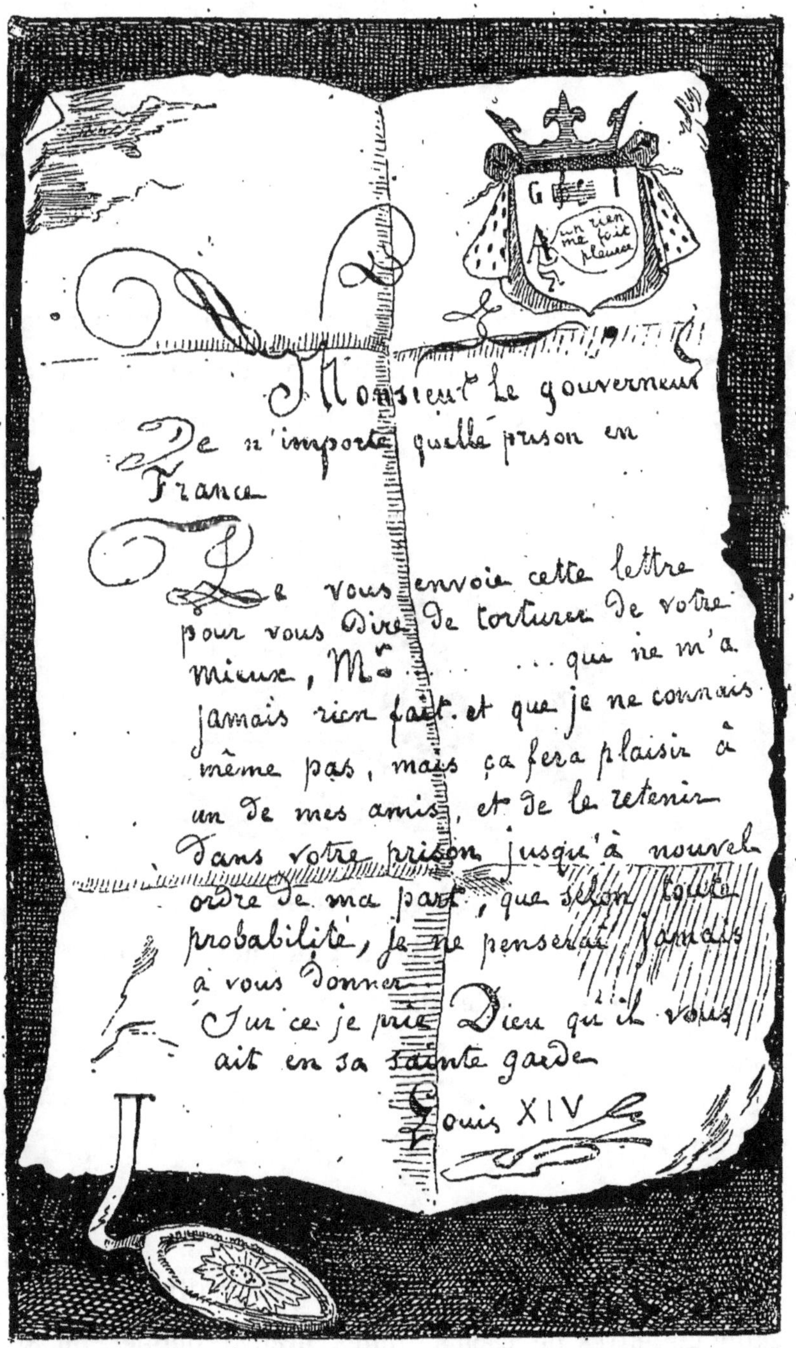
un rien me fait plaisir
Monsieur le gouverneur
De n'importe quelle prison en France
Je vous envoie cette lettre pour vous dire de torturer de votre mieux, Mr ... qui ne m'a jamais rien fait et que je ne connais même pas, mais ça fera plaisir à un de mes amis, et de le retenir dans votre prison jusqu'à nouvel ordre de ma part, que selon toute probabilité, je ne penserai jamais à vous donner.
Sur ce je prie Dieu qu'il vous ait en sa sainte garde
Louis XIV

Comme on peut le voir par l'exemple ci-dessus, les lettres de cachet se délivraient généralement en blanc, et pouvaient conséquemment être appliquées selon les

besoins du tiers porteur à se débarrasser d'un rival, d'un voisin jouant de l'ophicléide ou d'un photographe.

C'était trop commode. On en abusa.

*
* *

On avait dans une poche de son portefeuille une douzaine de lettres de cachet toutes prêtes comme l'on a aujourd'hui des timbres-poste.

Un monsieur avait un air qui vous déplaisait ou une femme qui vous plaisait, crac !... on n'avait qu'à remplir le nom laissé en blanc, et le geôlier de la Bastille vous le gardait en magasin pendant tout le temps qui vous était nécessaire pour le déshonorer.

* *

A l'appui de la commodité des lettres de cachet, on cite un pauvre Italien qui fut enfermé le jour même de son arrivée parce qu'il ressemblait à Garibaldi, et qu'on relâcha trente-cinq ans après en lui disant qu'il y avait eu erreur.

Sans ressources, et supposant tous ses parents morts, il demanda, comme grâce, de finir ses jours à la Bastille pour la nourriture et le logement.

Il n'avait pas eu les cheveux coupés depuis son entrée en prison; mais il s'était accoutumé à cette incommodité, étant devenu chauve au bout de la première année.

* *

En 1672, Louis XIV tenta d'envahir la Hollande qui était en République.

Mais le strastronder Guillaume d'Orange fit rompre les digues, et les soldats que le roi Soleil avait envoyés au

feu furent obligés de se retirer quand ils virent qu'ils avaient de l'eau plein leurs souliers.

Et surtout qu'elle y était entrée par la ceinture de leur pantalon ;

En 1676, la Brinvilliers, célèbre empoisonneuse, fut exécutée.

Mais il était trop tard !...

Elle avait eu le temps de livrer ses secrets au premier des restaurants à 32 sous.

※
＊ ＊

C'est en 1680 que le chanoine de La Salle inventa les frères des écoles chrétiennes.

On sait que ces braves jeunes gens, tous pleins de vigueur et de santé, et qui se mettent dans un grand jupon noir afin d'échapper au service militaire, furent, dans le principe, institués pour montrer leur langue aux enfants qui leur étaient confiés.

Depuis, l'instruction a fait des progrès.

Et si l'on en croit les fréquents échos de la police correctionnelle, certains frères ignorantins ne se contentent plus de montrer leur langue à leurs élèves.

Pleins de zèle, ils y ajoutent parfois un petit cours d'anatomie comparée.

On ne saurait trop les louer d'étendre autant qu'ils le peuvent les bienfaits de l'instruction.

On cite des enfants qui, sortant de l'école des frères, après leur première communion, en savent autant qu'un homme de trente-quatre ans

Il arriva un moment où, voyant que les impôts enflaient comme une chèvre qui a mangé de l'herbe mouillée, le peuple grogna.

Louis XIV. qui n'admettait pas que l'on pût fourrer le

nez dans sa comptabilité, résolut de faire une fois pour toutes cesser ces réclamations.

Il convoqua la Sorbonne et lui posa nettement la question :

« Un roi peut-il, oui ou non, selon ses besoins, aug-
» menter les anciens impôts et en établir de nouveaux?

» Un peuple peut-il, oui ou non, se permettre de de-
» mander où passe son argent? »

*
* *

Il n'y avait point d'ambiguïté. Un tel problème exigeait une solution franche.

La Sorbonne ne se gratta pas longtemps le bout du nez.

Sur le simple examen de la couverture du dossier elle prononça sa sentence.

Nous avons été à la Bibliothèque nationale tout exprès pour la copier.

La voici :

La Sorbonne, réunie en séance solennelle, et agissant avec toute la liberté d'esprit et toute l'indépendance d'un corps qui peut être flanqué en prison s'il répond de travers à son Roi,

Décide :

Ça n'a pas le sens commun de poser des questions pareilles à des gens intelligents.

Oui, certainement, le roi peut établir des impôts sur tout ce qui lui passe par la tête et par l'octroi.

Oui, certainement, il peut forcer ses sujets à faire enregistrer leurs cahiers de papier à cigarettes et leurs cartes de visite.

Oui, certainement, il peut frapper d'un droit les lunettes

à verres bleus, la mousseline à cataplasme et les calembours.

Oui, certainement, il peut soumettre à la formalité du timbre toutes les feuilles possibles, même les feuilles de laitue.

Oui, certainement, enfin, le Roi est le « *maître absolu*

« *de la vie et des biens de ses sujets* ». cela ne peut faire l'objet d'aucun doute.

Signé : Toute la Sorbonne.

On devine sans peine qu'une fois muni d'une consultation pareille, Louis XIV ne se gêna plus pour ses surtaxes.

Il y eut une année où les centimes additionnels furent si abondants, que l'impôt qui était dessous ressemblait à un grain de plomb de chasse sur lequel on aurait soudé une trentaine de biscaïens.

***

En 1683, Louis XIV eut une des belles idées de son règne.

Son prédécesseur, Henri IV, avait sous la rubrique : *Édit de Nantes*, décidé qu'il ne voyait pas de raison pour que les catholiques eussent le droit de faire bouillir les protestants dans de grands chaudrons, uniquement parce que les protestants n'étaient pas catholiques.

***

Henri IV avait donc rendu tous les droits aux protestants et s'était arrangé de façon à ce qu'en payant leurs contributions comme tout le monde ils eussent les mêmes

droits que tout le monde, notamment celui de croire qu'un bon citoyen peut faire son salut sans faire de grimaces, et un bon prêtre son devoir en faisant des enfants.

*
* *

Henri IV, en agissant ainsi, avait eu une lueur de raison; cela ne pouvait pas faire le compte de Louis XIV.

Ce grand dindon, qui se mettait des paquets de filasse sur la tête, ne devait pas se contenter de ne rien faire de bon, il fallait encore qu'il détruisît le peu que les autres avaient pu faire avant lui.

Il révoqua l'édit de Nantes.

* * *

Les journées d'agrément recommencèrent alors pour les protestants; on commença par confisquer leurs biens.

Seulement, dans beaucoup de cas, pour que la perte leur fût moins sensible, on les pendit tout de suite après.

* * *

Hâtons-nous d'ajouter, pour que chacun ait son compte, que ces mesures furent pleinement approuvées par Bossuet, Massillon et autres Veuillots du temps, qui ne permettaient à personne d'avoir une autre croyance que la leur, la seule, suivant eux, qui ne fût *pas au coin du quai*.

Ce fut en 1687 que Louis XIV épousa madame de Maintenon, la veuve du poëte Scarron.

Madame de Maintenon, que certains historiens ont perdu leur temps à nous représenter comme un noble

caractère, était tout simplement une ambitieuse, douée de quelque mérite. Une Montijo moins la bêtise.

Pour remplacer la Montespan, qui avait une première hypothèque sur le cœur de Louis XIV, elle feignit une douceur de caractère dont sont seules capables les femmes qui ont l'espoir de se rattraper plus tard.

*
* *

Peu scrupuleuse, en somme, pour arriver à son but, elle se fit la maman nourrice des enfants de sa rivale; mais, adroite comme une chatte, elle fit, dit-on, languir Louis XIV et se refusa à lui donner des arrhes.

*
* *

Quoiqu'elle fût veuve, Louis XIV en la prenant pour femme lui dit :

— Je vous épouse et vous êtes reine !...

Madame de Maintenon s'aperçut bien que le roi faisait un jeu de mots sans le vouloir; elle se retourna pour que Louis XIV ne la vît pas rire.

*
* *

Inutile d'ajouter qu'aussitôt la cérémonie le faux ange

sortit ses griffes et que son mari n'eut pas toutes ses aises.

Après la mort du roi, elle se retira à Saint-Cyr et y termina ses jours dans les exercices d'une piété austère,

ainsi que devait le faire une bonne reine catholique qui avait contribué à faire pendre cent mille protestants.

**
*

C'est en 1685 que se place l'établissement par Séguier du fameux code noir qui réglait le sort des nègres.

Si l'esclave tentait de fuir, on lui tranchait les oreilles.

La deuxième fois, il avait le jarret coupé; la troisième fois, il était condamné à mort.

On croit généralement que c'est cette mesure, en vertu de laquelle un nègre fugitif finissait par ressembler à une bonne pièce revenant de la censure, qui fit donner le nom de grand siècle au règne de Louis XIV.

*
* *

En 1686 fut inaugurée la statue de Louis XIV. sur la place des Victoires.

Les courtisans y brûlèrent de l'encens et empoisonnèrent tout le quartier pendant douze heures avec leurs pastilles du sérail.

Le duc de la Feuillade alla jusqu'à proposer que l'on enterrât le roi sous la statue après sa mort.

C'était bien tard.

*
* *

De 1689 à 1697, le roi s'occupa activement de mériter sa statue : il se livra à des guerres interminables; et lorsqu'enfin il signa la paix pour donner aux femmes de France le temps de lui refaire des enfants, le pays était dans le florissant état d'un homme qui relève de la petite

vérole, d'une jaunisse et d'une fièvre typhoïde combinées.

La nation était ruinée comme si elle avait passé trois siècles consécutifs à souscrire aux *Galions de Vigo*.

Pour faire de l'argent, on avait forcé les maires à acheter leurs charges.

On avait vendu des lettres de noblesse à des juifs qui les débitaient ensuite dans les bazars à dix-neuf sous.

On avait contracté des emprunts à 25 pour cent.

On avait altéré les monnaies au point que les pièces de vingt francs n'avaient plus que la valeur intrinsèque des médailles en étain qui pendent au goulot des flacons de vinaigre de Bully.

*
* *

Enfin les soldats et l'argent étaient devenus si rares que l'on avait été obligé de doubler la taille et de diminuer celle des conscrits.

*
* *

A peine la paix signée, Louis XIV s'occupa de procurer au pays une nouvelle occasion de manger des pot-au-feu avec des semelles de souliers.

Le roi d'Espagne, Charles II, se mourait vieux à trente-six ans!... et sans enfants.

Louis XIV parvint à faire nommer roi d'Espagne son petit-fils le duc d'Anjou.

Les rois de l'Europe, furieux de voir commettre par le roi de France une canaillerie que chacun d'eux eût voulu avoir commise, se liguèrent contre lui et la guerre recommença.

***

On raconte qu'au siége de Kehl, en 1703, il y avait un fusil pour trois hommes et que le pain manquait aux soldats.

C'était à croire que le maréchal Le Bœuf était ministre de la guerre.

***

En 1704, les protestants des Cevennes s'insurgèrent ;

Villars et ses dragons ne purent les soumettre qu'en les faisant mettre en pièces par Carré et Barbier.

La musique de Maillart les acheva.

※
* *

L'hiver de 1709 fut meurtrier ; la vigne souffrit beaucoup, les maîtresses du roi, elles-mêmes, gelèrent.

La famine se joignit bientôt à la misère, qui était énorme. Dans beaucoup d'endroits le peuple était obligé de moudre le crin des vieux balais pour faire du pain.

Les laquais du roi mendièrent. Pour des gens habitués à voler, c'était dur !

Pour les besoins de Louis XIV, on avait déjà soulagé le budget des revenus de dix années d'avance, et l'on fut forcé de demander aux contribuables un nouvel à-compte sur leurs contributions de 1855.

On emprunta à 400 pour cent et la dette monta à trois milliards.

Vélocipède père n'a rien inventé.

※
* *

Enfin en 1713, après une guerre de quinze ans, la paix fut conclue ; elle fut signée à Utrecht ; mais la France n'en fut pas pour cela sur le velours.

***

Un grand nombre de Français se firent jansénistes. Louis XIV lança contre eux trente mille lettres de cachet et les fit enfermer à la Bastille.

En fait de liberté de conscience, Louis XIV ne reconnaissait que son *fort intérieur*.

※※※

En 1714, Louis XIV éprouva tout à coup le besoin de donner à son peuple un grand exemple de morale.

Il légitima des bâtards, le duc du Maine et le comte de Toulouse, qui lui étaient nés de la marquise de Montespan.

Par cet acte, il les déclara héritiers de la couronne de France à défaut de princes du sang.

Nous ne pousserons pas la bégueulerie jusqu'à nous scandaliser d'une telle mesure.

Entre les bâtards et les dauphins contrôlés, nous n'établissons pas une bien grande différence.

Les dauphins bien authentiques sont les fils de la reine ; mais ils n'ont pas plus de chances que d'autres — peut-être moins — d'être ceux du roi.

Que le droit divin se débrouille comme il pourra ; nous, ça nous est égal.

Nous restons persuadés que nous n'avons qu'un seul moyen de ne pas être trompés :

C'est de nous passer à l'avenir des dauphins sous le prétexte qu'ils peuvent être des bâtards, et de nous méfier des bâtards sous le prétexte qu'ils peuvent être des dauphins.

***

Enfin, en 1715, à l'âge de soixante-dix-sept ans, Louis XIV daigna faire quelque chose pour le pays dont il avait été le cancer pendant soixante-douze ans.

Il mourut.

***

Ce fut le Père Letellia qui fut chargé de signer à Louis XIV son laisser-passer pour le séjour de délices

où se retrouvent après leur mort les gens dont l'existence a été pure.

Le nez qu'aura dû faire saint Pierre !.... on le devine.

* * *

Bien qu'il nous tarde de retirer nos mains d'un règne aussi malpropre, deux raisons nous empêchent de le faire tout de suite :

La première, c'est qu'il va falloir les remettre dans un autre qui n'est pas plus ragoûtant ;

La seconde, c'est qu'il nous reste à faire le bilan de ce grand siècle, afin de tâcher d'en dégoûter ceux qui penseraient encore qu'il faut le recommencer.

* * *

Il est essentiel que l'on ne perde jamais de vue ce que peut coûter un monarque qui prétend que l'État c'est lui, et pendant soixante-douze ans ne trouve pas un chat pour lui dire le contraire.

On a calculé que pendant son règne Louis XIV avait fait tuer en France et à l'Étranger, tant pour la dignité de la France que pour se désennuyer et faire plaisir à ses catins, environ 20 millions d'hommes.

***

Les frais de ce bel ouvrage se sont élevés à soixante milliards.

Un calcul que pas un historien n'a encore pensé à faire et qui n'est pourtant pas bien malin, c'est que

soixante milliards placés à 5 pour cent donneraient un revenu de trois milliards, soit de quoi payer les appointements de trois millions d'instituteurs communaux.

Un statisticien plein de patience a calculé aussi qu'avec soixante milliards on entretiendrait toutes les routes de France pendant un siècle, même en les macadamisant avec des pièces de deux sous.

***

Pour finir, nous jetterons un coup d'œil et de la cendre sur les mœurs du grand Louis XIV.

Le roi rossait ses valets de sa propre main. Un jour il cassa sa canne sur le dos de l'un d'eux qui lui avait dérobé un biscuit ; de là l'expression si connue pour désigner les bénéfices illicites : tour de bâton.

Le marquis de Canillac entretenait douze scélérats sur ses terres pour détrousser les passants.

Le baron de Veyrac tua un notaire qui avait osé verbaliser contre lui. Il n'avait même pas pour excuse que ce fût celui qui avait dressé son contrat de mariage.

Quant au marquis du Palais, il avait un tic particulier.

Tous les huissiers qui lui apportaient des assignations,

il les assommait sur place parlant à leur personne ainsi déclaré.

C'est depuis cette époque que les huissiers font signifier les protets par leurs clercs.

*
* *

Par un édit spécial, Louis XIV condamna à la pendaison tout roturier ayant blessé en duel un gentilhomme.

Ce qui mettait le manant insulté par un membre du Jockey-Club dans la nécessité de se laisser tuer pour ne pas être condamné à mort.

⁂

Ajoutons à tout cela : les ducs d'Orléans et de Vendôme ramassés ivres-morts cinq fois par semaine sur la voie publique, le duc d'Antin et la duchesse de la Ferté volant au jeu, le frère du roi, son neveu et le prince de Conti prenant la vie du bon côté, mais les hommes du mauvais... etc.... etc.... et nous aurons le tableau à peu près fidèle — sauf les omissions — des mœurs de ce grand siècle où le peuple accablé d'impôts ne pouvait pas élever ses enfants, pendant que son roi, retournant à sa guise le précepte oriental qui prétend qu'un homme peut avoir autant de femmes qu'il peut en entretenir, disait à ses courtisans :

— Un monarque a droit à autant de salopes que ses sujets en peuvent nourrir.

⁂

Nous pensons être agréable à nos lecteurs en leur donnant le catalogue des principales maîtresses de Louis XIV.
— Celles seulement qui ont figuré à la cour avec quelques succès.
Nous ne nous occupons pas du casuel.

LOUIS XIV

LE PARTERRE DU ROI SOLEIL.

(Caricature du temps, attribuée au peintre Rigaud.)

69ᵉ LIVR.

La dame de Beauvais

Femme de chambre de sa mère. — C'est toujours comme cela que ça commence.

Les sœurs Mancini

Elles étaient quatre : Olympe, — Marie, — Anne — et Hortense. — Ces quatre sœurs n'étaient pas du même lit; mais elles le devinrent.

Henriette d'Angleterre

Sa belle-sœur; ce qui aurait pu permettre à Philippe

d'Orléans, son mari, de n'être que l'oncle de ses enfants et le père de ses neveux.

Mademoiselle de La Vallière

Que plusieurs historiens nous représentent comme une sainte femme n'ayant pu supporter le poids de ses remords. Nous ne voudrions pas leur être désagréable ; mais nous ne pouvons pourtant ne pas faire remarquer que mademoiselle de La Vallière s'aperçut qu'elle ne pouvait supporter ses remords le jour où elle ne put supporter que sa rivale madame de Montespan en prît la moitié.

Problème a résoudre : Mademoiselle de La Vallière a-t-elle cédé au repentir ou a-t-elle tout simplement cédé... la place ?

Nous nous faisons un malin plaisir de laisser nos lecteurs le nez dans ce gouffre.

Madame de la Mothe Houdancourt

Dont le prestige ne fut pas de très-longue durée.

Madame de Montespan

Elle était mariée ; mais elle s'appelait Athénaïs, ce qui empêche de plaindre le mari.

L'abbesse de Fontevrault

Sœur de la Montespan. Pendant que sa sœur quittait la cour et se réfugiait au couvent, l'abbesse de Fontevrault renonçait aux joies du cloître et venait se purifier dans le sein de Louis XIV.

Madame de Thianges

Sœur aussi de la Montespan. Décidément les jeunes filles de ce temps-là étaient bien mal élevées; le roi ne

pouvait pas en faire sauter une sur ses genoux sans avoir toute la famille sur le dos.

La duchésse de Fontanges

Qui avait été vendue au roi un million comptant; au moyen d'un virement, on fit figurer cette somme dans la colonne de menus frais de l'expédition du Mexique.

Elle mourut à vingt ans, et l'on prétendit qu'elle avait été empoisonnée par la Montespan.

D. Faut-il le croire?

R. C'est beaucoup plus facile que d'en douter.

La duchesse de Soubise

Dont le mari, d'une complaisance évangélique, faisait dire de lui par le *Tintamarre* du temps :

> « Des Danaïdes sur mon âme !...
> « Un nouvel acte s'accomplit ;
> « Car Soubise VIT DE SA FEMME
> « Pendant que le roi la .... »

Le numéro dans lequel nous avons fait cette coupure ayant été détérioré pendant l'incendie de la Cour des Comptes, le quatrain se trouve tronqué ; nos lecteurs nous excuseront.

Madame de Roquelaure

Que l'on suppose être la femme du maréchal de ce nom, chargé par Louis XIV d'aller pacifier les Cévennes et de faire rentrer les protestants dans le devoir pour laisser au roi le temps de faire sortir sa femme du sien.

Le maréchal partit pour les Cévennes. On prétend même qu'en revenant il créa ce fameux proverbe devenu si populaire : *Qui voit Cévennes voit ses peines !*

Citons encore :

Mademoiselle de Ludre

Qui dut un instant de vogue à sa grande beauté ; et terminons, — sauf erreur ou omission, — par

Madame de Maintenon

Veuve du cul-de-jatte Scarron, qui sut prendre

Louis XIV juste à ce moment propice où les hommes

éprouvent le besoin d'avoir une maîtresse devant qui ils puissent le soir retirer leurs bretelles sans en rougir.

Tant que l'homme ne porte pas de bretelles, il n'y a presque pas de danger qu'il épouse ses maîtresses.

Mais celle qui a la chance d'arriver aussitôt la première paire est à peu près sûre de son affaire.

Madame de Maintenon, qui avait un grand fond d'observation, guetta Louis XIV à sa première bretelle.

Elle corrompit à prix d'or le bonnetier du roi qui la prévint; et elle accourut.

On sait le reste.

*
* *

Ici s'arrête la nomenclature très-incomplète des maîtresses de Louis XIV.

Quant à Marie-Thérèse, sa première femme, on n'a que très-peu de chose à en dire, si ce n'est qu'elle s'ennuyait beaucoup, et que le roi lui ayant donné un domestique nègre, qui avait mission de surveiller sa conduite, la reine s'emporta un jour contre ce nègre qui fut obligé de se défendre.

On a même prétendu qu'il lui fit un noir.

LOUIS XV

AN 1715

A la mort de Louis XIV son aïeul, Louis XV avait cinq ans.

Il n'allait pas encore à l'école et le regretta, disant que ça lui aurait fait un jour de congé.

***

Par son testament, Louis XIV avait institué un conseil de régence de quinze membres; et, dans ce conseil, Philippe d'Orléans, premier prince du sang, n'avait qu'une toute petite part du pouvoir.

Il trouva que c'était bien peu.

Il convoqua le parlement, et, feignant d'avoir recueilli les dernières volontés du roi mourant, il jura sur l'honneur de son pédicure que Louis XIV lui avait confié la

tutelle du dauphin et la jouissance de la couronne pendant la minorité de celui-ci.

*
* *

Il faut croire qu'en ce temps-là les parlements étaient assez faciles à convaincre, car la régence fut octroyée d'emblée au duc d'Orléans, à qui l'on ne demanda pas d'autres preuves.

Il prit possession du fonds séance tenante.

* * *

Il y avait bien autour du trône quelques gêneurs : le duc de Bourgogne, son fils, et les ducs de Bretagne et d'Anjou, ses petits-fils.

Mais presque tous moururent subitement.

Ces choses-là n'arrivent qu'autour de certaines gens.

* * *

On cite aussi le duc de Berry, mari de la fille du régent, qui mourut, à propos de rien, le lendemain du jour où il s'aperçut, dit-on, que le duc d'Orléans voulait se tenir lieu de gendre.

Mais ce n'est qu'un bruit qui court.

Et comme le dit si justement le proverbe : Le monde est si méchant, que lorsque l'on assiste au débinage des familles royales, il ne faut jamais croire que le double du mal que l'on entend dire d'elles.

Nous ajouterons qu'en croire le double et se persuader, par-dessus le marché, que l'on n'en croit encore que la moitié, voilà le vrai bonheur.

*
* *

Aussitôt investi de la régence, le premier soin du duc d'Orléans fut d'envoyer son pupille à Vincennes sous la

garde d'un précepteur, afin que bébé ne lui posât pas à chaque instant de ces questions indiscrètes dont les enfants ont le monopole.

On raconte à ce sujet que Louis XV avait un jour dit à son oncle :

— Dis donc tonton... pourquoi que tu m'as pas changé de tante depuis trois jours?

*
* *

Le régent installa bientôt le cardinal Dubois, son ancien précepteur, à la tête des affaires.

L'histoire a mis très-longtemps à se faire un jugement sur le cardinal Dubois, parce qu'elle a perdu beaucoup de journées à chercher quel vice pouvait bien lui manquer.

Elle n'a pas trouvé, et on a conclu qu'il les avait tous.

*
* *

Perfide, avare, débauché, ambitieux, joueur, ivrogne et flatteur, Dubois eût été complet de notre temps, parce qu'alors il aurait pu s'abonner au *Figaro*.

Alors qu'il n'était que simple abbé, il avait reçu un million de l'Angleterre pour lui vendre les secrets de la France.

Plus tard il dépensa huit millions pour devenir cardinal.

Son rêve était d'être habillé tout en rouge afin que l'on ne le reconnût pas de loin quand on ne verrait que son dos.

Dubois était marié; mais comme sa femme se montrait

plus exigeante au fur et à mesure que sa position s'améliorait, il chargea Breteuil, un de ses intendants, d'anéantir l'acte de mariage à l'église et chez le notaire.

Ce qui fut fait.

Cette façon très-pittoresque d'épiler les registres de l'État civil valut à l'ancien intendant Breteuil la place de secrétaire d'État de la guerre.

Dans ce temps-là on faisait de préférence des hommes de guerre avec des hommes de rien.

**

Comme dans toute monarchie bien tenue, la première chose que fit le régent après la mort de Louis XIV fut de faire pratiquer l'autopsie... des coffres de l'État, moins pour savoir de quoi Louis XIV était mort que pour voir un peu de quoi il allait pouvoir vivre lui-même.

Il put constater avec chagrin que les coffres de l'État était aussi nets que les comptes du budget étaient embrouillés.

Le régent avait promis quelques huit-ressorts à ces dames.

Il fallait de l'argent à tout prix.

**

Pour ceux qui nous ont fait l'honneur de lire cette

histoire de France, et qui se souviennent du mal que se sont donné les rois précédents pour arriver à faire

leurs échéances, le régent doit sembler être dans une situation désespérée.

Nos lecteurs se disent sans doute :

— Comment va-t-il faire ?... Après Philippe le Bel enlevant la queue aux vieux boutons de métal afin de les faire passer pour des pièces de vingt francs, et fendant des pièces de six liards en deux pour en doubler le nombre !... que va pouvoir imaginer le régent ?

*
* *

Ce qu'il imagina est fort simple, et quand l'on pense

que l'on a mis dix-huit siècles pour trouver cela, c'est à désespérer de la direction des ballons.

Le régent promulgua tout uniment la loi suivante :

Considérant que l'argent est devenu rare :

Art 1er. — Les louis d'or de quatorze livres en vaudront vingt.

Art. 2. — Les écus de trois livres et demie en vaudront cinq.

Art. 3. — Mais pour ne pas encourager chez les citoyens une spéculation honteuse, le bénéfice sera pour moi.

*
* *

En 1717, le czar Pierre le Grand vint à Paris où il fut reçu d'une façon splendide.

On raconte que, voyant à la Sorbonne la statue de Richelieu, il l'embrassa en s'écriant :

« Grand homme, je t'aurais abandonné la moitié de « mes États pour apprendre de toi à gouverner « l'autre!... »

Phrase que nous prendrons la liberté de traduire ainsi :

« Grand filou !... je t'aurais abandonné de grand

« cœur cinquante millions par an pour que tu m'ap-
« prennes à en voler trois cents !... »

*
* *

C'est en 1718 que la France, l'Angleterre, la Hollande et l'Autriche coalisées se liguèrent contre l'Espagne.

Dans cette campagne qui nous coûta très-cher, juste la somme en plus que ce qu'elle nous rapporta, l'Angleterre prit aux Espagnols le fameux port de Vigo.

On sait que dans ce port restent, au fond de l'eau, une quantité énorme de galions chargés d'or, qu'une compagnie puissante s'est engagée à repêcher pour le compte de ses actionnaires.

On a déjà trouvé des actionnaires; mais pas encore de galions.

La compagnie affirme qu'avec assez d'actionnaires elle pourra se passer de galions.

*
* *

Malgré la transformation des pièces de trente sous en pièces de vingt francs, les finances de l'État étaient redevenues déplorables.

La France n'avait plus qu'une ressource sur laquelle le Mont-de-Piété refusait obstinément d'avancer quinze sous : c'était de faire banqueroute.

C'est alors qu'apparut Law, fils d'un banquier écossais, qui proposa de créer les coupures de la Société générale.

Ses devis, présentés sous le jour le plus engageant, établissaient qu'avec soixante francs de ce papier-mon-

naie, ayant seulement trois semaines de circulation, on pouvait faire un excellent pot-au-feu, ayant des yeux.

※
※ ※

Dans la situation où se trouvait le régent, il n'avait pas la moindre raison pour repousser ce projet — ni d'autres.

On serait venu lui proposer de faire des pièces de quarante francs en bitume durci, qu'il eût sauté au cou de l'industriel.

Il accorda donc à Law l'autorisation de fonder une maison de banque et d'émettre des obligations pour la colonisation des bords du Mississipi.

*
* *

On sait que les bords du Mississipi sont déjà très-riants de leur nature.

Mais quand ils virent qu'ils trouvaient des actionnaires, cela devint de la joie folle.

*
* *

Dès l'année suivante, en 1719, le papier-monnaie eut une vogue insensée.

On se l'arrachait à des prix fabuleux, et la rue Quincampoix, où se tenait le siége de la banque, fut assiégée par une foule de gens, dont presque tous les petits-fils votèrent oui au plébiscite de 1870.

Des fortunes inouïes se firent en très-peu de temps. On cite un peaussier de Montélimart qui se retira avec soixante-dix millions. Un domestique avec cinquante. Un savoyard avec quarante.

Et enfin un bossu qui gagna cent cinquante mille livres à prêter son dos comme pupitre pour y signer les ordres

de bourse. Il était dans son droit. Il se retira en faisant le gros dos.

*

Le comte de Horn assassina un courtier pour lui voler ses actions.

Il avait, dit-on, une fort mauvaise liquidation à faire à la fin du mois, et il préféra s'exposer à la peine de mort plutôt que de se voir exécuté... à la corbeille.

*

Nous n'étonnerons personne en disant que six mois après, les actions de la banque Law valaient de trois à quatre sous la livre.

Et nous n'insisterons pas sur l'amertume qui dut envahir l'âme des possesseurs de ces titres, dans la crainte de paraître insulter au malheur de ceux de nos lecteurs qui ont des *Nord de l'Espagne* en portefeuille.

*

Beaucoup d'historiens se sont occupés de la prononciation du nom de Law.

Il y en a qui tiennent pour *Lav*, d'autres pour *Lau*, d'autres pour *Lou*.

Aucuns ne sont d'accord.

L'opinion la plus répandue... en notre cœur, est que cela doit se prononcer : de Morny.

*
* *

En 1720, pendant une nouvelle guerre contre l'Espagne, le jeune roi, la veille en pleine santé, tomba tout à coup malade.

Cette maladie fut très-mystérieuse. L'opinion pu-

blique, toujours disposée au mal, en accusa le régent.

Laissons-la faire.

* * *

Un médecin nommé Helvétius consentit à risquer la cure, soigna le jeune Louis XV, lui fit prendre un breuvage et le sauva.

On prétendit au club des Folies-Bergères que ce breuvage était un contre-poison administré à temps.

Quoi qu'il en soit, on remarqua que le docteur Helvétius, après une si remarquable cure, ne fut pas porté par le régent pour la décoration de la Légion d'honneur.

* * *

A peine le jeune roi rétabli, le régent commit contre lui une seconde tentative criminelle. Il s'occupa de le marier.

Des négociations furent entamées à ce sujet avec le roi d'Espagne, qui avait une charmante jeune fille à caser.

Elle était alors âgée de trois ans.

* *
*

Philippe V consentit à ces fiançailles, à la condition que l'éducation de Louis XV serait confiée au jésuite Linières; ce qui fut accordé.

Inutile de dire que ce dernier s'empressa de laisser son élève dans l'ignorance la plus crasse.

Mais l'on doit constater en même temps, pour être juste, que s'il n'enseignait au jeune roi rien de ce qui

pouvait lui être utile, il s'efforçait de lui montrer toutes sortes d'autres choses.

※
* *

A onze ans, Louis XV savait à peine lire, et disait : J'ai-t-été me promener-z-avec un de mes amis.

Mais en revanche il allait déjà s'entortiller dans les jupons de toutes les dames de la cour, qui se disputaient à l'avance l'honneur de lui indiquer le chemin de la vertu... afin que, prévenu, il pût en prendre un autre.

※
* *

Pendant ce temps, la jeune infante d'Espagne, sa fiancée, était conduite à Paris pour y être élevée à côté de son futur époux.

Quoiqu'elle n'eût que trois ans, elle résista aux corruptions de la cour.

Depuis l'âge de trois ans et demi, nous ne pouvons plus rien garantir, ayant complétement perdu de vue l'infante.

Nous avons omis de consigner à sa date l'exécution de

l'illustre voleur Cartouche, qui avait été si roué pendant toute sa vie, qu'il finit par l'être vif le jour de sa mort en 1721.

*
* *

En 1723 le cardinal Dubois eut l'immense douleur de perdre un de ses meilleurs abcès, qui creva entre ses

bras, — ce qui est une manière de parler, — dans un mouvement d'humeur.

Il ne put lui survivre plus d'une demi-heure. La vie sans abcès lui était insupportable.

La place nous manque pour écrire ici l'histoire de cet abcès célèbre que le cardinal, si l'on en croit Anquetil, n'avait pas gagné en disant la messe.

Nous nous contenterons de dire que le *Tintamarre* imprima sur le cardinal Dubois le quatrain suivant en guise d'oraison funèbre :

> Le Cardinal, entre nous,
> N'est pas mort de cinq... jaunisses,
> Il était perdu de clous
>   Sans compter les vices

* * *

Plusieurs historiens ont cru devoir publier la liste des traitements que touchait le cardinal Dubois.

Nous ferons comme eux, persuadé néanmoins que cette nomenclature est incomplète, puisque au nombre de ces traitements nous ne voyons pas figurer celui que devait lui avoir prescrit Ricord.

Le cardinal touchait :

Comme premier ministre.	150,000 livres.
Sur les postes.	100,000 —
Pour une pension qui lui était faite par l'Angleterre.	960,000 —
Comme évêque de Cambrai.	120,000 —
Et enfin des abbayes de Nogent, Saint-Juste, Airvaix, Bourgneil, etc., etc., ensemble.	204,000 —
En tout.	1,534,000 livres.

* * *

Si nous avons mis cet état sous les yeux de nos lecteurs, c'est surtout pour qu'ils ne perdent pas trois se-

maines à chercher pourquoi la France mourait de faim.

Et aussi pour donner un bon coup de main au *Pays* (pardon!...) dans sa tentative de réhabilitation du second empire, en démontrant que les 400,000 francs de traitement cumulés du maréchal Vaillant n'étaient pas une innovation.

* *

Aussitôt que le cardinal Dubois fut mort, le régent n'eut plus aucune raison pour ne pas en faire autant.

Perdu de douleurs, fourbu, vidé, éreinté, il s'éteignit une après-midi dans les bras de la duchesse de Phalaris, à qui il s'efforçait en vain de persuader depuis cinq quarts d'heure, qu'en y mettant de la bonne volonté, on pouvait faire une omelette rien qu'avec des coquilles d'œufs.

Il mourut avant d'avoir pu convaincre la duchesse.

* *

Afin de ne point être accusé d'avoir des préférences, ou soupçonné d'avoir reçu de l'argent de Louis XIV pour lui faire plus de réclame qu'aux autres, nous donnons à nos lecteurs, comme nous l'avons fait pour le roi-soleil, une liste approximative des maîtresses du régent.

Il est bon, d'ailleurs, que les générations que nous nous sommes donné la tâche d'éclairer, sachent à peu

près par combien de sommiers élastiques la France a été sous-gouvernée à toutes les époques.

*
* *

LISTE DES MAITRESSES DU RÉGENT

Relevée sur le cadran du tourniquet-compteur cupidométrique placé sous son canapé.

Madame de Parabère.	2,430,09
Madame d'Averne.	1,745,16
Madame de Sabran.	892,24

Madame de Phalaris.	636,07
Cinquante-sept blondes du corps de ballet.	5,873,31
Soixante-deux brunes du corps de ballet	4,389,15
Vingt-deux rousses diverses. . . .	1,328,66

*
* *

Saint-Simon a insinué qu'il y aurait peut-être à ajouter à ce relevé : Mesdames de Berry, de Valois et de Chartres, filles du régent.

Mais cette accusation nous paraît tellement énorme, que nous ne pouvons qu'engager nos lecteurs à bien réfléchir avant de croire... qu'elle n'est pas fondée.

*
* *

Selon Saint-Simon, le régent qui affichait ostensiblement un athéisme à 58 degrés au-dessus du doute, croyant au diable de toute sa force,

Il eut recours à tous les exorcismes du *grand* et du *petit Albert*, sorciers en renom.

Nous croyons, nous, que Saint-Simon a oublié surtout Charles Albert.

C'est le 25 octobre 1722 que Louis XV fut sacré.
Il avait alors douze ans.

Beaucoup de gens, qui n'osèrent pas le dire, pensèrent

que l'on eût pu employer plus utilement cette huile-là à graisser des serrures.

***

L'année suivante (1723) Louis XV était déclaré majeur en vertu de ce principe, aussi amusant qu'imbécile, qui veut que les rois aient toute leur raison à l'âge où ils commencent à jouer à la toupie.

***

La majorité donnait à Louis XV le droit de gouverner lui-même; il en profita immédiatement pour se choisir un premier ministre qui gouvernât à sa place.

Fleury, son précepteur, n'eut pas de mal à lui faire agréer le duc de Bourbon.

Alors commença une autre régence qui fut le pendant de la première.

Le duc de Bourbon et la duchesse de Prie, sa maîtresse, se dévouèrent à la France et l'embrassèrent à bourse-que-veux-tu?

De plus, madame de Prie continuait l'œuvre du cardinal Dubois en recevant de l'Angleterre une forte pension qui ne lui était probablement pas servie pour semer des torpilles dans le port de Calais.

* * *

A part pas mal de soupers remarquables que le duc de Bourbon donna aux Frères Provenceaux, ce qu'il fit de plus saillant fut de renvoyer l'infante d'Espagne à son père, et de donner à la place comme fiancée à Louis XV

la fille de Stanislas Leczinski, ex-roi de Pologne en disponibilité.

La jeune infante avait six ans et demi quand son mariage se rompit. En arrivant dans sa famille, elle déclara qu'elle voulait se retirer au couvent, se considérant comme déshonorée par le refus de son futur.

Il fallut lui donner une poupée articulée pour la faire revenir sur cette détermination.

⁂

En 1725, le duc de Bourbon s'apercevant un beau matin, comme cela était arrivé du reste à tous ses prédécesseurs, que les coffres de l'État étaient plus vides qu'une chronique de Timothée Trimm, imagina un moyen aussi simple qu'ingénieux de donner un nouveau tour de vis au pressoir du budget.

Il établit la dîme en nature sur tous les fruits de la terre et en argent sur les autres revenus.

Il va sans dire que les autres impôts qui existaient précédemment ne furent pas abolis.

On sait, en effet, qu'après un état de siége, un impôt est tout ce qu'il y a de plus rare à voir lever.

Chaque gouvernement qui s'installe, établit un *impôt extraordinaire* destiné à réparer les fautes du gouvernement qui l'a précédé.

Et quand cet impôt, qui se perpétue, commence à faire crier ceux qui croyaient ne le payer que pendant six mois, tout ce que le fisc peut faire, c'est de ne plus l'appeler *extraordinaire*.

On le fait alors rentrer dans la série des impôts ordinaires.

Et six mois après, on en crée un autre qui reprend le

titre d'*extraordinaire*, en attendant son classement définitif dans les contributions ordinaires.

C'est ordinairement ainsi que se passent ces choses,

qu'à juste titre M. Ordinaire et ses collègues trouvent si extraordinaires d'ordinaire.

*
* *

Le duc de Bourbon marqua aussi son passage au pouvoir en rééditant les persécutions de Louis XIV contre les protestants.

On ne voulait décidément pas admettre à cette époque qu'un homme pût se choisir une autre croyance que celle qui « *n'était pas au coin du quai.* »

*
* *

Enfin la régence du duc de Bourbon fatigua tellement tout le monde, que l'on jugea à propos de le remplacer par Fleury, ex-précepteur du jeune roi.

Le cardinal Fleury nous est représenté comme un assez honnête homme.

Faut-il le croire, quand il est si facile d'en douter?

Il paraît pourtant que le cardinal Fleury fréquentait moins assidûment que ses prédécesseurs les coulisses des Variétés,

Et qu'il diminua de moitié le nombre des impôts.

On n'a peut-être pas assez recherché s'il ne doubla pas le rendement de ceux qu'il conservait.

Admirons de confiance.

Pour une fois, nous n'en mourrons pas.

*
* *

Quoique, d'après la loi, Louis XV fût déjà en âge de

gouverner lui-même, il se contentait d'assister au conseil sans rien dire.

Il faisait de la tapisserie, tournait des tabatières en bois et enfermait des mouches dans de petites cages qu'il fabriquait avec des bouchons évidés et des épingles.

*
* *

Il ne tarda pas à remplacer ces plaisirs innocents par des joies plus épicées.

Grâce aux soins du préfet de police, une collection complète lui était envoyée chaque jour de toutes les chroniques scandaleuses qui paraissaient à Paris.

*
* *

Il prenait un plaisir extrême à apprendre, par ces gazettes, les gros et menus cas de cocufiage qui se produisaient à la cour et à la ville.

N'ayant aucune espèce de notion du livre bleu, du livre jaune ou du livre vert, qui se distribuaient chaque année pour mettre les députés au courant de tous les faits de la politique; les *Échos de Paris* du *Figaro* lui suffisaient et lui tenaient largement lieu d'une lecture de *Télémaque*.

*
* *

Aussi, pour ne citer qu'un exemple, il rit aux larmes et faillit s'en faire remonter la rate dans l'oreille, le jour

où il apprit, par l'article d'un reporter de la marée, que madame Louise-Henriette de Bourbon Conti, duchesse d'Orléans, allait clandestinement faire des heures, après sa journée dans des maisons aussi mal famées que bien femmées de la ville.

*
* *

On conçoit sans peine que avec une telle éducation, Louis XV devait forcément contribuer plus tard au bonheur du peuple qui lui était confié, ainsi qu'à la prospérité des feuilles de joie auxquelles il était abonné par ses précepteurs.

*
* *

En 1733, le roi Auguste II de Pologne étant mort, sa succession fut réclamée naturellement par Stanislas Leczinski, beau-père de Louis XV, candidat des Polonais, et Auguste de Saxe qui a été patronné par la Russie et l'Autriche.

Louis XV prit parti pour son beau-père, et la guerre éclata.

Presque aussi intelligent que le général Trochu, le cardinal Fleury envoya tout en gros à Stanislas un renfort de 1,500 hommes.

Stanislas dut à ce secours, qui rappelle par sa maigreur les dividendes des Nord de l'Espagne, l'agrément d'être battu comme plâtre.

Et la Pologne retomba sous le joug russe et autrichien.

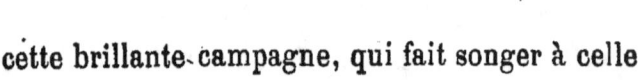

Après cette brillante campagne, qui fait songer à celle où le général de Failly devait plus tard être obligé de

faire annoncer tous les deux jours dans les *Petites-Affiches* son artillerie qu'il avait égarée la veille, le cardinal Fleury se releva un peu en battant l'Autriche.

Le résultat de la campagne fut d'assurer à Don Carlos, infant d'Espagne, la couronne des Deux-Siciles.

Mais le pain ne diminua pas en France.

*
**

La guerre de la succession d'Autriche continuait avec la régularité d'un métronome quand le cardinal Fleury mourut (1743).

Louis XV ne voulut pas remplacer son ministre.

Il prétendit gouverner lui-même.

La France n'y gagna rien; il touchait les appointements.

*
**

Jusqu'en 1748 la marmelade d'hommes se poursuivit sans interruption.

Grâce au concours du prince de Saxe, les armes françaises obtinrent de brillants succès.

La bataille de Fontenoy, notamment, est restée légendaire.

C'est à ce combat que les soldats anglais et les gardes françaises, au moment de se mettre en charpie, se livrèrent mutuellement le célèbre assaut de politesse duquel il a été tant parlé.

— Tirez les premiers, messieurs.
— Nous n'en ferons rien.
— Mais, si... nous vous en prions.

— Enfin... puisque vous le voulez !...
Rrrrrr... rrr... rrr... rran !..........
Total à la première décharge : vingt mille mères sans fils et trente mille sœurs sans frères !...

Et tout cela du ton que l'on emploie en société auprès d'une dame à qui l'on passe le sucrier pour qu'elle se serve la première.

Beaucoup de gens s'accordent à trouver cela très-beau.

Quand nous l'aurons trouvé très-bête assez longtemps, nous verrons ce que nous avons à faire.

*
* *

Citons en passant la belle parole du prince Maurice de Saxe, qui, perclus de douleurs au début d'une bataille où sa vie était menacée, répondit à ceux qui voulaient le retenir :

— Il ne s'agit pas de vivre, il faut partir.

Mot superbe que Vélocipède père voulut refaire cent vingt-cinq ans plus tard à Sedan quand Wimpfen le pressait de trouer la ligne ennemie.

Malheureusement la langue lui fourcha, et il dit :

— Il ne s'agit pas de partir, il faut vivre.

*
* *

Enfin, et pour donner aux femmes de France le temps

de refaire des enfants, Louis XV suspendit pour quelques

années la purée humaine à laquelle il consacrait sa vie...
pardon !... nous voulons dire : la vie des autres ;

Et le traité de paix d'Aix-la-Chapelle fut signé en 1748.

*
* *

Comme tout bon comptable doit le faire après une opération quelconque, nous établirons la balance des bénéfices que procura à la France cette dernière campagne.

Par le traité de paix d'Aix-la-Chapelle, Louis XV rendit toutes ses conquêtes.

Quant aux cent mille hommes et aux nombreux millions qu'elle nous avait coûtés, c'est pour le garçon.

Au premier abord, ce genre de spéculation n'apparaît pas comme excessivement avantageux.

Mais un mot de Louis XV explique tout :

Pendant que les peuples font ça, disait-il, l'Internationale ne les tente pas.

*
* *

Nous n'étonnerons personne en disant que le premier soin de Louis XV fut de mettre immédiatement à profit les loisirs que lui faisait la paix pour... préparer une nouvelle guerre.

Les Anglais d'ailleurs ne tardèrent pas à lui en fournir l'occasion, et en 1756 le branle-bas recommença.

Il dura sept ans, et se termina en 1763 par le traité de paix de Paris.

Louis XV rendit les quelques villes qu'il possédait encore en Allemagne, y perdit toute sa marine et s'engagea à raser les fortifications de Dunkerque.

Mais tous les historiens s'accordent à reconnaître u'il n'en perdit ni le sommeil ni l'appétit, et qu'il supporta héroïquement... nos malheurs.

* *
*

Un petit coin de ciel bleu au milieu de tous ces gros nuages noirs.

Le duc de Choiseul, alors ministre, fit abolir en 1763 l'ordre des jésuites et vendre leurs biens.

Nous sommes presque chagrin d'avoir à enregistrer

cette mesure d'assainissement sous le règne d'un roi qui avait élevé la pourriture à la hauteur d'un sacerdoce.

Mais il nous reste la consolation de constater qu'il n'y eut pas de sa faute. Ce fut la marquise de Pompadour, sa maîtresse, qui lui força la main en cette circonstance.

*
**

C'est ici le moment de dire à nos lecteurs ce qu'était la duchesse de Pompadour.

D'abord, de son vrai nom, elle s'appelait Jeanne-Antoinette Poisson. En devenant la favorite de Louis XV, elle quitta ce nom, mais il resta à son mari.

*
**

Elle était fille d'un fournisseur de l'armée, très-compromis dans l'enquête chargée d'examiner les comptes de Palikao.

L'histoire l'accuse d'avoir bien reçu, mais *malversé*.

Elle avait su s'attirer les regards du roi, en se croi-

sant toujours comme par hasard avec lui dans la forêt de Saint-Germain pendant qu'il était en chasse.

Sa faveur dura vingt ans, pendant lesquels elle reçut annuellement du trésor une pension d'environ un million et demi.

Juste de quoi couronner trois mille rosières.

*
* *

Du reste, très-bonne fille, elle sut conserver son

ascendant sur Louis XV au moyen de ces mille et une prévenances dont sont seules capables les femmes qui tiennent moins à régner sur le cœur des vieux crevés que sur leur porte-monnaie.

Le jour où elle s'aperçut qu'elle ne pouvait plus offrir à Louis XV toutes les... distractions qu'il était en droit d'attendre d'elle pour notre argent, elle s'arrangea de façon à les lui faire procurer par d'autres.

Ce moyen lui réussit.

Pour conserver son empire sur le roi, elle appela à son aide toute la tendresse... des dames d'honneur de la cour.

*
* *

On prête à la Pompadour la création du célèbre Parc-aux-Cerfs, espèce d'enclos qu'elle fit garnir, à l'usage particulier de Louis XV, d'un gibier tendre et délicat qu'elle rabattait elle-même pour satisfaire les goûts cynégétiques du roi.

Louis XV n'abattait pas beaucoup de pièces dans une journée, parce qu'en vieillissant son tir était devenu moins sûr, et qu'il lui fallait plus de temps pour recharger son fusil; mais les seigneurs de la cour lui donnaient un coup de main, et lui laissaient volontiers croire le soir qu'il avait été le roi de la chasse.

※ ※

Du reste, le Parc-aux-Cerfs était toujours très-giboyeux, car les châtelains les plus riches et les mieux

posés sollicitaient pour leur famille l'honneur d'entretenir cette chasse gardée.

La faveur de la Pompadour fut si grande, que l'on vit le nonce du pape et le grand aumônier lui mettre ses pantouffles à son lever et lui servir de caméristes.

C'est ce qui a décidé plus tard **Pie IX** à donner la rose d'or à Isabelle.

***

En 1765, la Pompadour mourut.

Lebel, premier valet de chambre du roi, s'occupa immédiatement de lui chercher une remplaçante.

Elle ne se fit pas attendre.

Un certain comte du Barry demanda à Louis XV la permission de lui présenter une innocente jeune fille que sa timidité naturelle avait fait échouer onze fois de suite au *nanterréat ès roses*.

Elle répondait, d'une part, au nom de Jeanne Vaubernier, et *oui* à tout ce qu'on lui demandait.

***

Louis XV fut émerveillé de tant de charmes et de candeur, et la fit immédiatement épouser à Guillaume du Barry, frère du prédédent.

Quand M. du Barry vit que sa femme faisait un si drôle d'usage du nom qu'il lui avait donné, il le repassa à la

douce revalescière, moyennant une rente viagère de trois mille francs.

C'est depuis ce temps-là que la revalescière du Barry ne s'appelle plus : purée de lentilles, titre sous lequel on n'en eût jamais vendu deux kilos.

La du Barry, — née Vaubernier et à Vaucouleurs, — tint à honneur de suivre les traces de la Pompadour et de ne pas gâter le métier.

Elle se fit construire des châteaux un peu partout, et puisa dans les coffres de l'État avec une ardeur qui ne se démentit que le jour où ils furent vides.

Bouillet affirme en outre qu'elle donna des places à

tout le monde, et qu'elle *distribua des grâces au hasard*.
Il n'a pas l'air d'y mettre de malice; mettons-en, et n'en parlons plus.

***

Le crédit de la du Barry fut grand, elle fit chasser le ministre Choiseul, qui avait osé conseiller au roi de ne la garder qu'à raison de trois francs le cachet.

***

En 1768, la Corse fut annexée à la France.
Elle se laissa faire, sachant bien qu'elle se vengerait.
Un an après, elle donna naissance à Napoléon Ier.

***

Vers la même époque, Louis XV, qui avait dépensé des

milliards et fait tuer des centaines de mille hommes pour gagner six pouces de terrain et en reperdre douze, laissa

sans broncher s'accomplir le partage de la Pologne par la Prusse, l'Autriche et la Russie.

Il n'y avait pas de trône à prendre, cela ne valait pas la peine de se déranger.

*
* *

Nous touchons au terme de ce règne glorieux pendant

lequel, grâce aux caprices des femmes, vingt-cinq ministres se succédèrent.

Ce à quoi il n'y aurait peut-être pas trop de mal s'ils ne s'étaient pas ressemblés.

*
* *

Un des derniers, l'abbé Terray, donnera la mesure des autres.

Comme le trésor était dans une détresse à se faire offrir deux sous par un actionnaire des *galions du Vigo*, l'abbé Terray ne fit ni une ni deux, il proposa la banqueroute.

Et comme on lui disait avec indignation :

— Mais, monsieur... c'est prendre l'argent dans nos poches.

Il répondit avec cette gravité qui sied si bien aux filous hors de portée de la police correctionnelle :

— C'est juste!... mais, pour éviter cela, vous n'avez qu'à le poser sur votre commode.

La situation était tendue. Tout était gangrené, pourri. Il semblait que la dernière étape de la honte fût franchie.

Il n'en était rien. Louis XV avait tenu à se réserver le

mot de la fin de cette chronique scandaleuse qui avait duré cinquante-neuf ans.

Le Roy se fit marchand de farines.

Accaparant les blés, il les exportait et ne les ramenait

en France que lorsqu'il pouvait en retirer un bénéfice de quatre francs par sac.

*
* *

Cette petite opération commerciale, qui fait malgré soi songer que l'on peut suspendre aux cordes des réverbères autre chose que des lanternes, fut une très-grande ressource pour Louis XV.

Le peuple l'appela : *le pacte de famine;* et c'est de ce jour-là qu'il commença à prendre des notes sérieuses sur la monarchie, pour le jour prochain où l'on réglerait les comptes.

**
* **

Louis XV ne devait pas vivre assez pour voir ce jour-là.

Un beau matin, les journaux officieux annoncèrent que le roi venait d'être atteint de la petite vérole.

On pense généralement que ces feuilles en publiant la nouvelle en ces termes, l'atténuèrent beaucoup.

**
* **

Quoi qu'il en soit, Louis XV mourut le jour même dans un état de putréfaction qui ne laissait rien à désirer.

A peine refroidi, son corps infectait l'air à huit kilomètres.

Huit pompes à phénol-Bobœuf jouèrent pendant toute

la nuit autour du cercueil; les pompiers se relayaient de quart d'heure en quart d'heure.

*
* *

Tous les habitants de Versailles, que leurs occupations empêchaient d'émigrer, se firent murer les narines avec du ciment romain pendant huit jours.

***

Enfin son cadavre fut transporté de Versailles à Saint-Denis et son peuple d'allégresse.

Ainsi finit ce règne glorieux qui avait ruiné la France et fait la fortune de beaucoup de médecins spécialistes.

***

Louis XV avait failli être assassiné par un nommé Damiens, qui manqua son coup.

Il fut écartelé. C'était une dure punition pour une simple maladresse.

***

A cette occasion, on afficha sur les murs un placard dont la rédaction a été attribuée au *Tintamarre*.

Ce placard portait en titre :

ARRÊT DE LA COUR DES MONNAIES, QUI ORDONNE QU'UN LOUIS MAL FRAPPÉ SOIT REFRAPPÉ.

*
* *

Avant d'entreprendre l'histoire de Louis XVI, qui va être le commencement de la fin de la monarchie (ce n'est

pas dommage), il ne nous reste plus qu'à esquisser en quelques lignes les mœurs des grands sous Louis XV.

*
* *

Madame de Polignac changeait d'amants onze fois par mois, même en février.

Il était rare qu'au bout de huit jours elle se souvînt seulement du nom de ceux qu'elle avait honorés de ses faveurs.

Juste au moment, prétend la chronique, où ces derniers commençaient à se souvenir d'elle.

*
* *

On raconte que la duchesse de Rais mangeait très-proprement, et que jamais elle ne mit de taches de graisse sur ses vêtements pendant les soupers qu'elle faisait avec Richelieu et ses amis.

On donne, il est vrai, pour raison qu'elle les accrochait tous à un porte-manteau avant le potage.

*
* *

Louis XV avait été surnommé le *bien-aimé*.

Une duchesse lui avait donné ce nom, qui ne lui resta pas, entre autres choses qui lui restèrent.

LOUIS XV

LE DÉJEUNER ROYAL

(D'après un pastel de la collection du docteur R...)

* * *

Les paysans étaient si malheureux, qu'on en vit brouter de l'herbe.

Le duc d'Orléans porta un jour au roi un morceau de pain de fougère en lui disant :

— Voilà, sire !... de quoi vos sujets se nourrissent.

A quoi le roi, atterré par le spectacle d'une telle mi-

sère, répondit en pleurant :

— Eh bien, mon pauvre ami !... ça ne prouve qu'une chose, c'est que nous avons oublié d'imposer la fougère.

* * *

Les places se vendant, il était naturel que l'on en inventât de nouvelles au fur et à mesure qu'on avait besoin d'argent.

C'est ainsi, d'après Saint-Simon, que furent créées les charges de :

Jurés crieurs héréditaires d'enterrements;

Essayeurs de bières de Paris;

Contrôleurs de perruques;

Etc., etc.,

Auxquelles nos renseignements particuliers nous permettent d'ajouter celles-ci :

Poinçonneurs des vésicatoires de la couronne;

Vérificateurs des gibelottes pour les bouillons Duval;

Enleveurs de vieux numéros du *Figaro* sur la voie publique pendant les chaleurs.

**
* **

Le produit de la vente de toutes ces places rapportait beaucoup d'argent au trésor.

Au moment où Louis XV mourut, il était sur le point de centraliser le ramassage des bouts de cigares entre les mains d'une puissante compagnie, qui avait offert trente-deux millions pour le monopole.

La justice était exemplaire.

Quand un receveur de contributions passait en Bel-

gique avec sa recette, on arrêtait les quatre principaux contribuables jusqu'à ce qu'ils aient comblé le déficit.

*
* *

Les grades se véndaient.

On cite des régiments de quatre cent quatre-vingt-deux hommes qui avaient quatre cent soixante-dix-neuf officiers.

Les trois autres étaient colonels.

*
* *

Les lettres de cachet furent multipliées.

La marquise de Langeac en faisait commerce.

On en trouvait à cinquante sous la pièce, tant qu'on voulait, chez tous les marchands de reconnaissances du Mont-de-Piété.

Les journaux en donnaient une douzaine en prime à leurs abonnés d'un an.

*
* *

On cite une dame de la cour qui en obtint une contre son mari, le jour même où celui-ci s'en procurait une contre elle.

Ils firent un très-drôle de nez, le soir, en se retrouvant ensemble à la Bastille.

Le comte de Charolais s'amusait à tirer sur les couvreurs pour les voir dégringoler des toits.

Ce qui retint beaucoup de galants, surpris par le mari

de leur maîtresse, de se *précorbiner* par les fenêtres à tabatière.

* * *

L'histoire a laissé le nom de quelques-unes des beautés qui embellirent le Parc-aux-Cerfs.

Nous ne disposons pas d'assez de place pour nous passer la fantaisie de les reproduire ici.

Nous citerons seulement au hasard :

Mes de Blaru.	Mes de Sainte-Hélène,
d'Egmont.	de Lussan,
de Grandi,	d'Eslignac,
de Malignan,	de Salis,
de Coulanges,	de Martinville,
de Bomango.	de Beaunoir,
de Villemand,	de Sades,
Tiercelin,	Lescot,
Lefèvre,	la de Ville,
la Dervieux,	la Bouvier,
Etc., etc.	Etc., etc.

*
* *

Cette petite liste, bien entendu, ne constitue qu'une très-faible partie du répertoire, tenu constamment à jour par le garde-chasse de cet honorable établissement, où les pièces de gibier se chiffraient par centaines.

On a même fait la remarque que lorsqu'elles couraient dans les allées, ces nobles dames devaient être assez difficiles à reconnaître par le roi.

D'abord parce qu'elles étaient beaucoup;

Et ensuite à cause de la similitude de leur costume, dont la pièce la plus apparente consistait en une petite mouche noire collée au coin de la lèvre.

Après avoir mis soigneusement le couvercle sur ce

règne dans lequel tant d'historiens ont trouvé la mort par asphyxie, nous passons à celui de :

LOUIS XVI

AN 1774

C'est le cœur joyeux que nous entreprenons le récit de la première royauté qui ne soit pas morte tranquillement dans son lit.

Il faut avoir avalé, comme nous venons de le faire, treize siècle et demi de monarchie non interrompue, pour comprendre tout le bonheur que l'on éprouve en voyant que cela tire à sa fin, et que les hommes sont sur le point de se demander à quoi ils ont bien pu penser depuis quatorze cents ans pour se laisser mener et tondre comme des imbéciles.

**

Quand Louis XVI monta sur le trône, la France était à peu près dans l'état brillant d'un chapeau haute forme sur lequel Dumaine se serait assis pendant cinq quarts d'heure.

La misère, la du Barry, la famine, la Pompadour et la corruption avait mis le pays sur la paille.

Si Bismark avait été prêt à ce moment-là, ça y était.

Louis XVI se mit à la besogne muni d'excellentes

intentions, à ce que prétendent les gens sur l'imagination desquels le nez busqué de ce monarque produit une certaine impression.

Nous ne dissimulerons pas plus longtemps que le

profil bourbonnien n'a sur notre âme aucune espèce d'action.

Tout ce que nous pouvons faire pour Louis XVI, c'est de constater qu'il lui donnait l'air très-bête.

*
* *

Louis XVI, sentant la nécessité de rajeunir les institutions, prit un ministre de 73 ans : M. de Maurepas.

Cet homme, malgré son âge avait conservé certains côtés de la jeunesse.

Le malheur voulut que ce fussent les mauvais.

*
* *

A M. de Maurepas, fut bientôt adjoint le ministre Turgot avec qui il ne put s'entendre et qu'il fit disgracier.

Ces deux hommes n'étaient pas faits pour être attelés à la même voiture.

M. de Maurepas était un type de vieux roué, à bonnes fortunes, frivole, égoïste et courtisan.

* * *

Turgot, au contraire, était un homme assez rude et

avait des idées d'un rococo achevé : ainsi, par exemple, ne s'était-il pas imaginé de diminuer les impôts qui écrasaient le peuple, et d'en faire payer une partie aux nobles qui jusqu'alors s'étaient contentés de regarder faire les autres !

***

M. de Maurepas n'eut pas de peine à convaincre Louis XVI que Turgot n'avait aucune espèce de chic, et Louis XVI remplaça Turgot par Clugny et ensuite par Necker, non sans avoir rétabli les *corvées* que Turgot avait abolies.

***

D'ailleurs, pour récompenser la France d'avoir été privée d'un abus pendant quelques mois, Louis XVI lui en octroya un nouveau et créa la loterie,

***

Dans ses moments perdus — on n'a jamais su ce qu'il faisait des autres — Louis XVI s'occupait à faire de la serrurerie.

Il était du reste de la dernière des maladresses, et, en comptant ce qu'il gâchait de marchandises, il eût bien fait en moyenne des semaines de 17 francs... à rendre à son patron, s'il eût été forcé de travailler pour vivre.

*
* *

Ce qu'il fit de pênes de serrures avant d'en réussir un qui pût servir, n'est guère comparable qu'à celles qu'il

causa à son pays pendant les dix-neuf années de son règne.

*
* *

Pour donner une idée du degré d'intérêt que lui inspiraient les affaires de son pays, il suffira de signaler ce fait que l'empereur Joseph II, son beau-frère, étant venu à Paris et lui ayant demandé de le conduire visiter les Invalides et l'École militaire, Louis XVI fut forcé de lui avouer qu'il ne connaissait pas ces deux établissements et lui demanda si c'étaient des Cafés concerts.

* * *

Ainsi, d'ailleurs, que ne seront pas étonnés de l'apprendre les gens qui ont bien voulu examiner pendant quelques secondes le profil moutonné de ce monarque ! Louis XVI était complétement incapable de dire quoi que ce fût de spirituel.

* * *

Aussi les confectionneurs de mots et saillies pour souverains firent-ils avec lui d'excellentes affaires.

Il en acheta des masses et à un prix élevé.

Seulement, comme il ne s'y connaissait pas, il se fit voler très-souvent.

∗
∗ ∗

Ainsi l'on raconte qu'un jour, Villemessant lui solda,

pour 1,340 francs, tout un lot de bons mots exécrables qui avaient paru dans le *Figaro* et qu'il lui vendit pour des Dumas fils, des Augier et Théodore Barrière.

Louis XVI avait été alléché par le prix peu élevé de ce lot assez important.

Mais quand Marie-Antoinette mit le nez dans le ballot, elle dit au roi qu'il s'était fait enfoncer et qu'il fallait faire vérifier la facture de Villemessant par un connaisseur.

*
* *

Le *Tintamarre* fut chargé de l'expertise et le lot fut estimé par lui à onze sous.

Villemessant, vexé, fut obligé de rendre la différence sous peine d'aller finir ses mémoires à la Bastille.

De là son attachement de terre neuve pour les Bourbons dont il espère le retour..... avec l'acharnement d'un homme qui à 1,339 fr. 45 c.. à rattraper.

*
* *

Il faut bien convenir pendant que nous y sommes que

l'on pouvait à la rigueur, ne pas se faire un grand cas de conscience de vendre de mauvais calembours à Louis XVI.

Outre qu'il ne s'en apercevait pas plus qu'un pochard à qui le marchand de vins passe des rincures de baquets

pour du vin pur; quand on lui vendait un trait d'esprit, il le récitait tout de travers.

*
* *

C'est lui qui un jour, ayant acheté à un rédacteur du *Tintamarre* cette célèbre pensée : *J'aime mieux mon thé à la crême qu'à l'échafaud*; ne trouva rien de mieux que de l'employer le soir même de la façon suivante :

Comme une dame d'honneur lui demandait s'il désirait du lait dans son café, il répondit d'un air capable :

Oui, madame... je préfère mon café à la crême que sur l'échafaud.

Après quoi il se mit à rire de toutes ses forces ; ce que voyant, toute la cour en fit autant de confiance.

Louis XVI avait payé ce mot 25 francs.

Il y a des gens qui, pour être sûrs d'en avoir toujours pour leur argent, ne devraient jamais acheter que de la moutarde.

*
* *

En 1769, les colonies anglaises d'Amérique ayant pris les armes pour s'affranchir du joug de l'Angleterre et soutenir l'indépendance des États-Unis, Louis XVI fut poussé par l'opinion à prendre fait et cause pour les insurgés.

Dépenser, ne fût-ce que trois sous, pour des républicains, lui parût amer.

Cependant quand il vit les Américains sur le point d'atteindre leur but sans son aide : il le leur offrit.

De là la fameuse phrase de Morny : se mettre du côté du manche.

*
* *

L'Angleterre fut battue et la prépondérance maritime qu'elle avait exercée jusque-là fut détruite.

On put dès-lors circuler librement sur l'Océan, sans être exposé à voir fouiller des navires par les marins anglais qui s'étaient fait les gabelous des mers.

* * *

Pendant ce temps, les finances de la France continuaient à dépérir comme un chien qui a avalé une éponge frite.

Et le ministre **Necker** était contraint de quitter la place à la suite d'un compte rendu du budget de 1781 qu'il avait présenté comme devant se solder par des millions d'excédant et dans lequel, après lui avoir ouvert le ventre, on ne constata qu'un déficit de 218 millions.

* * *

Après la chûte de Necker, Marie-Antoinette jugea le

moment opportun pour prendre la culotte dans le ménage.

Louis XVI avait une tête à ça.
La reine sut en tirer parti.

*
* *

Plusieurs ministres choisit par elle avec un rare bonheur parmi les cocodès de la cour qui savaient lui tourner les plus jolis compliments sur ses toilettes achevèrent de mettre les finances à sec.

Et Calonne fut obligé un beau matin d'avouer à une

assemblée des notables, convoquée *ad hoc*, qu'il ne lui restait plus en caisse que trois francs en timbres poste.

Calonne fut congédié et l'on convoqua les États généraux pour qu'ils avisent.

*
**

Brienne succéda à Calonne et prit en main le porte-monnaie national. Il pouvait très-bien le porter à bras tendu.

Pour le rendre plus lourd, il proposa de nouveaux impôts. La difficulté était de les asseoir sur quelque chose. Tout était occupé, jusqu'aux strapontins.

Brienne pensait bien aux allumettes; mais la pensée qu'il n'y en avait pas encore le retint de les taxer.

*
**

D'ailleurs, le parlement se refusait à voter de nouveaux impôts.

Brienne voulut se rejeter sur les emprunts.

Le Parlement s'y opposa également.

Louis XVI, vexé, cassa l'arrêt du Parlement. Le Parle-

ment cassa l'arrêt de Louis XVI... Cette lutte dura quelques jours pendant lesquels on cassa, comme dans un ménage où le torchon brûle, tous les arrêts qui se trouvaient sur le buffet.

Le Parlement tint bon; des troubles éclatèrent en province et Louis XVI se vit forcé de céder en convoquant les États généraux.

Dès ce moment c'en était fait de la royauté absolue, et la France allait essayer de la monarchie constitutionnelle qui ne vaut pas beaucoup mieux que l'autre, il est vrai, mais possède du moins cet avantage de prouver que l'on peut se passer des deux.

*
* *

Avant d'entrer dans cette nouvelle et intéressante période de nos annales, nous signalerons à nos lecteurs quelques-uns des principaux faits qui marquèrent les dernières années du règne omnipotent de Louis XVI.

En 1778, l'abbé de l'Épée avait fondé une institution

à l'usage des sourds-muets, qui depuis longtemps éprouvaient le besoin de s'entendre.

Pendant la même année, Voltaire et Rousseau étaient morts après avoir jeté quelque doute dans l'esprit des gens qui employaient depuis deux mille ans leur intelligence à croire que le soleil pût s'arrêter aussi facilement qu'une pendule sortant du *Bon Nègre*.

*
* *

En 1779, Cagliostro et Mesmer avaient découvert le magnétisme et trouvé le moyen d'endormir et de réveiller les gens à volonté.

Mais ayant eu besoin d'argent, ils vendirent la première partie de leur secret à l'Odéon, qui à l'heure qu'il est cherche encore la seconde.

*
* *

En 1783, Pilâtre du Rosier et d'Arlande, découvrirent le système des aérostats qu'ils cédèrent aux directeurs de théâtres.

L'été, ces derniers mettaient dans la nacelle d'un ballon, les trente-neuf sous provenant de la location de leur salle.

Ils coupaient la ficelle et la recette s'élevait immédiatement.

*
* *

En 1784, Valentin Haüy avait fondé l'institut des aveugles, ce qui fit dire au *Tintamarre* :

> On enferme ces malheureux
> Depuis le matin jusqu'au soir,
> Est ce qu'il ne vaudrait pas mieux
> Au contraire les faire voir ?

*
* *

Enfin en 1787, Brienne à bout d'expédients financiers avait fait un beau jour saisir la caisse des invalides.

Plusieurs de ces derniers qui, devant dîner en ville et craignant de rentrer tard le soir, y avaient, par mesure de précaution, déposé leur nez d'argent avant de partir, furent très-embarrassés pour se moucher le soir en rentrant.

*
* *

Cependant, piétinant sur tous les scrupules Brienne avait fait fondre ce métal à la monnaie.

Et pendant une dizaine d'années, la circulation fut

encombrée d'écus de 6 livres qui provoquaient des éternuements abominables quand on les regardait de trop près.

*
* *

En 1788, la débine nationale était arrivée à son apogée.

Le ministre des finances avait tellement tiré à vue sur tous les banquiers que ceux-ci n'avaient plus le sou.

Le peuple de son côté ne pouvant plus payer les impôts fit des émeutes, on lui répondit par les trois sommations d'usage.

On rapporte même que Necker répondit à ce propos au roi :

Sire!... Il faut tirer sur les banquiers tant qu'ils ont de l'argent et sur le peuple quand il n'en a plus.

* * *

ÉTATS GÉNÉRAUX

AN 1789

L'ancien axiome du droit public de la France était que le *tiers état* payait de ses biens, la *noblesse* de son sang et le *clergé* de ses prières.

Ce petit contrat plus ou moins social commençait à ne plus faire le compte de tout le monde.

On trouvait qu'il rappelait trop la fameuse histoire de la pipe achetée en commun par les deux collégiens, et que

le plus grand fumait pendant que l'autre crachait.

*
* *

Ce fut dans ces dispositions peu conciliantes que les États généraux s'ouvrirent.

Dès le début de la session, les députés de la noblesse et ceux du clergé ayant fait des manières pour siéger à côté de ceux de la canaille, ces derniers décidèrent qu'ils siégeraient tout seuls et se réunirent à cet effet dans la salle du *Jeu de paume*.

Peu à peu, les représentants de la noblesse et du clergé se ravisèrent et vinrent se joindre à ceux du tiers état, obéissant à cet instinct profond qui pousse les gâteux à se rapprocher des gens qui les envoient paître.

**
* **

Louis XVI, furieux de voir que les États généraux s'étaient mis d'accord pour vérifier ses additions, jeta le masque; et ce roi, d'ordinaire benêt jusqu'à l'idiotisme, se montra tout à coup menaçant et provoquant.

Il ordonna aux États généraux de se séparer.

A quoi Mirabeau répondit par la fameuse phrase : *Nous sommes ici par la volonté*, etc., etc.

**
* **

Enfin, le 27 juin 1789, l'Assemblée s'organisa en

trente bureaux afin de travailler plus activement à la réorganisation de la France.

Inutile de dire que pendant tous ces préparatifs, Louis XVI faisait un nez!...

Un de ces nez qui d'ailleurs ont leur excuse toute naturelle dans la quantité de choses qui pend au bout.

*
* *

Fortement poussé par Marie-Antoinette, qui lui répé-

tait tous les soirs : *Je te dis, Louis, que tu manques de poigne*. Louis XVI passa un nouveau croc-en-jambe à son indécision naturelle et l'étala sur son derrière.

***

Pendant le temps qu'elle mit à se relever, il poussa 30,000 soldats autour de Paris et de Versailles, dans l'attitude de gens qui se préparent à avoir raison... de ceux envers qui ils ont des torts.

***

Le peuple irrité demande le renvoi des troupes.
Louis XVI répond en exilant Necker.
Et le lendemain, ça commence.

***

Camille Desmoulins (ne pas confondre avec Jules Favre) appela les Parisiens aux armes dans le jardin du Palais-Royal.

On se fait des cocardes avec toutes les feuilles que l'on peut trouver — excepté le *Gaulois*.

*
* *

Le peuple arrive devant les Tuileries, où le prince de

Lambesc, colonel du Royal-Allemand, à la tête de son

régiment, le reçoit avec les dispositions bienveillantes que montre ordinairement la broche pour le rôti qu'on lui présente.

*
* *

Vexé, le peuple tape sur le Royal-Allemand et les gardes-françaises en font autant par jalousie de métier.

En 36 heures on fabrique 50,000 piques. Le général Trochu ne se mêle pas de la fabrication, ce qui permet d'économiser huit mois et demi.

*
* *

On enlève aux Invalides 30,000 fusils, des sabres et des canons.

On s'équipe et l'on s'arme comme l'on peut.

Il y avait des citoyens de quatre pieds cinq pouces qui avaient des sabres de cavalerie qu'ils ne pouvaient dégaîner qu'en montant sur une borne.

On voyait des artilleurs improvisés, atteler des vélocipèdes à leurs pièces pour les traîner.

On fondait les balles et on fabriquait de la poudre en pleine rue.

*
* *

Bref, tout mal habillé qu'il fût, le peuple, par sa con-

tenance, donna assez à réfléchir aux troupes cantonnées dans Paris pour leur inspirer la sage résolution d'aller voir du côté de Versailles si la porte Saint-Martin y était.

Elles décampèrent le 12 juillet.

Et le 14, une poignée de braves gens mal armés, sans munitions et sans ordre, n'ayant absolument pour eux que de ne pas être commandés par le général Ducrot, assaillirent et enlevèrent la Bastille.

*
* *

En ouvrant les cachots de cet infâme monument, on découvrit des horreurs.

Entre autres : un pauvre prisonnier qui était suspendu par les deux poignets depuis trente-cinq ans, et dont les bras s'étaient tellement allongés qu'il ne pouvait se moucher que par-dessous la jambe.

On cite aussi un vieillard qui était enfermé à la Bastille depuis si longtemps, qu'il ne se souvenait plus de la cause de son incarcération; mais on a appris depuis qu'il ne l'avait jamais sue.

*
* *

Louis XVI voyant les affaires se gâter se remit à faire le bon enfant.

Il se rendit sans garde à l'Assemblée, déclara que tout cela n'était qu'un malentendu, qu'il allait renvoyer les troupes allemandes et rendre son portefeuille à Necker.

Un peu plus il s'engageait à frotter le parquet de la salle des séances trois fois par semaine.

Toujours bon jobard, le peuple tira des pétards le soir en réjouissance d'un si beau mouvement.

Il ramena le roi à Paris.

Pendant quinze jours ce fut une orgie de lampions.

La Fayette (ne pas confondre avec le général Vinoy) organisa la garde nationale.

Et Sieyès (ne pas confondre avec Jules Ferry) composa pour elle une cocarde imitant les couleurs de la ville : bleue et rouge, en disant :

— Voilà une cocarde qui fera le tour du monde !...

***

Immédiatement Louis XVI ajouta à ces deux couleurs celles de la royauté : blanche.

Et rendit le tout en disant d'un petit air polisson :

— Voilà une cocarde qui fera voir le tour au monde !

Ce petit mot pour rire lui avait été vendu onze francs par Louis Veuillot.

*

Cependant le mouvement s'accentuait en province, surtout contre les nobles à qui le peuple avait plein le

dos de donner une botte de paille sur dix, même quand il n'en avait récolté que cinq.

*

Les nobles eurent une venette enragée et consentirent à l'abolition de tous leurs priviléges.

Si, parmi nos lecteurs, il s'en trouve quelques-uns qui aient l'intention de croire que c'était de bon cœur, nous ne les retenons pas.

Quant à nous, nous pensons qu'en cette circonstance, les nobles agirent avec toute la bonne grâce des gens qui pour sortir d'une maison en flammes, donnent la préférence aux fenêtres quand l'escalier est brûlé.

*
* *

Pour célébrer ce triomphe de l'égalité, l'Assemblée ordonna qu'un *Te Deum* fût chanté dans toutes les églises en l'honneur de la destruction du régime féodal.

Mais, cela ne devait pas aller tout droit.

Marie-Antoinette avait fait une scène à Louis XVI qu'elle accusait d'être trop mollasse et Louis XVI, remonté, lui avait dit :

— Sois tranquille !... tu vas voir que je vais être raide !...

Là dessus, il avait organisé pour le 1ᵉʳ octobre, un banquet offert aux officiers du régiment de Flandre.

Au dessert, les dames d'honneur un peu avinées distribuent leurs jarretières aux officiers qui l'étaient beaucoup.

Ceux-ci s'en font des cocardes blanches et la cocarde tricolore est foulée aux pieds.

*
* *

Bien entendu le peuple se fâche; il se rend de

nouveau à la gare Saint-Lazare, prend le train de 7 heures 35 et arrive à Versailles.

Il envahit le palais et ramène à Paris le roi, sa famille, l'Assemblée et toute la boutique afin de les avoir sous la main pour surveiller leur conduite.

Il trouve qu'il est indécent de lui faire dépenser cinquante sous de voyage, chaque fois qu'il a besoin de faire une révolution.

*
* *

A partir de ce moment, Louis XVI dans sa bonne ville de Paris, eut à peu de chose près, l'air d'un gros monsieur, qui le sourire sur les lèvres, est entouré dans un salon par quatre vieilles femmes qui l'embêtent pendant qu'il cherche en vain le moyen d'aller fumer un bon cigarre dans le jardin.

*
* *

Une fois à Paris l'Assemblée s'occupa de la réorganisation du pays, et commença par le partager en quatre-vingt-trois départements.

Ce qui fit dire au *Tintamare* que pour rendre la

France unie, la Constituante n'eut rien de plus chaud que de la diviser.

*
* *

L'Assemblée institua aussi le jury en matière criminelle.

Cette création démocratique nous est restée.

A preuve que tous les ans on tire les jurés au loto

et que ce sont toujours les mêmes qui sortent.

Certaines gens prétendent que c'est parce que l'on ne remue pas assez le sac.

D'autres affirment que c'est parce que l'on ne met pas tous les noms dedans.

*
* *

La question : *finances* ne devait pas tarder à créer des embarras sérieux à l'Assemblée.

On manquait d'argent; mais un député ayant fait observer que le clergé possédait pour quatre milliards de biens qui ne lui étaient pas absolument indispensables pour dire la messe, il fut décidé qu'on en vendrait une bonne partie au profit de l'État.

*
* *

Nous ne repondrions pas que le clergé fût ravi de la

mesure ; mais comme on pouvait se passer de son ravissement, l'opération s'exécuta tout de même.

D'ailleurs, une occasion bien autrement sérieuse allait bientôt se présenter pour lui de prendre un air vexé.

L'Assemblée décida que les ecclésiastiques français seraient soumis comme tout le monde à la loi civile et tenus de faire balayer le devant de leur porte comme les plus humbles des citoyens.

Louis XVI, refusa d'abord de sanctionner ce décret ; mais devant l'émeute, il l'accorda.

Le moment nous semble assez bien choisi pour nous demander en quoi un roi qui fait tout ce que les autres veulent a plus de prestige qu'un garçon de café.

***

Enfin, l'Assemblée abolit le droit d'aînesse qui pour les aînés, était le cadet des soucis ; mais en même temps le souci des cadets.

***

Et elle ôta tout pouvoir au roi en même temps qu'elle établissait le système métrique.

Voilà comment nous comprenons que l'on change de *maître*.

* *

Bientôt, ces différentes réformes ne suffirent plus et le mot : *République* commençait à être prononcé.

Bertrand de Molleville, ministre de Louis XVI, com-

prit que si l'on n'enrayait pas le mouvement, ce qui restait de la monarchie n'allait pas tarder à s'évanouir.

Il organisa un service très-complet de *blouses blanches* qui moyennant cent sous par soirée, s'en allaient dans les endroits publics crier : Vive la sociale, et distribuer des imprimés incendiaires, afin d'effrayer les bourgeois et leur faire dire :

— C'est du propre la République !...

*
* *

La situation était tendue quand le décret de l'Assemblée, supprimant les titres de noblesse, vint tout faire craquer.

Les vieilles perruques à frimats du faubourg Saint-Germain ne purent se faire à l'idée de lire sur la bande de leur *Gazette de France* :

« AU CITOYEN AIGNAN TOUT COURT. »

Plutôt que de rester dans un pays où l'on était assez pervers pour prétendre qu'un menuisier qui monte des fenêtres vaut autant qu'un cocodès qui descend des croisés, les nobles préférèrent émigrer.

*
* *

Beaucoup se réunirent à Coblentz et — bons petits

cœurs — travaillèrent à organiser contre la France une coalition étrangère chargée de les rétablir dans tous leurs droits anciens.

Ils n'eurent pas de peine à faire prendre à Louis XVI quelques actions dans cette glorieuse entreprise.

Et le 20 juin 1791 le roi, jugeant le moment favorable, s'échappa de Paris, bien décidé à n'y rentrer que mort ou victorieux à la tête de la queue des armées étrangères.

* *

Reconnu dans son carrosse à Varennes, quoiqu'il se fut gonflé les joues de toutes ses forces pour ressembler à Louis Ulbach, Louis XVI fut ramené à Paris avec toute sa famille et tous les égards généralement dûs aux gens qui s'absentent un instant de la maison qu'ils habitent pour aller chercher de quoi y mettre le feu.

* *

Comme cela arrive souvent pour le gaz, cette fuite amena une explosion.

L'Assemblée déclara le roi suspendu de ses fonctions jusqu'à ce qu'il eut accepté la Constitution.

Pendant ce temps, l'idée républicaine faisait de sensibles progrès.

Le roi de Prusse et l'empereur d'Autriche jugèrent à propos d'intervenir pour empêcher que la France ne donnât à leurs peuples l'exemple d'une nation assez pervertie pour se gouverner elle-même.

***

Ils conclurent à Pilnitz un traité d'alliance et menacèrent la France de venir régler ses pendules si elle ne replaçait immédiatement Louis XVI sur sa chaise percée.

***

Il faudrait n'avoir jamais vu la figure d'un homme à

qui son voisin menace de casser les reins s'il ne se rase pas immédiatement la barbe, pour ne pas apercevoir d'ici la façon dont la France accueillit l'ultimatum du roi de Prusse et de son associé.

Pour toute réponse, l'Assemblée vota sa Constitution et la présenta au roi qui jura d'y être fidèle.

La Constitution qui était une bonne fille, bien naïve, accepta ce serment, la rougeur au front, et parut aussi tranquille qu'un actionnaire des *galions du Vigo* à qui on promet un dividende.

***

Enfin, le 30 septembre, la Constituante termina ses travaux et se sépara après avoir rendu en 28 mois 2,500 décrets, lois ou arrêtés.

On a vu depuis des assemblées se montrer beaucoup moins dures au travail mais énormément plus dures à la séparation.

***

Cependant, à peine faite par l'Assemblée, la Constitution allait être *refaite* par Louis XVI.

Ce dernier n'eut pas plus tôt tourné les talons qu'il s'occupa des moyens de tourner les difficultés que son serment lui occasionnait.

Il se remit immédiatement à faire des signes à l'étran-

ger pour lui faire comprendre combien il lui serait agréable de voir arriver en France 400,000 soldats de n'importe quel pays lui couper les ficelles de sa parole d'honneur.

ASSEMBLÉE LÉGISLATIVE.

L'Assemblée législative comme toutes assemblées étaient composée de trois partis.

Celui qui tire la voiture par derrière pour la faire reculer : la droite.

Celui qui tire par devant pour la faire avancer : la gauche.

Et celui qui monté dedans, se laisse pousser et tirer en faisant des gros yeux bêtes : le centre.

*
* *

Il y avait aussi les royalistes ultra, qui poussaient à la désorganisation, à l'émigration et au désordre.

Et les radicaux du temps (appelés montagnards), qui pensaient qu'avec le temps et l'argent que l'on emploie à rafistoler une vieille maison, on en ferait deux neuves.

*
* *

Profitant de tout cela, comme les filous profite du désordre dans les incendies, les prêtres qui avaient refusé le serment, poussaient à la résistance en province, les émigrés étudiaient à Coblentz, à Worms et à Bruxelles, leur plan d'invasion en collaboration avec les baïonnettes étrangères, et de leur côté, le roi de Prusse et l'empereur

d'Autriche, préparait leur baquet de colle à froid pour venir refiger Louis XVI sur son trône.

**

En présence de ces points noirs, l'Assemblée législative n'hésita pas.

Au lieu de se voter des vacances de six semaines, comme cela se pratique souvent dans les assemblées qui se respectent, au moment du péril, elle décida :

1° Que tout prêtre non assermenté cesserait d'être payé par l'État;

2° Que les revenus des biens des émigrés qui ne rentreraient pas en France seraient perçus au profit de la nation ;

3° Que si les rois d'alentour persistaient à vouloir nous apporter l'esclavage chez nous, on leur porterait la liberté chez eux.

***

Les puissances étrangères répondirent en déclarant la légitimité des Souverains réunis, qui ne devait pas avoir un plus grand succès que les Gourdins réunis et même que les Magasins réunis.

Et Louis XVI, remonté pour la trente-septième fois par sa femme, refusa de sanctionner les décrets de la législative.

***

Le 20 avril, Louis XVI déclara la guerre à l'Autriche ;

En vain, Bieland, Varennes et Robespierre protestèrent-ils contre cette folie au moment où les forces de la France étaient désorganisées.

Louis XVI répondit : Il ne nous manque pas un seul

bouton de guêtre, nous sommes cinq fois prêts et j'ai le cœur léger !...

La guerre fut votée.

**

Comme le général Trochu, Louis XVI et Marie-Antoinette avaient leur plan de campagne.

Seulement, au lieu de le déposer chez un notaire, ils l'envoyèrent aux généraux ennemis qui en firent l'usage que l'on devine.

L'armée française n'avait pas encore eu le temps de faire : par file à gauche ! que déjà elle avait perdu trois ou quatre batailles.

*
* *

Ces défaites éveillèrent l'attention de l'Assemblée qui vota la formation d'un camp de patriotes sous Paris.

Enhardis par les victoires des étrangers, Louis XVI retrouva son audace et refusa de sanctionner ce décret en disant :

— Créer encore de la garde nationale à Paris !... Jamais !... c'est tous pochard !...

*
* *

Vexé de cette réponse, le peuple envahit les Tuileries exigeant la sanction du décret.

Louis XVI, dans ces moments-là avait pour principe de ne pas en mener large.

Il promit d'aviser. Le peuple se retira, se laissant rouler comme une bonne bête.

Et le lendemain, Louis XVI écrivait au général la Fayette qui commandait un corps d'armée sur la frontière :

« Général!...

» Il s'agit bien de sauver la France!... c'est des

bêtises... Accourez vite sauver les Tuileries.

» Bons appointements.

» Tout vôtre,

» Louis. »

A cet appel patriotique: la Fayette quitta son camp et arriva.

L'Assemblée lui administra un savon formidable et le renvoya d'où il venait.

La population de Paris le reconduisit en criant à la chienlit.

*
* *

Le 25 juillet, le duc de Brunswick lança un manifeste dans lequel il était dit que si Paris osait toucher à la famille royale, il serait bombardé.

C'était clair.

Péthion répondit en demandant à l'Assemblée l'abolition de la royauté.

Et comme l'Assemblée, hésitante, avait l'air de dire : *Si nous détrônons le roi, ça le contrariera peut-être,* le peuple prit le parti qu'il s'est souvent bien trouvé de prendre : il fit ses affaires lui-même.

*
* *

Le 10 août, les Tuileries sont envahies, Louis XVI se réfugie à l'Assemblée, qui au premier coup de canon, proclame sa déchéance.

RÉVOLUTION FRANÇAISE

MODES DU TEMPS

On aurait peut-être tort de lui en être trop reconnaissant.

L'Assemblée législative de 1792 fit en cette circonstance ce que devait faire plus tard celle de 1870.

Placée à la tête du peuple pour le conduire, elle attendit que le peuple lui montrât son chemin.

**

Trois jours après la famille royale était conduite prisonnière au Temple.

Depuis Jésus-Christ qui en chassait les voleurs, les temps avaient bien changé.

Alors, on s'occupa de vérifier les papiers trouvés aux Tuileries. Cette enquête ne fit pas rire certains journaliste du *Figaro*, que la cour avait longtemps payés à la ligne pour en suivre une autre.

*
* *

Ils ne manquèrent pas de crier à l'inconvenance et de prétendre qu'il était indigne de s'occuper des affaires privées des gens.

Sans doute leur malheur était grand.

Voir faire la lumière sur ses actes au moment où l'on s'y attend le moins est pénible.

Et nous leur accordons volontiers toute la sympathie à laquelle ils ont droit.

C'est-à-dire celle que l'on doit au notable commerçant décoré, réputé comme vertueux dans son quartier, et qui, à la suite d'une descente de police dans un mauvais lieu, est obligé de donner son nom au commissaire.

*
* *

Le général La Fayette, qui se trouvait pas mal compro-

mis, essaya de faire révolter son armée et de la ramener à Paris pour défendre le roi.

S'il ne rendit pas Metz, sa seule excuse est qu'on ne lui avait pas donné à garder.

Il échoua et fut obligé de s'exiler.

Dumouriez le remplaça.

*
* *

Alors, aux accents de la *Marseillaise*, la France entière se leva et des armées s'organisèrent dans Paris.

Pendant ce temps, Dumouriez battait les Prussiens à Valmy et les forçait à évacuer Longwy et Verdun ; Custine s'emparait de Mayence, Montesquiou et Anselme envahissaient la Savoie et le comté de Nice.

La France n'ayant plus de roi et combattant pour elle, tous les généraux faisaient leur devoir; il n'y avait plus aucune raison pour qu'à l'exemple du général de Failly, ils oubliassent leur artillerie le matin de chaque bataille.

*
* *

Alors l'Assemblée législative se sépara pour faire place à la Convention nationale.

Nous n'avons pas l'intention d'escamoter, en les passant sous silence, les quelques excès qui se commirent pendant les derniers mois qui précédèrent la chute de la monarchie.

En septembre on massacra des prisonniers. Madame de Lamballe, amie de Marie-Antoinette, fut décapitée, etc., etc.

Sans doute ces scènes de carnage sont toujours regrettables.

Mais il est à peine besoin de faire ressortir combien il serait puéril de mettre en parallèle ces excès passagers et les résultats obtenus.

S'il fallait que la crainte de quelques troubles intestins nous arrêtât, ni les nations ni les hommes ne se purgeraient jamais.

Ils se laisseraient mourir pour ne pas s'exposer à une petite colique.

* *

RÉPUBLIQUE FRANÇAISE

(Il n'était pas trop tôt.)

CONVENTION NATIONALE

Dès le début, la Convention nationale fut divisée en trois partis :

Les anciens Girondins, devenus plus calmes, voulaient bien fonder la République, mais mettre beaucoup de morceaux de verre dedans. Ils formèrent la droite.

Les Montagnards, Robespierre, Marat et Danton en tête, la voulaient pure.

La plaine, comme toujours, ne savait pas au juste ce qu'elle voulait et se tenait énergiquement prête à subir, en morceau de mastic soumis, toutes les empreintes dont on voudrait bien l'honorer.

* *

La lutte entre les Girondins et les Montagnards ne tarda pas à éclater.

Cependant, les succès des armées républicaine, continuaient, et Dumouriez gagnait la bataille de Jemmapes

avec des soldats qui n'avaient qu'une paire de souliers pour cinq.

Tous les nez couronnés de l'internationale des salons commençaient à renifler de rage.

Nous allons enfin commencer à nous amuser.

*
* *

La Convention siégeait depuis deux mois, lorsque le serrurier Gamin fit découvrir aux Tuileries une armoire de fer cachée, dans laquelle Louis XVI resserrait avec soin ses lettres d'amour.... avec les puissances étrangères.

La lecture de ces poulets parfumés ne tarda pas à convaincre la Convention que l'ex-roi était bien décidé à se faire adorer de la France par tous les moyens qu'un galant homme peut employer, dût-il lui faire attacher les deux bras et les deux jambes par quatre cent mille hommes pendant l'opération, quitte à ne pas la détacher après.

*
* *

Les Girondins voulaient sauver le roi. Ils avaient le cœur tendre ; nous le leur pardonnons volontiers ; mais il y a des cas où les gens que leur tempérament porte à faire de la tapisserie devraient bien comprendre qu'ils ne valent rien pour faire de la politique.

*
* *

La majorité de la Convention se prononça pour la mise en jugement.

Les débats durèrent quarante-cinq jours.
Louis XVI fut condamné à la peine de mort.

*
* *

Le 21 janvier 1793, il monta sur l'échafaud.

La justice des hommes était satisfaite. Elle oubliait généreusement, en ce moment, que la monarchie avait fait assassiner, depuis quatorze siècles, cent mille citoyens qui n'en avaient pas fait autant qu'elle.

*
* *

Depuis le moment où nous avons écrit la première ligne du règne de Louis XVI, nous n'avons pas perdu de vue un seul instant que nous allions arriver au récit de cette période qui manque un peu de gaieté.

Quoique historien, on n'a pas le cœur en bronze d'aluminium et nous avons pu redouter quelquefois, pour cet instant fatal, un mouvement d'attendrissement auquel peu de gens échappent.

*
* *

Mais toujours prévoyant, nous avions fait un nœud à notre mouchoir pour nous rappeler, lorsque le moment serait venu, qu'avant de fondre en larmes, il est bon de se demander s'il y a vraiment de quoi.

Déjà, nous allions céder à ce sentiment de tristesse, déjà nous avions tiré notre mouchoir pour éponger les larmes d'une douleur aussi imbécile que sincère, quand

nous avons senti quelque chose de gros entre nos doigts.

*
**

C'était le nœud.

Ce nœud nous a rappelé beaucoup de choses dont la millième partie suffirait à dessécher les glandes lacrymales les plus engorgées.

Ce nœud nous a rappelé que sur soixante-dix rois qui ont émaillé nos annales, on n'en compte guère plus de trois qui n'aient pas été indignes de la cour d'assises plutôt quarante-deux fois qu'une.

**
* **

Ce nœud nous a rappelé :

Clovis jouant aux boules avec la tête de ses soldats.

Louis XI ayant un bourreau à l'année dans son cabinet de toilette.

François Ier faisant accrocher les protestants aux arbres pour faire un peu d'ombre dans les moments de sécheresse.

Charles IX tirant à la cible sur les promeneurs du quai.

Henri III allant chercher Henri IV pour bombarder Paris en collaboration.

Louis XIII, Lous XIV et Louis XV envoyant mourir à la Bastille les gens dont leurs catins avaient à se plaindre.

Et tout cela, sans compter le reste, sans compter Louis XVI lui-même, tout prêt à faire mettre son peuple en pièces par l'étranger, pourvu qu'il régnât sur les morceaux.

*
* *

Voilà les services que l'on peut tirer d'un nœud de

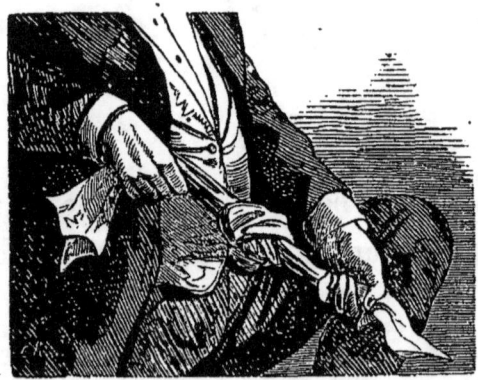

mouchoir fait à point et consulté à temps.

Et maintenant qu'il nous a servi, ne le défaisons pas. Qui sait?...

*
* *

L'infortuné Louis XVI a payé un peu ses dettes personnelles, beaucoup celles des autres.

Dont quittance...
A valoir.

* * *

Nous ne laisserons pas passer le procès de Louis XVI sans rappeler que son parent, Philippe d'Orléans, qui se faisait appeler Louis-Philippe Égalité, vota la mort du roi.

Son fils, plus tard Louis-Philippe Ier, monta sur le trône en 1830.

Nous le rattraperons bien sans courir.

* * *

Mœurs des grands sous Louis XVI.

Elles étaient à peu de chose près les mêmes que sous les règnes précédents, et peuvent se résumer de cette façon :

Le budget aux cocottes ;
La Bastille aux cocus.

***

Quant à la vie privée de Marie-Antoinette, elle a été jugée de bien des façons :

Quelques historiens en ont fait une épouse modèle.

D'autres ont prétendu que Louis XVI avait pas mal de vacances.

Nous ne nous prononcerons pas.

Seulement, comme nous avons déjà eu l'occasion de le répéter dans cet ouvrage : Des rois et des reines, il est peut-être prudent de croire que tout le mal que l'on dit d'eux est vrai et de supposer que tout celui qu'on n'en dit pas peut l'être.

On réglera au jugement dernier.

SUITE DES TRAVAUX DE LA CONVENTION

Il va sans dire que l'exécution de Louis XVI avait très-vivement contrarié les rois de l'Europe.

On n'aime pas voir les gens donner le mauvais exemple.

Ce mouvement d'humeur détermina une coalition contre la France.

Les rois de Prusse, d'Autriche, d'Espagne, d'Angleterre, de Hollande et de Russie, dans une solennelle étreinte, se jurèrent sur ce qu'ils avaient de plus sacré au monde, c'est-à-dire leur liste civile, aide et protection jusqu'au dernier souffle.

*
* *

Leurs peuples respectifs les regardaient faire comme des ahuris et n'y comprenaient rien du tout.

Cependant ils se laissaient habiller en soldats par un reste d'habitude, pendant que leurs rois leur disaient pour les encourager :

— Aller... nous... là-bas... France... bons saucissons... bonnes pendules !...

*
* *

En même temps, la guerre civile éclatait dans les

provinces de Bretagne et de Vendée, où les prêtres, exploitant l'ignorance, le fanatisme et la vermine nationale des paysans, les soulevaient contre la Convention.

* *

De son côté, Dumouriez, qui avait eu l'imprudence de laisser son patriotisme à l'humidité, venait de le voir se rouiller, et après s'être laissé battre à Neerwinden, rassemblait le reste de ses troupes pour marcher sur Paris, bousculer la Convention et remettre sur le trône un prince d'Orléans.

Nota. Règle générale, se défier, dans les familles et dans les nations, des généraux et des ténors qui ont trop vite du succès.

* *

Dumouriez échoua dans sa noble entreprise et dut se réfugier dans le camp ennemi. Cette honte ne lui enleva pas l'appétit.

* *
 *

Sa chute fut le signal de celle des Girondins, qui jouaient à la Convention un drôle de rôle, il faut le reconnaître.

Après avoir déchaîné la Révolution, ils prétendaient l'arrêter.

Il leur arriva ce qui arrivera toujours aux hommes qui, après avoir ouvert une porte derrière laquelle la foule se presse, voudront ensuite repousser la porte pour empêcher les gens de passer trop vite.

Ils tombèrent : et la foule leur passa sur le corps.

*
* *

Quelques-uns de nos lecteurs nous feront peut-être la remarque que ce n'est pas engageant pour ouvrir les portes.

C'est notre avis.

*
* *

La Convention était accablée : les alliés au dehors, les chouans au dedans faisaient des progrès.

Elle fit tête à tout et partout. Seulement elle ne se donnait pas, comme certaines assemblées, quarante-cinq jours de congé tous les deux mois.

Elle ordonna les levées en masse, et arma trois cent mille gardes nationaux; le général Trochu, malgré toute son éloquence, ne parvint pas, même en se faisant aider par le général Ducrot, à la convaincre que tous les citoyens armés étaient des pochards.

Elle prit des mesures de salut public et tarifa les denrées de première nécessité. Jules Ferry lui-même, malgré l'imposante ampleur de son double menton, n'arriva pas à lui faire comprendre que les désastres d'une nation sont inventés pour faciliter aux marchands de comestibles les moyens de faire une rapide fortune.

*
* *

Elle décréta une loi contre les suspects, terrifia, dressa l'échafaud contre les traîtres; employa, en un mot, les grands remèdes.

Beaucoup de têtes tombèrent.

Ces excès-là ne se justifient pas, mais ils s'expliquent.

Le jeu de loto fait moins de victimes que la guerre civile, c'est connu.

Le peuple a eu les siennes comme les rois ont eu les leurs.

Le jour où ces derniers voudront compter, ce sera facile : le grand livre de l'histoire est toujours ouvert.

*
* *

Au milieu de ces désordres, Marat, un des chefs de la Montagne, fut assassiné par une jeune fille de Caen, nommée Charlotte Corday.

Après sa mort, on ne trouva chez lui qu'un assignat de 25 sous.

Mais le *Figaro*, qui avait envoyé un de ses reporters à l'apposition des scellés, imprima : 25 millions.

* *

L'énergie de la Convention ne tarda pas à porter ses fruits.

Carnot organisa des plans de campagne ; il se garda bien de les déposer chez un notaire, n'ayant pas une *minute* à perdre.

En moins de temps qu'il n'en faudrait à un abonné de la *Patrie* pour comprendre le calembour qui précède, Carnot reprend Toulon qui s'était vendu aux Anglais, réduit Lyon insurgé contre la République, pacifie la Vendée et envoie les armées étrangères voir chez elles si le Trocadéro y était arrivé.

*
* *

Les généraux Custine et Houchard, convaincus de connivence avec l'étranger, sont décapités.

Et l'on néglige d'instruire leur procès avec cette sage lenteur qui permet à certains accusés de mourir de vieillesse avant le réquisitoire.

*
* *

Un point noir à signaler dans ce ciel qui s'épure :

Toulon avait été repris aux Anglais, grâce au génie du jeune officier d'artillerie : B... B... B... Bonaparte.

C'est la première fois que nous avons à écrire ce nom, qui va bien souvent revenir sous notre plume.

On doit comprendre sans peine notre émotion.

Nous nous y habituerons, il le faut bien ; mais c'est dur pour commencer.

Il nous semble que tout à coup, sans avoir été prévenu, nous entrons dans un mauvais lieu.

*
* *

Carnot — qu'il est bon de continuer à ne pas confondre avec Jules Favre — organisa la victoire.

Il sut choisir des hommes capables en dehors des cadres de l'état-major à binocle, il assura les subsistances, et l'armée put entrer en campagne sans s'exposer à être obligée d'envoyer le lendemain au ministère comme cela est arrivé depuis, des télégrammes ainsi conçus :

« Prendrions bien telle ville, mais nous manque bis-
» cuits, cartouches, souliers et fusils. Envoyez vite. »

*
* *

A quoi le ministère n'était nécessairement pas forcé de répondre :

« Avons rien de tout cela... Faites comme pourrez. »

*
* *

Les succès ne se firent pas attendre.

Hoche, Pichegru et Jourdan battirent les Autrichiens et pénétrèrent simultanément en Belgique, en Italie et en Espagne.

Si le *Figaro* était content du succès des armées républicaines, il ne le laissait pas voir.

* * *

Cependant, cette campagne coûta à la France la perte

d'une flotte.

L'amiral Howe gagna sur elle une bataille navale,

pendant laquelle le vaisseau *le Vengeur* préféra sombrer que de se rendre.

Chaque fois que l'on parle de cela devant le maréchal Bazaine, il change de conversation.

*
* *

A l'intérieur, les choses n'allaient pas si bien.

La Montagne, après avoir triomphé des Girondins, ne tarda pas à se diviser.

Hébert, à la tête des radicaux, voulait chauffer la machine révolutionnaire à toute vapeur.

Danton prétendait que le moment était venu de se servir du serre-frein.

Robespierre voulait conduire la locomotive à lui tout seul.

*
* *

Robespierre dominait le comité de salut public.

Il fit monter Hébert et Danton sur l'échafaud et resta seul.

Son règne ne fut pas de longue durée.

On est toujours le réactionnaire de quelqu'un, a-t-on dit quelque part.

Après avoir trouvé ses camarades trop *panade,* il ne tarda pas à être traité lui-même de *bâton de guimauve.*

Renversé à son tour le 9 thermidor, il fut exécuté.

* * *

RÉACTION THERMIDORIENNE

La Convention, effrayée par le spectacle de cette charcuterie vive et animée, eut un retour violent.

Elle suspendit le tribunal révolutionnaire, annula le comité de salut public et ouvrit les prisons.

On ferma le club des Jacobins.

La réaction commença.

*
* *

Les jeunes crevés du temps relevèrent la tête et se mirent à invectiver la *canaille révolutionnaire*.

Ils fondèrent un cercle des honnêtes gens, dont l'idée a été reprise plus tard sous le nom de *Société des Gourdins réunis*.

Ces deux sociétés étaient composées de gredins un peu mieux mis que les autres : voilà tout.

*
* *

Au dehors, les succès continuaient.

Jourdan battait les Autrichiens sur l'Ourthe.

Pichegru s'emparait de la Hollande et profitait des glaces pour faire emporter d'assaut la flotte hollandaise par une charge de hussards.

Quand les marins hollandais, voyant arriver sur eux nos escadrons à fond de train, s'aperçurent que leurs navires figés dans la glace, ne pouvaient pas plus bouger qu'une mouche qui se serait trop attardée dans la gelée de groseille entrain de durcir, ils regrettèrent

beaucoup de ne pas avoir mis à leurs trois-ponts des patins à roulettes.

Mais il était trop tard.

* *

D'un autre côté, les Français victorieux, entraient en Espagne.

Ainsi, la République avait non-seulement repoussé la coalition de tous les bonnets de coton à diadème, mais s'apprêtait encore à leur faire payer cher la fantaisie d'être venu se mêler de la façon dont nous faisions notre cuisine.

* *

On traita avec plusieurs des puissances coalisées.

La France y gagna la rive gauche du Rhin et la Flandre septentrionale.

Il ne nous restait plus sur les bras que l'Angleterre, l'Autriche, le Piémont et la Russie.

Sans prendre la peine de les compter, la France retroussa de nouveau ses manches.

Cependant, la réaction continuait à l'intérieur. Les Montagnards vexés de s'être donné tant de mal pour n'être arrivés à rien, tentèrent une insurrection et envahirent l'Assemblée.

Ils échouèrent.

Enhardie, la société des *Gourdins réunis* commença à parler de restauration monarchique.

Les émigrés rentraient en foule et venaient se jeter en ricanant dans les pattes du lion à qui on venait de couper les griffes.

Dans toute la France, on conspirait contre la République.

La Vendée se soulevait de nouveau.

Pichegru, acheté par les royalistes, trahissait.

La France allait retomber dans le gâchis.

*　*　*

Enfin le 12 vendémiaire, les monarchiens tentèrent à leur tour leur petite insurrection.

Mais le jeune Bonaparte, nommé commandant de l'armée, en fit heureusement une purée dans laquelle les croûtons ne manquaient pas.

Bonaparte venait de sauver la République de la guerre civile avec l'honnêteté qui distingue un voleur sauvant des billets de banque d'un incendie.

*　*　*

La Convention victorieuse, déclara sa mission terminée et se sépara.

DIRECTOIRE

Aidé du général Hoche, le Directoire termina la pacification de la Bretagne et de la Vendée, qui sous le

prétexte qu'elles voulaient un roi, persistaient à empêcher les autres de s'en passer.

※ ※

La guerre recommença contre l'Autriche que Hoche Moreau et Bonaparte rossèrent à plate couture.

La paix fut conclue.

Et de la grande coalition de l'*Internationale* des souverains contre la France, il ne restait plus debout que l'Angleterre et la Russie.

Encore un éternuement de la France républicaine, et il n'allait plus rien rester de cette association de voleurs.

※ ※

Malheureusement, à l'intérieur, tout semblait coïncider pour faire perdre au pays le fruit de nos victoires.

Les royalistes continuaient à intriguer.

Et le brave général — disons plus — l'honnête Hoche, mourait subitement d'une de ces coliques imprévues que les historiens tranquilles qui veulent faire vendre leurs livres dans les écoles, attribuent toujours à une indigestion de fruits trop verts, mais que rien ne nous empêche d'attribuer à la compagnie de Jésus.

*
* *

Depuis ses victoires d'Italie, Bonaparte était venu se

fixer à Paris où il observait les événements dans un but que nous n'aurons que trop tôt l'occasion d'examiner.

Effrayé de sa popularité le Directoire l'envoya en Égypte.

Il y remporta quelques avantages; mais si son sabre était au Caire, son cœur était à Paris.

Il regardait les Pyramides d'un œil et les Tuileries de l'autre.

Ça le faisait loucher affreusement.

*
* *

Enfin, il n'y tint plus.

Un beau matin il quitta l'Égypte, laissant le commandement de l'armée à Kléber et arriva à Paris.

La place d'un bon général, pensait-il, est bien moins où il y a des places-fortes à assiéger qu'où il y a une bonne place à prendre.

*
* *

Son flair ne l'avait pas trompé.

Il arriva à Paris dans un de ces moments où les nations qui se croient en danger, se laissent volontiers tâter le pouls par le premier charlatan venu qui promet de les sauver et fait preuve d'un peu de toupet.

*
* *

Une seconde coalition s'était organisée contre la France, entre l'Angleterre, l'Autriche et la Russie.

Quelques revers avaient ahuri le pays.

De plus, les patriotes étaient revenus au pouvoir et le conseil des anciens, composé en partie de toutes les vieilles perruques du magasin d'accessoires de l'Odéon,

affichait la prétention d'aller délibérer tout seul à Saint-Cloud.

La situation était tendue.

Bonaparte prend une grande résolution et... un bataillon de grenadiers.

Et le 18 brumaire, il met tout le monde d'accord et les députés à la porte.

Trente d'entre eux qui avaient la vocation du *côté du manche*, restent à leurs bancs et votent, avec un sang-froid digne des temps... récents, le consulat provisoire de messieurs Bonaparte, Sieyès et Roger Ducos.

Que les ex-sénateurs qui n'ont jamais répondu par une révérence gracieuse à un coup de pied au cul impérial leur jette la première pierre.

CONSULAT
1789

Aussitôt installés, Bonaparte et Sieyès s'occupèrent de se partager la besogne.

Bonaparte dit à Sieyès :

— Si vous voulez, vous vous chargerez de faire la constitution.

— Oui... je veux bien... et vous ?

— Oh moi !... j'aurai assez à faire à la violer.

Ainsi fut convenu.

* *

Sieyès rédigea le projet de constitution.

Bonaparte prit en main les affaires.

Le désordre était partout.

Quand Sieyès eut terminé son projet, il vint le lire à Bonaparte.

— Ça vous va-t-il comme ça ?

— Oh ! très-bien... pour ce que je veux en faire.

*
* *

Cette constitution qui était le joli galimatias que l'on sait : corps législatif, conseil d'État, sénat, etc., etc., fut approuvé par 3 millions de citoyens, qui n'y comprirent pas un seul mot, ce qui est la principale force d'un plébiscite.

*
* *

Bonaparte fut nommé premier consul.

Ce soir-là, trois millions de citoyens allèrent se coucher heureux d'avoir assuré à leur pays la prospérité et le bonheur.

Tant mieux pour eux.

Ce qui peut arriver de plus heureux à un homme qui place sa fortune dans les *Galions du Vigo*, c'est de s'endormir en rêvant qu'il va être obligé de prendre six employés pour l'aider à recevoir ses dividendes.

***

Quant à Sieyès, il devint président du sénat, comme qui dirait : conservateur du Trocadéro.

Cet emploi tranquille convenait à sa nature méditative.

On prétend que Sieyès était un honnête homme.

Ce qui nous porterait à le croire, c'est que Bonaparte le regardait avec une certaine compassion mêlée de pitié, et disait de lui :

— Quelle bonne tête !... ça ne ferait seulement pas tuer cent mille hommes pour arriver au pouvoir !

Aussitôt qu'il fut au pouvoir, le premier consul inaugura la politique de bascule sur laquelle il fondait de brillantes espérances.

Il fit entrer dans un même ministère le grand seigneur Talleyrand, le montagnard Fouché et le royaliste Gaudin.

Dans ce gouvernement, il y avait pour tous les goûts, même pour le grand collecteur.

Il s'occupa de donner des gages à tous les partis, surtout au clergé sur lequel il avait des vues.

Il restitua les édifices religieux au culte catholique.
Il dispensa les prêtres du serment.
Il abolit la fête anniversaire du 21 janvier.
Et amnistia la Vendée.

* *

Quant au parti républicain, il ne lui ménagea pas non plus ses faveurs :

Il supprima tous les journaux, moins 13,
Et prévint ces derniers qu'à la première fois qu'ils n'illumineraient pas a un de ses décrets, ils leur retirerait les kiosques, la voie publique et les gares de chemin de fer

Le conseil de guerre était réservé à leurs abonnés.

*
* *

Bonaparte s'occupa ensuite de réorganiser la France.

Au nombre des améliorations qu'il apporta, il faut citer la centralisation administrative qui était appelée à rendre les plébiscites d'un usage très-commode en embrigadant les électeurs sous les ordres des préfets, sous-préfets, maires et gardes champêtres.

Ces fonctionnaires avaient pour mission de distribuer les bulletins : *oui*, et de mettre au poste ceux qui essayaient d'en faire circuler d'autres.

*
* *

Ces précautions prises, il attendit que Sardou naquit pour lui commander un *Rabagas*.

*
* *

Pendant ce temps, l'Angleterre, fière de sa domination sur les mers, qui lui assurait le monopole de la pêche à la sardine, s'entendait avec l'Autriche pour faire la guerre à la France.

Bonaparte passe le mont Saint-Bernard, bat les Autrichiens à Marengo, donne le nom de cette bataille au veau à la sauce, et conclut la paix de Lunéville qui assura à la France la rive gauche du Rhin.

Bonaparte put alors s'occuper de l'intérieur.

Il conclut avec Pie VII un concordat qui réglait les relations du pouvoir civil avec le clergé.

Par ce concordat, il était enfin admis, pour la première fois depuis la création du monde, que les prêtres qui secouaient leurs paillassons par la fenêtre étaient passibles de cinq francs d'amende comme tout le monde.

C'était un progrès.

*
* *

Le premier consul créa aussi la Légion d'honneur qu'il destinait à récompenser les services rendus à la patrie.

Son excuse est qu'il ne pouvait pas se figurer que l'on pût jamais penser à décorer Paul de Cassagnac.

***

Enfin il accorda l'amnistie aux émigrés, qui en profi-

tèrent pour rentrer en France et ne pas rentrer en eux-mêmes.

***

Pendant un entr'acte, Bonaparte se fit décerner le consulat à vie.

Le sénat n'y vit pas plus d'inconvénient qu'un homme à qui l'on propose d'éterniser quelque chose qui lui est avantageux.

*
* *

En 1804, le duc d'Enghien soupçonné d'avoir pris part à une conspiration est enlevé par surprise sur le territoire Badois, amené à Paris, jugé et fusillé le même jour dans les fossés de Vincennes.

L'affaire avait été conduite avec une telle rapidité que l'on n'a jamais pu savoir au juste si le jugement avait été rendu une heure avant ou une heure après l'exécution.

*
* *

Enfin, Bonaparte un beau matin, tâta la queue de la poire : elle était mûre.

Il fit au sénat le signe que l'on fait à un chien en lui disant : sstt !... apporte ici !...

Et le 18 mai 1804 le sénat lui vota l'Empire héréditaire.

*
* *

Nous sommes heureux de trouver l'occasion de faire resplendir notre impartialité d'historien.

Quelques lecteurs nous aurait peut-être trouvé injuste et cruel quand il nous ont vu refuser de verser un pleur sur la mort de l'infortuné Louis XVI.

Aussi ne ferons-nous aucune difficulté d'avouer qu'aujourd'hui cette terrible exécution nous arrache des larmes de regrets.

La morale la plus pure ordonne de ne pas se réjouir des choses auxquelles on n'a rien à gagner.

Tuer un roi pour reprendre un empereur, c'est empoisonner sa femme et en reprendre une autre, et tout le monde sait qu'un pareil crime n'est excusable qu'à la condition de rester veuf.

*
* *

Nous blâmons donc sincèrement l'exécution de Louis XVI.

Et nous posons en principe pour toutes la nations en général, qu'il n'y a qu'un seul monarque bon à tuer :

C'est le dernier.

*
* *

Nous ajouterons même à cela — afin de pouvoir être lu dans les pensionnats de jeunes filles — que le jour où un pays sera sûr qu'il tient le dernier de ses rois, il fera bien de le laisser mourir tranquillement de la goutte.

Pour quelques mois, ce n'est pas la peine de faire des frais.

**

Bonaparte fut donc proclamé Empereur sous le pseudonyme de Napoléon Ier.

Le sénat lui reconnut l'hérédité, c'est-à-dire, vota comme un seul homme que, fût-il d'un crétinisme à souscrire aux *Galions du Vigo,* le fils d'un homme de talent était de droit un homme de génie.

**

La liste civile de Napoléon fut fixée à 25 millions et à 1 million pour chaque prince du sang.

Le *Tintamarre* l'a dit :

Dieu bénit les grandes familles royales, mais ce sont les peuples qui les nourrissent.

*
* *

Indépendamment de cette petite gratification, tous les parents de Napoléon obtinrent quelques petites places qui ne les obligeaient pas à aller depuis huit heures jusqu'à six à leur bureau.

Mais cela s'explique :

Les appointements attachés à ces emplois étaient si énormes, que si les titulaires avaient eu quelque chose à faire, ils n'auraient pas eu le temps de les dépenser.

*
* *

Joseph Bonaparte fut nommé grand électeur.

Cambacerès, archi-chancelier.

Lebrun, archi-trésorier.

Un peu plus, il ne restait plus rien pour le père Gagne.

*
* *

Le 2 décembre, Napoléon obtint du pape ce que nul souverain n'avait obtenu jusque-là.

Ce dernier vint à Paris lui-même pour le sacrer.

Le *Tintamare* publia, à ce propos, le quatrain suivant :

> Pie VI était bien moins docile
> Que son successeur, c'est un fait..
> Il oignait chez lui ; mais Pie VII
> *Sacre les rois et va-t-en ville !...*

* *
*

Napoléon se fit aussi nommer roi d'Italie.

Un monarque pour deux peuples, c'était bien assez.

* *
*

La troisième coalition, subventionnée toujours par l'Angleterre fut pour Napoléon l'occasion de déployer son génie militaire.

La paix de Presbourg (décembre 1807) donna à Napoléon quelques nouvelles provinces.

Quant au peuple français, il profitait de ces victoires tout juste dans les mêmes proportions que les ouvriers à 45 sous par jour, qui ont la joie de voir leur patron devenir millionnaire et décoré.

Sur du pain sec, il paraît que c'est excellent.

**
* *

Nous n'avons pas l'intention de faire l'histoire des nombreuses coalitions qui émaillèrent le règne de Napoléon; nous nous contenterons de les numéroter.

C'est comme pour les sapeurs : quand on en a vu une, on les a vues toutes.

La quatrième coalition qui nous conduisit de la paix de Presbourg au traité de Tilsitt, fut encore glorieuse pour la France.

C'est du moins la phrase consacrée par l'histoire.

Mais il ne faudrait peut-être pas demander sur ce point,

l'avis des 400,000 Français qui y perdirent la leur sans comprendre au juste pourquoi.

*
* *

La cinquième coalition, qui se termina par le traité de Vienne, ne fut pas aussi brillante pour les armes de Napoléon.

*
* *

Sur ces entrefaites, l'Empereur répudia Joséphine sa première femme pour épouser Marie-Louise, archiduchesse d'Autriche.

Il espérait, en entrant dans une *bonne famille,* conjurer la colère du papa beau-père et de tous ses parents et amis.

Vaine illusion !...

La sixième coalition ne tarda pas à éclater.

Et il en fut pour sa honte de s'être marié deux fois.

***

Après avoir envoyé 50,000 hommes se faire canarder dans les bois, chemins creux de l'Espagne, Napoléon en emmena 300,000 en Russie en plein hiver.

L'Europe ne revenait pas de tant d'audace.
Notre armée n'en revint guère non plus.

* * *

C'est à ce moment que la nation française qui jusque-là s'était laissé faire assez bêtement, commença à se demander si la grandeur d'un peuple ne consistait pas plutôt à faire cultiver son sol par ses enfants qu'à les envoyer tous les ans fumer celui des autres.

* * *

Cependant la France s'appauvrissait en hommes, il fallait augmenter les contingents et prendre les bossus, les borgnes et les boiteux.

Napoléon voyant que les conscrits manquaient, entrait dans des fureurs bleues.

Un matin, il fut sur le point de signer un décret, déférant aux conseils de guerre tous les gens mariés depuis dix ans, qui n'auraient pas au moins onze enfants, dont sept garçons.

***

On lui fit observer que cela pourrait peut-être se faire à l'avenir, mais que pour les gens qui n'avaient pas été prévenus et qui n'avaient, par exemple, que deux enfants pour dix ans de mariage, ce serait peut-être injuste.

— Tant pis pour eux!... répondit-il avec colère. Ils feront des jumeaux!...

***

Les alliés entrèrent en France.

Ils y trouvèrent les royalistes qui les reçurent à bras ouverts. Ils savaient ce que leurs bons amis les ennemis leur ramenaient dans leur arrière-garde.

Enfin le sénat prononça la déchéance de Napoléon.

Toujours dévoués dans le malheur les bons domestiques...

*
* *

Napoléon essaya de sauver sa dynastie en abdiquant en faveur de son fils.

Une si belle espèce!... il ne fallait pas la perdre.

Mais les puissances alliées qui avaient un immense morceau de gras-double à placer sur le trône de France, s'opposèrent à cette combinaison.

*
* *

Le 20 avril 1815, — le jour même où Napoléon III avait sept ans — Napoléon Ier fit de touchants adieux à sa vieille garde à Fontainebleau.

Ces braves soldats pleurèrent comme des enfants.

On a fait de cette scène un très-joli tableau où l'on

LOUIS XVIII
L'ART DE JOUER AU BILLARD SANS SALIR SES MANCHES

voit un vieux grenadier serrer son *emm'péreur* dans ses bras et le remercier avec effusion, de tout le bien qu'il eut pu faire à la France en embrassant une autre carrière.

***

L'île d'Elbe fut assignée comme séjour à Napoléon. Il s'y rendit; mais trouva que c'était un peu bas de plafond.

RESTAURATION

Aussitôt la place vide, Louis XVIII ne se fit pas dire deux fois de venir la prendre. Le bruit court même qu'il ne se le fit pas seulement dire une.

Il arriva tout ventripotent, et signa, avec les ennemis, tous les traités de paix que ceux-ci voulurent bien imposer à Sa Mollesté.

Il accorda à la France, pour ne pas brusquer les choses, une charte constitutionnelle.

Et reprit son occupation habituelle qui consistait à faire tous les jours quatre repas de chacun six heures.

※

LES CENT JOURS

Napoléon tenta de ressaisir le pouvoir. Il débarqua à Cannes et marcha droit sur Paris.

Nous n'avons pas besoin de dire que Louis XVIII était à table.

Il mit son dessert dans sa poche et se sauva à Gand.

※

Napoléon tenta un effort suprême.

Mais vaincu à Waterloo, il fut fait prisonnier par les

Anglais, qui l'enfermèrent à Sainte-Hélène, où il mourut le 5 mai 1821, laissant à son neveu Louis-Napoléon,

un nom glorieux qui devait lui servir plus tard de *rossignol* pour crocheter les portes de la France.

*
* *

LOUIS XVIII

On s'occupa alors de rédiger le célèbre traité de 1815,

qui se solda, pour la France, par la perte de toutes ses conquêtes plus une partie de son territoire.

Une indemnité de 1200 millions nous fut imposée.

Comme compensation, les alliés nous rendaient Louis XVIII. Au poids nous n'y perdions pas.

*
* *

Au commencement du mois d'août 1815, la réaction royaliste commença. Les moutons devenaient enragés.

En province, les têtes des généraux et des maréchaux de l'empire tombaient dru comme grêle.

On abolit la liberté individuelle.

Celle de la presse et toutes les autres.

Et l'on établit l'hérédité de la pairie en vertu de l'axiome : tel pair tel fils.

Pendant ce temps-là Louis XVIII mangeait toujours.

*
* *

En 1818, les Prussiens évacuèrent la France.

Et la Providence qui dans sa mansuétude infinie, sait

toujours mettre chaque chose à sa place, voulut que l'insecticide Vicat fut découvert justement à cette époque.

*
* *

Le 5 mai 1821, Napoléon mourut à Sainte-Hélène. La France pleura.

Mais que l'on ne s'y trompe pas. C'était pour faire enrager Louis XVIII.

*
* *

Cependant, la France ne s'habituait pas facilement aux

douceurs de la royauté de droit divin dont elle s'était crue un instant délivrée.

Elle avait encore supporté l'Empire parce que l'Empire lui avait donné un trompe l'œil : la gloire.

Pendant qu'on se fait tuer, on ne pense pas tant à lire le *Rappel*.

* * *

Mais la contemplation de la grosse bedaine de Louis XVIII ne pouvait longtemps tenir lieu de tout à un peuple remuant comme le nôtre!

Le mécontentement ne tarda pas à se produire.

Louis XVIII qui avait quelque esprit, même lorsqu'il avait le ventre plein, résolut d'employer les grands moyens.

— Quand on ne peut pas se faire aimer d'une nation, disait-il souvent, en rotant, il faut au moins s'en faire craindre.

Pour y arriver, il commanda à son Piétri ordinaire quelques-uns de ces bons complots, dans lesquels on peut toujours, avec un peu de bonne volonté, faire entrer, sans qu'ils s'en doutent, des gens qui n'ont jamais conspiré qu'en secouant leur paillasson par la fenêtre après l'heure réglementaire.

Louis XVIII y mettait le prix, les simili-complots lui furent livrés à l'heure dite.

Et grâce à ce truc ingénieux, il put se débarrasser de pas mal d'individus dont le dossier politique lui causait des inquiétudes.

* * *

C'est ainsi que le colonel Caron, les généraux Berton, Mouton-Duvernet, Lagarde, Ramel, Labédoyère, etc., etc. payèrent de leur vie le peu d'empressement qu'ils avaient mis à s'aplatir devant le paquet de tripes qui présidait aux destinées de la France.

* * *

C'est surtout dans les rangs de l'armée que Louis XVIII aimait à frapper ces coups de maître.

Le 20 septembre 1822, il fit exécuter les quatre sergents de la Rochelle, quatre malheureux jeunes gens accusés de *carbonarisme*.

Le carbonarisme était comme qui dirait l'*Internationale* de ce temps-là.

Il se composait de gens qui, voyant huit ou dix rois se ruer sur une République, ne croyaient pas mal faire en organisant une association de républicains contre la royauté.

Que ceux qui n'ont jamais essayé de répondre à une claque par un coup de poing leur jettent la première pierre.

*
* *

Mais ce que voulait ce gros graisseux couronné, c'était terrifier ses sujets.

Les quatre sergents de la Rochelle périrent sur l'échafaud.

*
* *

Les esprits continuaient à s'échauffer.

Une circonstance vint augmenter l'effervescence.

Le 2 mars 1823, au milieu d'une discussion qui avait lieu à la Chambre à propos de notre intervention en

Espagne, le député libéral Manuel osa dire, sans prendre de mitaines, que les rois qui appellent l'étranger à leur secours s'exposent, de la part de leur peuple, à de sérieux désagréments.

La droite furieuse, voyant dans cette phrase une allusion au sort de Louis XVI et une menace pour Louis XVIII, fit feu de tous ses couteaux à papier et demanda l'expulsion de Manuel.

**

Le lendemain, cette expulsion fut votée avec l'entrain particulier aux gens qui n'aiment pas s'entendre rappeler les bêtises qu'ils ont faites.

Et le député Manuel dans une allocution restée célèbre, leur répondit à peu près ce qui suit :

« Estimables larbins d'un roi gras à lard!... en
» m'envoyant siéger ici, mes électeurs ne m'ont point
» chargé de passer de la pommade à la rose sur vos
» vieilles perruques jaunes... J'ai le droit de rester seul
» à mon banc comme vous de rester par douzaines aux
» vôtres... Je ne m'en irai pas... envoyez chercher la
» garde!... »

Le 4 mars, il revint prendre place à la Chambre. On lui intima l'ordre de se retirer.

Il répondit par un geste plein de noblesse qui laissait voir, du même coup, l'état de son âme et la couleur du fond de sa culotte.

On envoya chercher la garde nationale pour l'expulser.

Le sergent Mercier qui commandait le détachement de la milice citoyenne, tourna les talons et répondit au président :

— Oh! non... nous ne faisons pas cet ouvrage-là...

C'est depuis cette époque que la garde nationale de Paris est si mal notée.

* * *

Il fallut faire venir des gendarmes.

Celui qui les commandait, les lâcha sur Manuel en leur criant : Empoignez-moi cette crapule-là!...

Mais depuis, on a vu des agents très-bien mis aller dire au prince Pierre Bonaparte, qui venait d'assassiner un homme :

— Monseigneur veut-il nous faire l'honneur de nous suivre ?

* * *

En sortant de la Chambre des députés, Manuel fut l'objet d'une ovation populaire énorme.

L'élan était donné.

Mais Louis XVIII ne jugea pas à propos d'attendre le dénouement.

Il mourut l'année suivante, le 16 septembre 1824, d'une immense indigestion compliquée de plusieurs atteintes superposées d'une maladie cruelle:

Les courtisans répandirent le bruit qu'il avait succombé à la petite vérole.

Mais l'histoire a amplifié la nouvelle.

*
* *

Vers la fin de son règne, Louis XVIII était devenu énorme, il pesait 125 kilos à jeun.

Il ne pouvait plus se mouvoir.

On le montait dans son lit au moyen d'un cric.

Pour l'en faire descendre, on le roulait sur un poulain comme ceux dont se servent les camionneurs pour descendre les pièces de vin.

Seulement, il le fallait plus fort.

※
※ ※

A la table sur laquelle il mangeait, il y avait une échancrure pour placer son ventre.

Plusieurs de ses maîtresses lui signifièrent qu'elles rompraient avec lui, s'il ne se faisait pas étayer.

※
※ ※

Au dire de certains historiens, dont nous respectons l'opinion, Louis XVIII était fort spirituel et avait la repartie vive.

Sa conversation était, disent-ils, très-intéressante.

Cependant, sans vouloir leur donner un démenti, nous devons, pour rendre hommage à la vérité, déclarer que d'après le témoignage de plusieurs dames de là cour qui avaient eu avec lui des entretiens suivis, il n'avait pas toujours la saillie irrésistible.

Et madame la marquise de *** (nous avons promis le secret) a déclaré positivement à un de nos oncles que Louis XVIII ne trouvait jamais le mot de la fin.

※
※ ※

Pour ne pas léguer sa stérilité à sa descendance, il mourut sans enfants.

※
※ ※

Entre autres bienfaits dont la France est redevable à ce monarque capitonné, il est bon de citer :

Le rétablissement du drapeau blanc ou pan de chemise national.

La guerre d'Espagne destinée à rétablir Ferdinand VII sur un trône. Cette petite satisfaction coûta à la France 400 millions.

Le vote d'une forte indemnité aux émigrés rentrés en France. Il fallait bien les indemniser des dépenses qu'ils avaient faites pour nous mettre sur la paille.

Le rétablissement de la censure.

Et la Chambre nommée pour sept ans, ce qui est bien commode pour avoir l'opinion d'un pays tous les six mois.

Louis XVIII a été surnommé : *le Désiré* par les royalistes,

Et *le Ventru* par les républicains.

Voilà comment nous comprenons les sermons donnés aux souverains.

Chacun chercha dans le tas, selon son cœur.

*
* *

Ainsi finit le règne de ce roi qui fut, comme tous les

autres, beaucoup plus nuisible qu'utile, mais dont cependant la France eût encore pu tirer parti, si elle eut songé à le faire fondre pour faire de la friture.

*
* *

La fin de son règne avait été marquée par deux événements importants et heureux :

L'établissement de la première ligne de chemin de fer ;

La publication des *Odes et ballades* de Victor Hugo.

Peu après il mourut.

*
* *

La France était dans une bonne veine.

*
* *

Malheureusement elle ne dura pas longtemps.

Charles X arriva.

CHARLES X

Louis XVIII étant mort sans enfants, son frère, le comte d'Artois, fut proclamé roi sous le pseudonyme de Charles X.

Il avait alors soixante-sept ans, l'âge où les hommes commencent à faire des bêtises.

Les rois, ça les prend soixante ans plus tôt.

* * *

Charles X, éprouvant, comme tous les domestiques, le besoin de faire admirer son coup de plumeau pendant les huit premiers jours, inaugura son règne par des mesures libérales qui firent trembler jusqu'aux communeux de ce temps-là.

Félix Pyat répétait sans cesse à ce propos :

— Cet animal-là... va trop vite.

* * *

C'est ainsi que la censure fut abolie pendant au moins...

Oh oui, pendant au moins quinze bons jours.

On ne tarda pas, du reste, à voir où Charles X voulait en venir avec ses tartines où le pain disparaissait sous le beurre.

Profitant de l'engouement qu'il avait provoqué, il se fit allouer immédiatement :

Trois millions pour les funérailles de Louis XVIII à Saint-Denis,
Quatre millions pour son propre sacre,
Vingt-cinq millions de liste civile,

Et huit autres millions de pensions pour ses parents.

*
* *

C'étaient de lourdes charges; mais on se rattrapa sur le traitement des instituteurs.

*
* *

Quand il eut obtenu ce qu'il voulait, il se dit un matin que jamais de sa vie il ne retrouverait une meilleure occasion de redevenir canaille.

Alors il rétablit la censure et les congrégations religieuses.

La province se remua, Paris aussi.

Il licencia la garde nationale, sous prétexte que le général Ducrot lui avait démontré que c'étaient tous des *soiffards*.

*
* *

N'ayant pas trouvé les élections de la Chambre à son goût, il s'en vengea en choisissant pour ministres les hommes les plus impopulaires.

Les Martignac, les Polignac se succédèrent avec entrain.

Et Charles X regretta toute sa vie de n'avoir pas pensé aux Cassagnac.

*
* *

En 1830, la situation devint tellement tendue, que

221 députés sortirent de leur caractère et envoyèrent à Charles X une adresse dans laquelle ils lui disaient avec les formules les plus respectueuses :

« Sire !... vous gouvernez comme une pantoufle. Si
» c'est pour durer comme ça... il faut absolument que ça
» change. »

L'adresse fut portée à Charles X, qui en ce moment était à la chasse.

Il répondit avec l'aménité qui était le signe particulier de sa race :

« J'espère que vous allez me laisser tranquille, n'est-ce
» pas ? N'étant pas ici par la volonté du peuple, je n'y
» resterai que par la force des baïonnettes. »

*
* *

Les députés qui avaient porté la lettre au roi furent épatés de cette réception, et se retirèrent sans même penser à demander s'il y avait quelque chose pour le commissionnaire.

Ils revinrent rendre réponse à la Chambre.

*
* *

Pendant la nuit qui suivit, Charles X fit des réflexions :

« — Si je fais des concessions, se dit-il, mon affaire
» est claire. Plus les rois et les propriétaires sont aima-
» bles, plus les sujets et les locataires sont exigeants. Si
» chaque fois qu'un locataire demande une réparation à
» son propriétaire, celui-ci lui répondait en donnant
» l'ordre au concierge de ne plus allumer le gaz dans l'es-
» calier ou faisait vider dans l'appartement du plaignant
» un grand sac de punaises, le locataire se garderait bien

» de venir demander du papier neuf tous les quinze ans.
» — Entre rois et peuples c'est la même chose. On me
» demande aujourd'hui de nouvelles libertés, je n'ai
» qu'une chose à faire si je veux être respecté : c'est
» d'en supprimer demain matin quelques-unes des an-
» ciennes. »

*
* *

Ainsi fut fait.

Et le 26 mars, Paris put lire à *l'Officiel* et sur tous les murs ces fameuses ordonnances de juillet qui eurent un tel succès d'apaisement qu'elles rappellent les pompes à pétrole dont on s'est servi depuis pour éteindre les incendies.

*
* *

Une de ces ordonnances envoyait les députés voir dans leurs départements respectifs si l'Arc-de-Triomphe y était.

Une autre créait un nouveau système électoral, n'admettant au vote que les citoyens qui avaient quinze mille francs de rente, quarante-cinq ans d'âge et soixante années de domicile dans le même appartement.

*
* *

Enfin, au moyen de la troisième, Charles X se faisait de la liberté de la presse un accessoire de toilette que Rabelais a oublié de signaler dans son célèbre chapitre des... essuie-mains.

Cette dernière ordonnance sur la presse vaut qu'on s'y arrête un instant.

Nous la reproduisons *in extenso*

※

Moi, Charles X, roi de France,

Attendu que la liberté de la presse me gêne,

Ordonne :

Art. Ier. — La publication de tout nouveau journal est interdite.

Art. II. — Par tolérance spéciale, ceux qui existent actuellement sont suspendus.

Art. III. — Les feuilles qui ne sont pas comprises dans les deux catégories précédentes pourront paraître librement.

Art. IV. — Mon artillerie est chargée de l'exécution de la présente ordonnance.

Charles..

※

Ces ordonnances furent une telle surprise pour la population, que les bras et les omnibus des Parisiens en tombèrent tout seuls sur la chaussée.

Le tribunal civil de première instance rendit un jugement qui prononçait l'illégalité des ordonnances. Les Delesvaux, les Devienne et les de Gonet ne prédominaient pas encore dans la magistrature.

Jusqu'au tribunal de commerce qui déclara que l'or-

donnance royale n'avait pas plus de valeur qu'un timbre-poste oblitéré.

*
* *

Fort d'une semblable autorité, le peuple n'avait plus qu'une chose à faire :

Se donner les trois jours de congé réglementaire en pareille circonstance.

Il se les offrit.

Les 27, 28 et 29 juillet furent employés à cette comédie périodique qui est maintenant passée dans nos mœurs.

En vain, au dernier moment, Charles X accorda-t-il tout ce qu'on lui demandait.

Le peuple lui répondit :

— Il n'est plus temps de pincer les... lèvres quand on a... éternué.

***

Charles X, voyant que tout était perdu, prit un parti héroïque.

Il abdiqua en faveur du duc de Bordeaux.

On conviendra qu'il faisait là à ce dernier une politesse qui ne lui coûtait pas cher.

Et Charles X, en attendant qu'il n'ait plus sa couronne pour en faire cadeau à un de ses parents, nous fait assez l'effet d'un homme qui dirait à un autre :

— Ma montre vient de tomber dans le puits de Grenelle... je te la donne.

* * *

On pourrait encore rapprocher ce beau trait de l'ab-

négation sublime d'un citoyen qui, venant d'être ruiné jusqu'à sa dernière chemise, instituerait son concierge légataire universel de ses biens.

Charles X se retira à Fontainebleau, pendant que le gouvernement provisoire nommait le duc d'Orléans lieutenant général du royaume.

Les républicains qui s'étaient battus sur les barricades rentrèrent encore une fois dans leurs foyers, en se demandant ce qu'ils y avaient gagné.

※
＊ ＊

Si nous jetons un coup d'œil sur le règne de Charles X, nous constatons qu'il ne lui a manqué qu'une chose pour être aussi pernicieux que les précédents : c'est d'avoir duré aussi longtemps.

En dix ans, avec la meilleure volonté du monde, on ne peut pas mettre la France sur la paille.

※
＊ ＊

Charles X avait tous les vices de ses prédécesseurs ; et

nul doute que s'il eût eu une quinzaine d'années devant lui, il n'eût, comme les autres, conduit le pays à deux doigts de la banqueroute.

*
* *

Outre que Charles X était ramolli et têtu comme un vieil abonné de *l'Union*, il était encore bête comme ses pieds.

Sa physionomie indiquait, d'ailleurs, une intelligence à quinze degrés au-dessous de celle d'un gardien de passage ordinaire.

Son œil saillant et morne, son visage lippu, son profil moutonné le désignaient pour la carrière brillante de suisse dans un hôtel du faubourg Saint-Germain

Le droit divin, qui n'en fait jamais d'autres, le détourna de sa vocation.

*
* *

Charles X adorait la chasse, il y passait tout son temps.

Il n'y aurait pas eu de mal à cela, si son port d'armes n'eût coûté 25 millions à la France, sans compter les accessoires.

*
* *

Tout ineptes qu'ils soient, les rois ont pourtant l'instinct de la conservation de leurs bibelots.

Charles X l'avait, et le prouva vers la fin de son règne.

Voyant que l'opposition commençait à lui travailler les côtes, il comprit qu'il fallait faire une diversion.

Il résolut de détourner l'opinion publique de l'idée de lui demander les réformes dont elle avait besoin au dedans, en lui faisant miroiter au dehors des conquêtes dont il n'avait que faire.

L'expédition d'Alger fut décidée.

*
* *

Un coup d'éventail que donna, dit-on, le dey à notre ambassadeur, fut le *Hohenzollern* de ce conflit, et notre

flotte alla bombarder Alger, qui tomba en notre pouvoir.

C'est ce brillant succès qui nous valut la possession de l'Algérie.

Depuis ce temps-là nous mangeons des dattes à vingt-quatre sous la livre.

Mais les résultats obtenus jusqu'ici par notre colonisation, émaillée de combats incessants, n'ont pas encore prouvé bien clairement que nous n'aurions pas encore du bénéfice à payer les dattes trois francs la pièce.

* * *

Quoi qu'il en soit, la prise d'Alger ne fut pas une diversion assez puissante pour faire oublier au peuple que l'asservissement de cent mille Arabes ne vaut pas l'affranchissement de trente millions de Français.

Et Charles X put aller méditer à l'étranger sur les dangers que présente le muselement des chiens une fois qu'ils ont trouvé le moyen de manger leurs muselières.

* * *

Charles X mourut en exil à quatre-vingts ans.

Jusqu'à sa mort il avait conservé toutes ses facultés intellectuelles.

Il était si bien bouché!...

*
* *

LOUIS-PHILIPPE Ier

Le 9 août 1830, Louis-Philippe prêta serment de fidélité à la charte constitutionnelle, et débuta immédiate-

ment par une série de mesures libérales qui furent sur le point d'attendrir Barbès.

***

Nous sommes presque honteux de recommencer pour la quarante-cinquième fois au moins, une histoire qui va être exactement la même que les quarante-quatre premières.

Depuis le jour où le peuple s'est mis à dépaver les rues chaque fois que les rois ont affiché un peu trop fort la prétention de le traiter comme un cheval de fiacre, les règnes se sont suivis et ressemblés avec une monotonie désespérante.

Desserrer la vis en arrivant et la resserrer dès le lendemain matin. Tel est le programme de toutes les royautés.

Un peuple qui changerait de roi toutes les vingt-quatre heures, n'aurait presque rien à désirer.

***

Louis-Philippe pendant les premiers mois de son

règne fut donc un des meilleurs enfants que l'on ait jamais connus.

Si le roi d'Yvetot eut vécu, il lui eut reproché de manquer de prestige.

⁂

Pour effacer le mauvais effet qu'avaient produit les

ordonnances de juillet contre la presse, et faire dire à la nation :

— A la bonne heure !... en voilà une bonne pâte !

Il fit faire une loi spéciale qui conférait au jury seul la connaissance des délits de presse et des délits politiques.

Il eut des tendresses de nourrice pour les républicains, sortait seul à pied dans les rues, montait sur les impériales d'omnibus, buvait des canons sur le comptoir avec les ouvriers.

Et quand, par une grosse averse, il rencontrait une ouvrière sans parapluie, il lui offrait la moitié du sien pour la reconduire jusqu'à la porte de son atelier.

C'était touchant.

*
* *

L'on comprendra sans peine combien toutes ces petites singeries produisaient sur le peuple un bon effet.

Ajoutons à cela que Louis-Philippe avait démocratiquement fait instruire ses enfants au collége avec les fils des notables quincailliers de la capitale, ce qui avait flatté énormément les bons bourgeois.

La popularité de Louis-Philippe était alors si grande que c'est à peine si l'on se souvenait qu'avant de monter sur le trône, il avait eu le soin de mettre tous ses biens à

l'abri, en en passant la nue propriété sur la tête de ses enfants, afin qu'ils ne fussent pas compris dans le domaine royal.

Louis-Philippe disait à ce propos :

— On ne sait pas ce qui peut arriver... mais il est toujours bon de s'en **douter**.

***

Malgré toute sa bonne volonté d'inaugurer la politique du *juste milieu*, Louis-Philippe ne tarda pas à trouver quelques clous qui avaient la pointe en l'air dans le coussin du trône.

Les bonapartistes se remuaient déjà.

Les légitimistes s'agitaient encore.

Et aussi les républicains, qui commençaient à s'apercevoir que la révolution de 1830 avait fini pour eux en queue de poisson, organisaient des sociétés et des clubs dans lesquels on ne se prosternait pas positivement devant le sceptre-riflard de Louis-Philippe.

***

Des émeutes eurent lieu.

Tout bon enfant que fût Louis-Philippe, ça n'allait pas encore jusqu'à quitter une place où il se trouvait bien pour faire plaisir à ceux qui trouvaient que ça allait mal.

Il fit faire des sommations et eut raison des barricades.

*
* *

Dès lors, il ne fut pas plus question de la liberté de la

presse que si l'on n'eut jamais cessé de vivre sous le sceptre de Chilpéric.

Et en 1832, trois douzaines de journaux avaient déjà mordu la poussière, Raspail, Caussidière et Blanqui avaient déjà encaissé chacun quelques années de prison et pas mal de mille francs d'amende.

Le fameux tour de vis était donné.

Il n'y avait plus qu'à serrer un peu chaque matin.

Louis-Philippe n'y manqua pas.

*
* *

En 1832, le choléra éclata avec violence à Paris.

Il y fit 18,000 victimes.

Les légitimistes ne manquèrent pas de prétendre que c'était Dieu qui punissait la France d'avoir chassé les Bourbons.

Mais rien n'empêche de supposer que ce fut un châtiment que nous infligea le ciel pour avoir repris les d'Orléans.

Les fléaux publics ont cela de bon qu'ils peuvent servir à tous les partis.

Quand la Loire déborde ; on peut prétendre avec un égal succès que c'est la Providence qui s'indigne des tartines du *Pays* (pardon!), de la prose de Louis Veuillot, ou des articles du *Rappel*.

*
* *

La duchesse de Berry qui avait essayé de soulever la Vendée, fut arrêtée et enfermée au fort de Blaye.

Pendant le temps que l'on mit à discuter si on la ferait passer en jugement, on eût facilement fusillé 125,000 fédérés à Satory.

*
* *

Une circonstance imprévue vint mettre un terme à la captivité de la duchesse.

Elle fut prise, dans sa prison, par de violentes coliques, et après avoir fait l'aveu d'un mariage secret, elle accoucha d'une fille.

On lui ouvrit les portes du fort de Blaye.

Et le *Tintamarre* en profita pour publier, comme un sans-cœur, le quatrain suivant :

> La duchesse a de la chance
> D'accoucher, en vérité,
> Car, c'est à sa délivrance
> Qu'elle doit sa liberté.

*
* *

Pendant ce temps, une grave émeute éclatait à Paris.

Et l'on faisait 1,500 insurgés prisonniers.

Ces derniers n'ayant point eu la chance d'accoucher dans leur cachot, ils passèrent en jugement.

*
* *

Quatre-vingt-deux d'entre eux furent condamnés.

Sept le furent à la peine capitale.

Mais les dernières condamnations furent toutes commuées.

Aucune exécution n'eût lieu.

Quarante ans plus tard, une commission des grâces...

Mais n'anticipons pas sur les événements.

C'est à Louis-Philippe, ce roi débonnaire et honnête par excellence, que l'histoire est redevable d'un de ces traits chevaleresques qui suffisent à immortaliser un homme et son parapluie.

Voici la chose :

Beaucoup d'insurgés blessés pendant les émeutes, échappaient aux investigations de la police.

Sur la proposition de M. d'Argout, ministre du commerce, fut rendue une ordonnance de police qui enjoignait aux médecins de *dénoncer* les blessés qu'ils avaient soignés.

Nous n'insisterons pas sur cet acte de haute moralité

dans la crainte que tous nos lecteurs n'aient pas sur eux une assez forte provision de phénol pour désinfecter cette page de nos annales.

Qu'il nous suffise de constater que Louis-Philippe fut encore bien bon de ne pas exiger des prêtres la révé-

lation des secrets qu'ils pouvaient avoir tirés de la confession des émeutiers.

*
* *

En 1835, Louis-Philippe faillit être victime d'un horrible attentat.

Une machine infernale dirigée par un nommé Fieschi, et qui a depuis donné l'idée des nouveaux orgues de barbarie à 25 balles connus sous le nom de mitrailleuses, éclata sur le passage du roi.

La fin du règne de Louis-Philippe est très-insignifiante ; nous allons simplement noter par ordre chronologique les quelques événements qui l'ont marqué.

**

28 juin 1836. — Nouvel attentat d'Alibaud contre le roi. On commence à les compter.

30 octobre 1836. — Louis-Napoléon débarque à Strasbourg, Louis-Philippe lui pardonne.

Cet acte de clémence arrache au *Tintamarre* ce cri d'indignation :

« Quand vous avez une soupe à tremper à quelqu'un » ne lui faites pas *grâce !*...

**

27 décembre 1836. — Attentat de Meunier contre le

roi. Les statisticiens en régicides commencent à être sur les dents.

4 JUILLET 1837. — Loi qui rend obligatoire le système métrique et décimal ; mais ne prévoit pas la gran-

deur des bocks qui depuis va chaque jour en diminuant.

**

1838. — Suppression des maisons de jeux.

1ᵉʳ JANVIER 1839. — Abolition de la loterie.

La Bourse en rit comme une folle.

⁂

31 DÉCEMBRE 1839. — Invention du daguerréotype !...

Pierre Petit laisse pousser ses cheveux et prend le nom de Collodion-le-Chevelu.

5 AOUT 1840. — Louis-Napoléon débarque à Boulogne.

On l'arrête au fort de la mêlée et on l'enferme à celui de Ham.

⁂

15 DÉCEMBRE 1840. — Le prince de Joinville qui commence à devenir chauve ramène les cendres de Napoléon sur les côtes de France et ses cheveux sur le front.

25 mai 1846. — Louis-Napoléon s'évade de Ham bien décidé à se venger un jour du mal... qu'il a fait à la France.

22, 23 et 24 février 1848.

Depuis déjà pas mal de temps, tout craquait.
On sentait arriver le moment de la grande lessive.
La nation était lasse de ce règne idiot qui ne lui don-

naît ni liberté, ni gloire ; elle se leva un matin de mauvaise humeur et demanda la réforme électorale.

***

Le premier mouvement de Louis-Philippe, comme celui d'ailleurs de tous les vieillards, fut de répondre :

— Pourquoi ces gens-là demandent-ils des réformes puisque je suis bien ?

Cette raison ne satisfait pas le peuple.

Il se mit à organiser des banquets.

Louis-Philippe, flanqué de son Guizot ordinaire, fit poser les scellés sur tous les gigots séditieux.

On voit le reste d'ici.

***

Le 22 février, au matin, le peuple parcourt les rues en criant : La ré-for-me... La ré-for-me.

Louis-Philippe la refuse.

Le 23, Louis-Philippe, l'accorde.

Le peuple n'en veut plus.

Et le 24, un fiacre à trente-deux sous emportait loin des Tuileries le successeur de soixante-dix rois dont le

plus honnête n'en eût pas été quitte à moins de cinquante ans de travaux forcés si on lui eut lâché le procureur de la République au fond de sa culotte.

**

Le 24 février, à midi, la République française était proclamée.

Nous aurons le plaisir d'examiner dans un prochain

volume ce qu'en firent les gens à qui on la donna à garder.

FIN.

TABLE DES MATIÈRES.

Préface.	3
Les Gaules avant l'invasion des Francs.	7
Les Mérovingiens.	23
Les Rois fainéants.	103
Les Carlovingiens. — Pépin, dit le Bref.	125
Charlemagne.	131
Louis Ier, le Débonnaire.	149
Charles II, le Chauve.	160
Louis II, le Bègue.	169
Louis III et Carloman.	173
Charles le Gros.	177
Eudes.	181
Charles le Simple.	183
Raoul.	192
Louis IV, d'Outre-Mer.	192
Lothaire.	194
Louis le Fainéant.	196
Les Capétiens. — Hugues Capet.	199
Robert.	203
Henri Ier.	209
Philippe Ier.	217
Louis VI, le Gros.	234
Louis VII, dit le Jeune.	238
Philippe-Auguste.	243
Louis VIII.	249
Louis IX.	251
Philippe III.	261
Philippe IV, le Bel.	265
Louis X, le Hutin.	279
Philippe V, le Long.	283

Charles IV, le Bel. 288
BRANCHE DES VALOIS. — Philippe VI, de Valois. 297
Jean, le Bon. 308
Charles V, le Sage. 314
Charles VI, le Bien-Aimé. 323
Charles VII. 335
Louis XI. 340
Charles VIII. 357
Louis XII, père du peuple. 369
François Ier. 379
Henri II. 389
François II. 395
Charles IX. 401
Henri III. 415
BRANCHE DES BOURBONS. — Henri IV. 423
Louis XIII. 445
Louis XIV 460
Louis XV. 552
Louis XVI. 618
République française. 680
Napoléon Ier. 727
Louis XVIII. 741
Charles X. 757
Louis-Philippe Ier. 770

FIN DE LA TABLE.